立人天地

里尔克和女性：

挚爱诗心

RILKE und die Frauen: Biografie eines Liebenden

【德】海默·施维克 著
Heimo Schwilk / 商丹妮 译

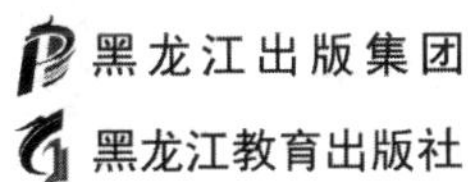
黑龙江出版集团
黑龙江教育出版社

版权登记号：08-2016-070

图书在版编目（CIP）数据

里尔克和女性：挚爱诗心 /（德）海默·施维克（Heimo Schwilk）著；
商丹妮译. -- 哈尔滨：黑龙江教育出版社，2016. 9
ISBN 978-7-5316-8979-9

Ⅰ. ①里… Ⅱ. ①海… ②商… Ⅲ. ①里尔克（Rilke, Rainer Maria 1875—1926）—传记
Ⅳ. ①K835.215.6

中国版本图书馆CIP数据核字(2016)第230159号

里尔克和女性：挚爱诗心
LIERKE HE NÜXING：ZHIAI SHIXIN

丛书策划　宋舒白
作　　者　〔德〕海默·施维克（Heimo Schwilk）著
译　　者　商丹妮 译
责任编辑　宋舒白 郝雅丽
装帧设计　冯军辉
责任校对　周维继

出版发行　黑龙江教育出版社（哈尔滨市南岗区花园街158号）
印　　刷　山东临沂新华印刷物流集团有限公司
新浪微博　http://weibo.com/longjiaoshe
公众微信　heilongjiangjiaoyu
天 猫 店　https://hljjycbsts.tmall.com
E-mail　heilongjiangjiaoyu@126.com
电　　话　010—64187564

开　　本　700×1000　1/16
印　　张　22.75
字　　数　290千
版　　次　2016年11月第1版　2016年11月第1次印刷
书　　号　ISBN 978-7-5316-8979-9
定　　价　56.00元

目录

Contents

前言

Foreword

没有人可以将如此多的美德完全隐藏起来，总有一些本质的片段会从他的内心显露。

赖内·马利亚·里尔克（Rainer Maria Rilke）

里尔克被人们讽刺性地认为“他是女性之友”。他认为自己拥有一个女性的灵魂，他的很多诗歌都是从女性的角度创作的，并称之为“女性之歌”或者“女性的悲叹”。诗人19岁时这样评价自己的诗歌：“我祈求能够得到唯一的恩赐，就是我的作品可以从美丽的女士那里得到发自内心的温柔的回应。”而他的羞怯腼腆也给女士们留下深刻的印象。里尔克的嘴唇微微凸起，下巴向后倾斜，这种漫画式的相貌尽管在他的生命后期显露出些许男性气概，但仍然不能算是一个美男子。他始终花费大量时间精心修饰自己的外表，但这并没有让他更加虚荣。他最强大的武器是他那双深蓝色、直达灵魂深处的眼睛和他响亮的、带一点奥地利口音的嗓音。他是一个无与伦比的朗诵者，在正式的谈话中——不包括激烈的讨论在内——几乎没有人能像他那样更容易引起别人的好感。他表现出的那种紧张的、高度集中的关注态度让女人为之着迷。对她们来说他就像是一个来自她们梦中的理想存在：善解人意、温柔、小心翼翼的追求方式，带着一点情色的隐喻、既紧张不安又不会过分强求。这位诗人还精通求爱的重要武器：通信。里尔克非常善于将女性通信对象牵扯进他的个人世界，从此他的事情全都成为她的责任。他在亲昵、迷人的氛围中营造出一种感性的依赖，并借此寻求更多的关注与亲近。

传记作家独有的优势得以从宏观的角度研究里尔克的所有通信，并从中清楚地看出里尔克在追求女性方面几乎无限制的能力，以及他行事的模式与变化规律。他用完全不同的风格与通信对象们交流，在涉及他的诗歌创作以及哲学伦理学方面的理念时，又完全不会为了迎合对方而刻意妥协。在上千封信件的见证下凸显出一个主题：他要让一切人和事全部为他的伟大作品服务。为此里尔克目标明确、毫不妥协，甚至到了极端自私的程度。而那些矜持又敏锐的被追求者，如侯爵夫人、男爵夫人、伯爵夫人等，不仅才华横溢、妩媚动人，而且全都乐于满足诗人无休止的要求。信中详尽地反映出里尔克对他的女性资助者们提出各种几乎超出正常限度的要求。里尔克的女友与女性资助人，也将她们的私人回忆出卖给公众。她们从不同层面描绘出一个更生活化的诗人形象，本书首次将这一切用于全面塑造里尔克的日常生活。

关于里尔克似乎没什么新鲜的可以说了。关于他那些感人至深，同时又晦涩难懂的诗歌、他在城堡和优秀的贵族之间的放纵生活，以及他的我行我素，即使是关于他的难以解析的上帝形象，以及他充满美学意义地笃信宗教，都已经有大量的相关研究成果。当然也有学者和传记作家热衷于研究他与女性之间光芒四射的亲密关系，以及他本人始终强调的爱的主题，这一研究方向起码非常受女性读者的欢迎。然而，他始终带有一点神秘：一个诗人的魅力。他清楚地明白，自己生命中的全部经历都将融入他的作品中。而在诗歌上取得巨大成功的经历的牺牲品，就是那些围绕在里尔克身边的女人，里尔克选择她们进入他幻想的“世界内部”并转化为诗歌。这本书就是关于她们命运的故事。

在里尔克还是学生的时候，他的恋爱关系就显示出纯粹化、升华化的倾向，这使得里尔克与被追求的女性之间的关系格外与众不同。他对布拉格女友瓦莱丽·冯·大卫-龙菲尔德（Valerie von David-Rhonfeld）发出的爱情宣言看起来与后来他对饱受赞誉的露·安德烈亚斯-莎乐美（Lou Andereas-Salomé），他未来的妻子克拉拉·韦斯特豪夫（Clara Westhoff），钢琴家玛格达·冯·哈廷博格（Magda von Hattingberg）（昵称本弗努塔，Benvenuta），画家露露·阿尔伯特-拉萨德（Lolou Albert-Lasard）（昵称露露，Loulou）以及伊丽莎白·科洛索夫斯卡（Elisabeth Klossowska）（昵称莫琪，Mouky）并没有太大差别。他总是强调他的感情的独一无二，这份爱情对他来说是一种解救，而他又是一个孤独的、被母亲抛弃的、天生的诗人。里尔克青春期的初恋女友瓦莱丽虽然在回首往事的时候充满厌恶之情，但在当年，是被他灵魂爱欲表现出多变的力量而深深打动，并为他青年时期第一本诗集筹措资金，成为他的第一位资助人。

里尔克与女性之间关系产生的根源在于里尔克与母亲的关系。本书对此也提出了新的观点。2009年最新出版了一套两卷本里尔克写给母亲索菲亚的信，其中包括1134封信和详细的注释。在此之前的大量里尔克传记都没有得到如此详细的相关资料，展示出一位终生都对母亲抱有深厚敬爱之心的诗人形象。索菲亚·里尔克早年也想成为一名诗人，她最早发现了儿子在诗歌方面的天赋，并在丈夫与全家的反对下，大力加强培养里尔克艺术方面的敏感性，这一点让里尔克铭记在心。即使后期里尔克努力摆脱了母亲虔诚的天主教氛围，但他始终对母亲的培养与支持表示感激，而他的母亲也十分骄傲自己拥有一个成为著名诗人的儿子，他做到了她做不到的事。

里尔克对母亲的感情中除了感激之外，还充满了无法忘记的被遗弃感，他的母亲在与丈夫离婚之后离开了布拉格，寻找自己的幸福生活，而里尔克就是被丢下的那个，虽然她最终也没找到幸福。里尔克将早期的失落经历，定性为生命中的创伤，尤其是在面对他的女朋友们的时候。她们应该补偿他没能从母亲那里得到的爱。于是他不断地寻找母亲的替代者，并相继从严格的露・安德烈亚斯-莎乐美，瑞典的女作家艾伦・凯（Ellen Key），尤其是后期的图恩・塔克西丝侯爵夫人（Fürstin von Thurn und Taxis）身上找到了母爱，后者非常清楚地看到里尔克持续的爱的追求意味着什么，并对此表示了嘲讽。在他生命的最后阶段，南妮・翁德利-伏尔卡特（Nanny Wunderly-Volkart）给予他最无私的爱与信任，她像对待自己的孩子一样察觉并满足他所有的愿望。

尽管里尔克对母亲一般的关爱如此地索求无度，却从未打算对任何人负责。他身上负有诗人的使命感，主导了他所有的人际关系。对此他不会做出任何让步，并绝对避免任何婚姻或者家庭的负担。为何他会与沉默寡言的雕塑家克拉拉・韦斯特豪夫结婚，并搬到沃尔普斯韦德乡下居住，对他自己来说也是一个不解之谜。因为任何一种与人的结合，都会让他不堪重负并促使他逃离，逃向下一段关系。里尔克颂扬爱情，然后摆脱它——就好像他并不想离燃烧的爱火太过接近一样。里尔克将唯一的女儿露特（Ruth）放在外祖父母那里抚养，这样他就可以在巴黎专心写关于罗丹的传记。他一方面极力避免照顾女儿露特；另一方面却又会偶尔寻找一个女儿的替代品，试图从她们身上测试自己作为诗人以及恩人似的父亲的影响力。这位诗人是一位逃脱的大师级高手，他会用最高的效率把与自己建立关系的人请出自己的生活。爱情对他来说仅仅是能够帮助他提升诗歌境界的工具。在保留一定距离的情况下，里尔克可以通过激情的感情，创作出冷静、形式完美的艺术作品。女人们都原谅他这一点，最迟的反应，是在她们发现自己以及自己的生活出现在他的伟大的作品中的时候。

里尔克的这种矛盾性也体现在他对性的态度上。他赞同《给一位工人的信》不受束缚、没有禁忌的性关系，但是却没有在自己的生活中留出太多空间给性生活。他的作品中仅有的一些象征“男性生殖崇拜”的诗歌，也都是借此隐喻宇宙无穷的造物能力，而不是直白地表现男性生殖能力。在里尔克对爱情的定义中，宗教是爱情的基础，只有很少部分涉及性欲。里尔克爱过很多女人,但他既不是唐璜，也不是卡萨诺瓦。前者想要征服，后者需要委身。里尔克爱一个女人就像儿子爱他的母亲。因此当他的爱情关系走到最后一步性关系的时候，他总是惊慌失措。他逃离这种爱的激情，但是这种激情也点燃了他的诗歌与信件。就像他和母亲的关系一样，他始终需要在与爱人的相处过程中维持一种距离与亲密的平衡。他曾经与露·安德烈亚斯-莎乐美和克拉拉·韦斯特勒夫发生过性关系，但并未从中得到满足。肉体的爱并不是他想要的。他向知己兼弗洛伊德的学生莎乐美承认自己有时候会手淫。里尔克是爱情的歌者，但绝对不是一个合格的爱人。他与爱人的结合都发生在心里或者诗歌里。这一点那些与里尔克通信的阔太太们的丈夫都心知肚明。里尔克爱玫瑰的香气，但不会去触碰它的花瓣。正如他在诗歌《寂寞》中抱怨的那样，身体上的亲密往往以巨大的失望告终。这首诗发表于1902年9月21日，描述了一个阴雨天的清晨："当身体一无所获的时候，只能失望又忧伤地分离。"

里尔克声称要发生性关系需要提前准备好几周的时间。人们可以把这句话理解为一个隐喻：爱情是一项任务，就如同写作一样，要求有精湛的技艺，爱情也像是一个探索的活动，并不是必须找到终点才算成功：过程即是目的。因此里尔克也是一位拖延的专家，努力延迟一切可能会与自己缔结关系的结合。作为一个诗人和一个男人，他认为自己的任务不是得到满足，而是得到预兆。他想要成为一个"快乐的歌颂者"，这里的快乐指的是对最终总是会揭晓的秘密的期待的喜悦。女性和天使体现这种快乐，诗人负责歌颂她们。爱情是他的最高表达，但是即使是这样，也只能在爱的范围内，围绕爱进行。一再摆脱爱，是他的生活。上帝亲自给他的造物——身上，加入了爱的元素，爱也只能在本人身上成长，在他身上完成。这是基督教所有的教条中里尔克唯一的信仰。无论谁想要像里尔克一样向上看那么远——他的《哀歌》代表这一尝试的顶点——都不会成功。上帝创造了世界，诗人的生活就是必须在诗歌中完成。里尔克的女友们已经预料到这种可能，并容忍他的注意力从她们身边溜走。她们明白，爱情首先赠送给有情人，痛苦却也有益处。最终展现在我们面前的里尔克的伟大诗歌，用绝妙的方式保存了这一切。

我有义务向我的朋友兼导师乌韦·沃尔夫（Uwe Wolf）表达我诚挚的谢意，他在里尔克的作品中涉及神学的部分给予我很大帮助。没有这位对神学知之甚深的专业人士，这本书就不可能出版。感谢皮柏出版社的克里斯蒂·罗德（Kristin Rotter）以及我的编辑海科·沃尔特（Heike Wolter）专业并谨慎的帮助。

海默·施维克（Heimo Schwilk）

柏林，2015年1月

索菲亚·里尔克
——被选中者的母亲

一位充满激情的女性

一个吻的价值仅仅在于它的热烈感情。

长着一双蓝眼睛的小天使又回到她身边了。他没有死。他穿着白色的衣服，那种女孩子第一次参加圣餐仪式的时候穿的裙子，索菲亚·里尔克亲手用织锦丝缎装饰它。粉红色的蝴蝶结点缀在孩子金色的卷发上，柔美的后背上背着一对用白色的鹅毛制成的天使翅膀。年轻的小男孩喜欢女孩子的裙子，有时为了取悦母亲，他甚至会穿着这种裙子到街上去。圣诞节前的最后一周总是充满期待，一个节日紧跟着另一个。先是赖内（René）这个名字的圣名纪念日，然后是生日。这个孩子出生在1875年12月4日，圣芭芭拉节。母子二人会在这一天去集市上购买樱桃树枝，拿回家插到温水中，这样它会一整晚都散发香气。几周前他们就开始期待起居室房门打开的那一刻了。门背后藏着一个对母子二人来说无边的奥秘世界。

圣诞节对里尔克一家来说是非常重大的事件。祈祷、快乐、感恩的时刻，让人终生难忘。就好像我童年所有的快乐都集中在那一晚，人们穿着漂亮的衣服，像天使一样友好相处，在他们和剩下的世界之间漂浮着一座岛，此刻心情的轻松愉悦让他们上升到那座岛上。[①]

这个小男孩儿在7个月大的时候就迫不及待地来到世上。在他的一生中，人们都能从他的脸上看出他对这个世界的好奇。他出生于12月3日到4日之间的午夜。一个早产儿。母亲索菲亚之前就生过一个早产儿，小姑娘策莎（Zesa），但在几周之后就夭折了。失去女儿的打击，在母亲索菲亚心中留下严重的创伤。第一个孩子的逝去对索菲亚来说就像是感情中的沙粒一样折磨着她，于是她在宗教信仰的古老仪式中寻找慰藉：当小孩子夭折的时候，他们都变成了天使，母亲这样教导小时候的索菲亚・里尔克，她也一直对此坚信不疑。

“灵魂最深处的渴望就是——祈祷。”[②]静默祈祷过程中有时候会有一些想法冒出来，索菲亚・里尔克将这些都记录在日记中。写作与祈祷舒缓了她的精神。索菲亚感觉自己与那位在奇异的情况下怀有身孕的姑娘（圣母玛利亚）之间产生了真实的联系。对她来说，在圣母玛利亚身边受到庇佑是最好的，因为圣母玛利亚既了解做母亲的快乐，也理解失去孩子的悲伤。在里尔克出生4天之后，他的母亲就将他包着小被子带去了布拉格圣亨利希教堂，并将儿子献给了圣母玛利亚，接受她的庇护。那是1875年12月8日，正好是玛利亚纯洁受孕的日子。这一天直至今日在奥地利仍然是法定假日。12月9日就是命名为赖内・马利亚・里尔克（René Maria Rilke）的男孩儿的洗礼日。索菲亚热爱法语这种浪漫的语言。这个名字用拉丁文发音为赖内图斯，意为“重生者”。圣徒赖内是所有孕妇的守护神。

布拉格的街道上很快回响起教堂的钟声，宣告着“六点钟时刻”的到来。父亲一整天都在装饰圣诞房间，摆好圣诞树，插好蜡烛。母

---

①赖内・马利亚・里尔克：1913年12月21日与母亲的通信，引自《通信集》第二卷，第253页。
②索菲亚・里尔克：《日志》，第9页。

亲解释说，冷杉树四季常青，就像古早时期伊甸园中的树木一样，用它做圣诞树代表着世界仍然和过去一样充满平和安宁，圣诞节就是天堂的再现。如同天堂之门打开，六翼天使举着闪闪发光的剑守护在侧一样，圣诞房间的门终于即将开启，通往生命之树的道路不再有任何阻碍。一切都以一种更美丽、更熟悉的方式摆放在老地方，祈祷的天使们和圣诞椅都安置在圣诞树前面。钟声响起，父亲打开门，柔和的光芒笼罩在母子二人身上。母亲与儿子庄重地迈着小步肩并肩走进房间，虔诚而缓慢地走向祈祷椅，一起跪在上面。

从早期的《天使之歌》到后期的《杜伊诺哀歌》，天使始终在里尔克的作品中扮演着重要角色。哀歌中的主题就是从各个层面赞美生命，它的荣耀乃至它的转瞬即逝。里尔克后来写信给母亲谈论《杜伊诺哀歌》时，称它为一次尝试，他试图将“生命与死亡放置于一份巨大的无以名状的欢乐之中进行总结，将发生在我们身上的一切，用值得庆祝的方式讲述，就像是一种期待的欢乐，因为担忧、因为期待、因为神秘。阿门。因此我们再次肩并肩地跪下，亲爱的妈妈，看到赐福的源头，并请求得到恩赐。”①

里尔克认为自己不是作家，而是诗人。这将他与同时代的其他作家彻底分割开来，其中包括与他同在1875年出生的托马斯·曼。里尔克像预言家一般感觉到自己负有更高的使命，来自上天的任务，他必须完成这一委托。在另一个圣诞节的冥想时刻他将自我认知与母爱的早期童年经历联系到一起：

亲爱的妈妈，你让我从小就养成了拥有期待的快乐的习惯，

①赖内·马利亚·里尔克：1923年圣诞节与母亲的通信，引自《通信集》第二卷，第564、565页。

> 指望我的心可以在那一天（指圣诞节）一次性地得到所有神秘的满足的那种期待的快乐，在那样的期待中得到巨大的、无法用言语形容的快乐。可能我正是因此成为一个欢乐赞颂者的（欢乐这里指的是人们称之为巨大的幸福的东西，它当然远比幸福要大得多）。[①]

女人们都爱里尔克，尤其爱他那双亮闪闪的蓝眼睛："一双女人一样的眼睛，当他大笑着露出迷人的洁白牙齿的时候，浓密的睫毛下闪耀着出人意料的快乐与孩子气的狡黠"[②]。像母亲一样爱他的女友，玛利·冯·图恩·塔克西丝侯爵夫人如此评价里尔克。里尔克身材单薄，穿38码的鞋子，总是衣着得体。他本性极其温柔体贴。这位伟大的爱的歌者擅长沉默与倾听。当他用柔和的、像音乐一样动听的嗓音朗诵诗歌的时候，总是让人感到舒适、亲近、认同。她们从中体会到了无法用言语表述的感受。女人们爱里尔克，因为他理解她们的秘密，因为他的诗句触动了她们的灵魂并让其颤动不已。可能她们意识到了：里尔克生活在母亲的爱中。当他谈及灵魂、奉献、感情的时候，他母亲的身影似乎总是在背后若隐若现。就好像被一根无形的脐带连接着一样，里尔克始终认为自己与那个给予他生命的女人是一体的。在他与母亲超过一千封的通信中，他表现出温柔体贴的关怀与爱意。两人后期都过着四海为家的漂泊生活，但是无论他们在欧洲的哪一处停留，每年圣诞前夕那一天，他们都会在同一天，同一时刻，一个人待在一个屋子里，点燃一支蜡烛，打开对方写的任意一封信阅读。

索菲亚·里尔克生活在一个虔诚的、充满宗教仪式的世界里。

---

① 赖内·马利亚·里尔克：1923年圣诞节与母亲的通信，引自《通信集》第二卷，第564、565页。
② 玛利·冯·图恩·塔克西丝－霍恩洛厄侯爵夫人：《回忆录》，第12页。

对她来说圣名节比生日要重要得多。索菲亚是智慧女神的名字，她对自己的名字非常自豪。她认为上帝借由她让一位伟大的诗人诞生。她感觉自己是一个非常特别的孩子的母亲。索菲亚·里尔克爱她的孩子超过一切，并在儿子的成就中找到了自我。然而她很早开始就不再理会她的儿子和丈夫了。这对里尔克与母亲的关系来说显然是一种创伤。

就像《圣经》中的约瑟夫一样，里尔克的父亲当然也始终与母亲和孩子在一起。约瑟夫·里尔克（Josef Rilke）的名字与耶稣的养父相同，他也如同那位养父一样，只是圣诞夜的旁观者。他认为母子二人对宗教的感情与表现出的庄严神圣的态度有些超出限度，但他并不拒绝为圣诞夜的仪式出一份力。他这种服务式的角色在里尔克的《马利亚的生活》中也有体现。文中的约瑟夫得知贞洁的玛利亚怀孕的消息之后，怀疑地握紧了拳头。一个天使必须向他解释缘由：

“然而一个天使出现：木匠，难道你没有意识到，是主安排的这一切吗？”①

约瑟夫·里尔克始终处于他的骄傲自信的妻子的阴影之下，两人之间足足相差了13岁。里尔克当时遇见的很多女性，都嫁给了年龄远超于她们自己的丈夫。她们从这种年龄差中得到很好的结果：他们丈夫的财富给她们提供了不受束缚并享有特权的优渥生活。约瑟夫·里尔克却恰恰相反，他虽然是一个体贴、宽容的好丈夫，却完全无法满足妻子的要求。索菲亚·里尔克出身于一个富有的家庭，她靠自己得到的遗产一生生活无忧。约瑟夫·里尔克在军校毕业之后，在一个军校担任弹药管理员的教官。因为他并没有被提升为军

①赖内·马利亚·里尔克：《约瑟的猜疑》，《里尔克作品全集》第一卷，第671页。

里尔克的父母约瑟夫和索菲亚·里尔克。1873年铁路职员迎娶富有的布拉格姑娘。1884年起他们分居生活，并没有离婚。

官，所以他离开了部队并在铁路公司任职。他的妻子想要过像公主一样被捧在手心的生活。她聪慧、有独创性、热爱旅游和交际，常年将自己看上去像是素食主义者的窈窕秀美的身体包裹在贵族式的黑色长裙里。她的神经非常敏感，一旦她感觉别人对她过分苛求，她就会立刻缩回内心世界，一人独处。像索菲亚·里尔克这样的女人对约瑟夫·里尔克来说无疑是一个巨大的挑战。

约瑟夫·里尔克与索菲亚·里尔克在1873年5月24日结婚，自1884年起两人就在布拉格分居，但并没有离婚。他们夫妻的关系究竟是从何时开始逐渐疏远的，我们不得而知。但是从圣诞节的宗教仪式上就能看出原因了：在母亲与儿子身边并没有留一个位置给父亲。约瑟夫·里尔克在经历了部队中的升职挫折后，无法很好地处理自己职场上的失落情绪，这样的他连一个小官都无法胜任。而索菲亚·里尔克一直以一个富贵家庭被娇宠坏了女儿的形象出现，她有一身贵族的怪癖和过于狂热的宗教信仰，但是这样的索菲亚·里尔克也始终只是一个被扭曲的负面形象，对此做出最大贡献的当然是他的儿子赖内·马利亚·里尔克，而他的读者中至少一半对此信以为真。

索菲亚·里尔克是一个对自己和身边亲近的人都有很高要求的女人。她要爱、要激情，要有趣味，要灵肉结合完美的婚姻。因此她与很多不仅限于她的时代的女性一样，经历了与艾玛·包法利夫人同样的命运。在她1900年出版的《日志》中，表达了渴望为爱奉献的追求：

> 真诚相爱的人，献出了一切，却不会因此有任何损失。[①]
>
> 一个人可以赠送的最宝贵的礼物，就是他的——灵魂。[②]
>
> 一个吻的价值仅仅在于它的热烈感情。[③]

约瑟夫无法对她渴望的奉献与结合做出回应。强烈的情感对他来说是可疑的，对，他对此有很大的恐惧。因为他了解热情的另一面是什么，堕落的可能始终隐藏在热情背后。她患有偏头痛，几乎不能进

---

①索菲亚·里尔克：《日志》，第13页。
②同上，第30页。
③同上，第31页。

食，始终处于麻木的、抑郁的状态。索菲亚·里尔克拥有艺术家的天性，她的情绪波动非常剧烈，亢奋与忧郁经常鲜明地自由转换。

她过分紧张的倾向，还是影响了儿子。节日里索菲亚·里尔克让7岁的儿子抄写古典诗歌，里尔克隆重地对待这一活动并穿着华丽地朗诵。紧接着是他写给母亲的诗。即使在青春期的时候，这些诗歌里面也充满爱意。14岁的诗人在写给母亲的生日祝福诗歌落款写道："一万个深情的吻，带着我发自内心的爱和祝福，你的亲爱的赖内。"[①]索菲亚·里尔克点燃了儿子灵魂中诗歌的火焰，帮助他将早期的诗歌刊登在报纸和杂志上。里尔克爱他的母亲，但是这种爱并不是对女性的渴望。这对母子的关系完全与西格蒙德·弗洛伊德研究的少年心理中的俄狄浦斯情结无关。

俄国作家伊万·屠格涅夫的小说以纲领性的标题《父与子》反映了两代人之间的冲突问题，这一主题在德国世纪之交文学时期也同样备受欢迎。自从搬出共同的家之后，里尔克就与母亲同住，但这并不代表里尔克是站在母亲这一边的。与对母亲的描述相比，里尔克对父亲充满溢美之词，父亲对他"永远是善良的化身，提供最忠诚的帮助，最亲切的朋友，一年又一年过去了，他永远用最无私的真诚亲密地对待他。"[②]在他写的诗歌《父亲年轻时的肖像》[③]中，时年30岁的诗人在对父亲的描述中倾注了无限爱的回忆。

眼中是梦。额头仿佛正在接触
某个远处之物。唇边是精彩的

---

①《里尔克大事记》第一卷，第15页。
②赖内·马利亚·里尔克：1906年3月20日与母亲的通信，引自《通信集》第二卷，第503页。
③文中引用的里尔克诗歌参照陈宁最新译本《里尔克诗全集》，译者有改动。——译者注

众多青春、不苟言笑的魅力。
细瘦的贵族制服缀满
装饰的丝绦，前方安置着
配刀的笼柄与两只手——手
在等待，静息着，无所希企。
此时几乎不再可见：仿佛手
紧握远方时，先已消失。
其他的一切用自身遮罩着自身，
湮灭着，似乎不被我们理解，
深深地在自己的深处模糊。[①]

他曾经更像是一个小姑娘

玩偶的衣裳……让我感到幸福。

索菲亚·里尔克很早就发现儿子具有极高的移情能力、想象力以及对角色转换的爱好。里尔克不喜欢任何男孩子的游戏，即使他曾经为了取悦父亲而偶然摆弄他的锡兵玩偶。这个家中的独子热爱玩偶娃娃以及色彩缤纷的花边衣料。就像最亲爱的母亲一样，儿子也非常乐意穿裙子。他是否知道母亲在他之前已经怀孕并生下了小策莎呢？儿子并不是策莎的替代品，里尔克也不是为了代替策莎才偶尔穿女孩子的裙子的。他只是拥有一个女性的灵魂，敏感并能设身处地理解他人感受。也正因如此，他后期创作了大量女性视角的诗歌如《女性之歌》

①《里尔克作品全集》第一卷，第505页。

《女性群像》《女性向马利亚祷告》《女性的哀叹》《一个姑娘的墓碑》等。他能够体会那些爱情中的女人的心情，也包括那些爱女人的女性的心——如在莱斯博斯岛上开办女子学校的女诗人萨福（Sappho）。

里尔克人生的第一次意大利之旅让他结识了小艾米丽（Amélie）。母亲在当地租了一个有着拱门与魔法花园的美丽的乡间别墅。孩子们每天在这里玩耍。如果哪一天艾米丽不能过来找他，里尔克总能在长椅上或者树下找到一个小小的花束。然后假日结束了，伴随着眼泪迎来了分别的时刻。里尔克送给艾米丽一枚戒指。之后这个小小的玩伴就进了一间修道院。里尔克从未忘记过艾米丽。他曾经和玛利·冯·图恩·塔克西丝侯爵夫人一起再次拜访了那间童年时期的度假别墅。他走进一间残破的亭子，并在一个摇摇欲坠的木桌上发现一小束精心绑好的紫罗兰。世界对里尔克来说充满暗示的符号。

一首早期的诗歌将我们带回里尔克童年居住的亨利希巷19号，小里尔克坐在蓝色的客厅玩娃娃：

童年亲爱的家没有
逃离回忆
家里有蓝绸装饰的客厅
我在里面看连环图

家里有玩偶的衣裳
华丽地镶嵌粗银线
让我感到幸福①

---

①诗歌《我出生的房子》，出自《宅神祭品》，选自《1895—1910年诗歌》，第39页。

几十年过去了，在玛利·冯·图恩·塔克西丝侯爵夫人位于杜伊诺的城堡做客是里尔克最爱的消遣，仍然是在女士起居室的五斗橱和柜子里翻拣，把一些精致的老物件拿在手中把玩。他非常注意修饰自己的外表，从头巾到鞋子的每一处细节都要协调搭配，即使一人独处，他也要每天换好几次衣服。如吃饭、散步都要有相应的全套装饰。对他来说手帕具有极其重要的意义，因为上面有母亲亲手刺绣的他的名字。他像淑女一样在春天和夏天戴上薄如蝉翼的手套，类似的手套他有几十双。他还曾经将这些手套横贯欧洲邮寄给母亲帮他清洗。在诗人逗留的托莱多、佛罗伦萨、但泽或者随便什么地方，都有高级洗衣店可以帮他洗手帕，但这一行为对母子来说具有代表亲近与联系的仪式性，体现的是母亲的关爱。手套对里尔克来说，是爱的象征，就像是充满鲜花与香气的花园，开满紫罗兰与玫瑰，围绕在他身边。

如果不提及里尔克对变装的爱好，他的童年就是不完整的。他和其他的男孩子一样拥有摇动木马、马刀和盔帽做玩具。这些来自他叔叔兼资助者雅罗斯拉夫·里尔克（Jaroslav Rilke）的礼物，这些并不代表家族对他进行了早期的军事教育。那些关于屠龙故事的连环画，体现的也不过是具有时代特征的男孩读物罢了，人们用席勒的叙事谣曲促进孩子的想象力，当母亲在家里打扫卫生的时候，里尔克就在一边背诵诗歌。讲述高贵的骑士打败恶魔，拯救世界，与公主结合；讲述圣乔治与恶龙搏斗，拯救被囚禁的年轻姑娘的故事。骑士取代柔弱的女子成为主题，这一风格在里尔克倍加推崇的前拉斐尔派艺术家中非常受欢迎。里尔克则兼具二者的特性：他既是公主，也是那个能够找到解救灵魂的词语以拯救年轻女性灵魂的骑士。来自母亲的艺术天性与父亲的军人气概，贯穿里尔克错综复杂的性格并互相补充，后期这两种特性也经常显现出互相冲突的矛盾，里尔克不得不艰难地用诗人的创造性平衡二者的关系。

学校生活

性格成形：安静、胆怯、有同情心。

早在与丈夫分居之前，索菲亚·里尔克就已经在开拓自己的人生道路了。她称自己为菲亚·里尔克（Phia Rilke）。因为她热爱旅行，布拉格当地人都认为她是一个热爱享乐的女人。这很大程度上源于里尔克的父亲，他从未试图阻碍妻子对自由与独立的追求。但是面对儿子日益增加的成为诗人的特质，他却表示出了十分的不快。他请求妻子："请你在心中平静下来，不要有任何地方刺激里尔克诗人的灵感，也不要让他写诗。"[①]一直资助里尔克学业的叔叔雅罗斯拉夫·里尔克也对索菲亚对里尔克的影响产生不满。按照叔叔雅罗斯拉夫的计划，里尔克应该在中学毕业后进修法学，日后可以接管他在布拉格的事务所。里尔克的想象力继承自他的母亲，受到他母亲从小给予他病态的刺激，又在各种各样不系统的阅读过程中过度发展，人们对他过早的称赞越发激起了他的虚荣心。[②]

父母的分居使里尔克的学习生涯受到影响。里尔克本应继续在布拉格的学校就读，但是母亲越来越强烈的独立追求，促使她不断

① 约瑟夫·里尔克：1891年4月与索菲亚·里尔克的通信，引自《里尔克大事记》第一卷，第18页。

② 雅罗斯拉夫·里尔克：1892年6月4日与约瑟夫·里尔克的通信，引自《里尔克大事记》，第22页。

地前往维也纳、慕尼黑或者意大利旅行。在此期间，外祖母不可能独立照管孩子。于是索菲亚·里尔克决定将孩子安置在预备军官寄宿学校。她绝不会因此放弃孩子。在寄宿学校报名之前，母子二人进行了一番深入的交流。索菲亚·里尔克向10岁的儿子解释自己的苦衷。她谈及自己的感受，让他了解自己的情感与困境，说起维也纳的那位才华横溢的恩格尔医生（Engel），他关心她的精神并能让她敏感的神经平静下来。儿子表示理解母亲，他可以对她的状况感同身受，甚至有所放大，以至于超出他能力的同情关切。之后他找到诗句描述母亲在这次分居阶段的感受，那首名为《浪子的出走》的诗歌，描述的是在分别中蕴含的宽慰时刻。这种在父母分居时没有指责任何一方的态度非常少见。里尔克的这首诗歌描述了一种理想、一种更深的认识、一种面对新生活的觉醒所产生的宽慰的时刻。它指导人们在人类关系中怎样处理极限经历：

告别所有混乱
它是我们的但并不属于我们
他像古井中的水
微微颤抖着映照并扭曲了画面
告别——又一次像荆棘一般
依附在我们身上的这一切，
又突然望见
这个和已不可再见的
这些（它们如此寻常又如此粗劣）
温柔，和解，
如同从一开始到近处

预感似的料想到，童年所
充满的、满到极限的忧伤[①]

1882年到1886年，里尔克在布拉格就读于皮亚斯特教派的天主教小学。尽管他缺席了大量的课程，仍然拿到了引人注目的高分。从第三年的第二个学期开始他彻底不去学校了。他的神经负荷过度，以至于他无法承受学习活动。在家中自学期间，他轻松地补上了所有的课程。1886年9月1日他正式报名进入圣博尔滕军校。因为里尔克穿着带花边的贴身内衣，关于他的童年与校园生活的流言不断。另一则让人不敢置信的传闻，是一位军官在这个虔诚的少年进入学校的时候直接扯碎了他脖子上挂着的十字架。里尔克成长在一个虔诚的天主教环境中，他习惯于亲吻耶稣受难像或者圣像，跪在床前做晚祷告再画十字，这些仪式在现在东欧的保守世界仍然非常常见。母亲和儿子都没有对这所精英学校两百多人的生活有任何浪漫的期待。这里纪律严明，但并不流行用藤条等体罚学生。和大部分作家一样，里尔克回忆中的学校生活充斥着负面的影像，也可能是想以此凸显早年他对自由的渴望，又或者借此掩盖他本身对校园生活的冷漠与生活在想象世界的逃避。这并不公平，但可以理解。与母亲分别的痛苦在1894年出版的小说《皮埃尔·杜蒙》中有深刻又形象的表述，但要说这种分别给他造成了极大的创伤，就像他后来对自己的伴侣和女友们一再强调的那样，也有些过于夸张了。里尔克试图利用这一方式从生活根源上解释自己这种享受世界之外的生活的心理状态。

学生和老师都没有阻碍他的个性发展。年轻的里尔克创作诗

① 《里尔克全集》第一卷，第491、492页。

赖内（勒内）·马利亚·里尔克，1886年在圣博尔滕军事学校。在父母分开之后，这所寄宿学校接收了这个10岁的孩子。

歌、剧本、一个名为《世界末日》的歌剧脚本等，但是只有诗歌才能完美体现出那些内心深处的感动。里尔克从小就在母亲的鼓舞下产生了上帝的子民使命感。15岁的少年十分自如地安排了一场诗歌朗诵会，德语课上所有的同学都虔诚地看着他登场，并认真听他朗诵诗歌，从头至尾没有人对此冷嘲热讽。里尔克在圣博尔滕的德语老师是恺撒·冯·谢德拉科维茨中尉(Cäsar von Sedlakowitz)，别名为长枪战中的贵族，除了德语课之外他还教里尔克书法、历史、体能训练。里尔克坚持在德语课上继续进行那些家里经常和母亲实践的仪式。上课前他一言不发、悄无声息地从最后一排座位上起立，迈着刻意放缓的小步走向教师的讲台，将自己的诗歌呈献给老师，请求他朗读这些诗。

即使体操课上里尔克像一个湿布口袋一样挂在攀登绳上，也没有任何同学嘲讽他。里尔克的头脑中继续上演着戏剧化的校园生活，但是体操课得到的不及格也并没有给他太大的刺激。这个独生子在学校受到大家的尊重，而他在与人交流时隐藏的温柔也给他带来友谊，但他在学习活动中很少有放松的时候。母亲和儿子本该想到，这样一个神经过分敏感的孩子，在一个超过50个孩子打鼾的公共寝室里根本无法入睡。然而里尔克始终坚持下来，并得到所有老师的赞赏。他得到了一流的成绩单和如下评价："性格：安静、胆怯、富有同情心。举止：谦逊有礼。"①

1888年，他和53个学生在一个教室上课。课堂安排非常有序。但仅仅是同学的数量对里尔克来说，已经是一个极大的负担。在班级里从第一名到最后一名都有固定的位置，按照各个学生的平均成

①《里尔克大事记》第一卷，第14页。

绩评定等级。里尔克在53个学生中排名第7。里尔克有着难以控制的向往自由的冲动，但他很清楚，生活在一个固定的生活体系中对他是有利的，因此他并不抱怨圣博尔滕这种等级分明的制度。他高兴地穿着代表优秀学生的双缎带制服，在空闲时间自由地写作《三十年战争史》(1890—1891)。他很乐于参加训练课，并在室内打靶训练课上得到了最优的成绩。里尔克想要让自己受欢迎，因此他努力适应圣博尔滕的生活。牧师兼宗教课教师回忆里尔克时称他为："一个安静、稳重、才华横溢的年轻人，总是处于观察者的位置，非常耐心地忍受寄宿学校生活的束缚。"①

在里尔克15岁的时候转入摩拉维亚魏斯基兴的高级军校。由于病痛不断，里尔克在那里只待了半年就中断了学业，这半年里他也经常在医院和疗养院度过。父亲默认了他的这一选择。虽然由于健康原因离开了学校，但是这并没有让他内心彻底脱离学校机构，这一点我们从里尔克在布拉格散步的时候仍然穿着学校的制服就得窥一二。里尔克这种过度紧绷的状态在新学校也广为人知。他表现得愉快、适应良好、冷静克制，拿最好的成绩，这些都被同学们认为是诗人的标志。里尔克和他的母亲一样都有忧郁的症状，这些关注给他造成很大的负担，但是他并没有因此就逃避同学们友善的关心。他的朋友奥斯卡(Oskar)跟自己的父亲写信解释道：

出于对里尔克最真切的同情，我要替他说点好话。经过一段时间持续不断的观察，我终于认清在他被误认为傲慢自负的表象下隐藏的真相了。我现在几乎与他一起在医院待了14天，今天早上他

①《里尔克大事记》第一卷，第17页。

跳上来，看起来非常糟糕，抱怨他头疼得厉害，并且整个头都在抽搐。简言之，看起来他几乎都没办法自己站着。[①]

里尔克的神经崩溃并不是因为学校生活，而是因为他母亲离开了布拉格。他在学校只受过一次伤害。那是他生日的前一天，校园里发生了一场斗殴事件，这在青春期的男生之间很常见。同学都知道里尔克对这种事总是避而远之。母亲教导过他，人们应该像耶稣一样忍受一切痛苦。他充满宗教激情地为他的和平主义辩护：耶稣在山上对门徒教导说，人们应该用善意回报别人的恶，当别人打你的左脸的时候，你应该把右脸伸过去。但在校园里引用《圣经》的话，显然更容易挑起争端。一个同学给了里尔克一个耳光。里尔克膝盖颤抖着回应道："我像耶稣一样忍受磨难、心平气和、毫无怨言，你打我时，我向亲爱的主祈祷，祈求他宽恕你。"[②]故意挑衅的打人者愣住了，随后所有人都爆发出一阵大笑。里尔克则始终保持着殉道者的姿态。一直到卧室里他才终于让眼泪流出来。死亡的念头浮上心头。但这一刻也坚定了他要成为一个诗人的信念，这样就可以一直保持这种我行我素的状态了。

对一直很受尊敬的里尔克进行挑衅并非出于偶然。他被指责是一个鸡奸者，即同性恋。在寄宿学校，一群青春期的男孩子中间发生同性性行为并不少见。虽然从心理学和医学角度来看，这一行为几乎可以被理解为一种青春期的仪式，但仍然会受到严厉的惩罚。里尔克真的爱上了一个男孩。他的朋友和他"以握手和接吻的方式

---

①《里尔克大事记》第一卷，第17页。

②赖内·马利亚·里尔克：1894年12月4日写给瓦莱丽·冯·大卫-龙恩菲尔德的信，引自《看向爱人》，第164、165页。

缔结了一种终生联盟。”[1]两个人充满嫉妒地互相监视对方。他们感觉彼此像是一个乐器上的两根弦。男朋友赞叹里尔克诗歌上的才华横溢，而里尔克就教导他自己写作方面的技巧。随后男友的祖母去世，他在两周后从葬礼上回学校。其间有同学在学校管理者那里打小报告说他的坏话。

在里尔克求学期间他总会想起意大利的小艾米丽，那个在分手时，他送了一枚戒指的小女孩。在医院的病房时，他也总通过那个温柔美好的夏季回忆，给自己一些慰藉。突然一件玄妙的事情发生在他身上。[2]艾米丽来到里尔克的病床前，他清楚地辨认出她的脸，她弯下腰将一枚戒指递给这个病人，正是当年他赠送给艾米丽的那一枚。那位姑娘此时应该已经进入修道院了，不可能出现在这里。里尔克将这种玄妙现象的魅力归结于他的母亲，因为索菲亚·里尔克笃信鬼神之说，经常参加那种通灵集会并偏爱所有的超自然现象。她的天主教信仰有一种过度的、黑暗的倾向，这一点在他儿子身上体现出来，他对祈祷那种歇斯底里的倾向与他对死亡的热爱都反复折射出母亲的影响。

接近里尔克的精神世界我们就会发现，其中不仅包括传统天主教的思想，还有在19世纪受教育群体中非常流行的唯灵论与神秘学的内容。这一理论的创始人卡尔·古斯塔夫·荣格（Carl Gustav Jung）在他的自传《回忆、梦与思想》中讲述了深刻影响他世界观的神秘经历。托马斯·曼在他的小说《魔山》中，描写了由科罗科夫斯基医生组织的唯灵论集会活动。对里尔克来说，一个看不见的鬼神

---

①赖内·马利亚·里尔克：1894年12月4日写给瓦莱丽·冯·大卫-龙恩菲尔德的信，引自《看向爱人》，第166页。

②转述自：玛利·冯·图恩·塔克西丝-霍恩洛厄侯爵夫人：《回忆录》，第48页。

始终将自己包裹在贵族的黑色长裙中：里尔克的母亲索菲亚。里尔克给她写了1134封信。

世界的存在当然不成问题。生者的世界与死者的世界互相接触，互相交叉，因为死者并没有死，也因此人们会在万灵节点燃一支蜡烛作为纪念的标志。

索菲亚·里尔克最终决定离开布拉格。于是这个15岁的少年失去了自己的家。这也是里尔克神经崩溃的真正原因，也正是因为这种巨大的失望，使得里尔克后来描述童年以及校园生活的时候充斥着负面的信息。他的这些抱怨的对象总是他追求的女人们，她们可以补偿他被母亲抛弃产生的创伤。他通过这种讲述自己伤痛的方式，让爱人们主动将他视为自己的责任，将他没能从母亲那里得到的一切补偿给他。

母亲搬到意大利那位才华横溢的好友恩格尔医生那里，并在之后的多年里奔波于欧洲各大城市和疗养院，过着不安定的生活。她最爱的地方是加尔达湖附近的阿科小城，位于特里安省的这个小城里坐落着奥地利皇室冬日度假的城堡，索菲亚一直穿着的贵族式的黑色花边长裙，就是模仿守寡的哈布斯堡王朝大公爵夫人的风格。

里尔克离开学校之后被父亲送往林茨的商务学院，安顿在约瑟夫·里尔克的一个熟人家里。在一家人各奔东西之后，似乎每个人都过着自己想要的生活，除了里尔克。

为什么他要成为唯一一个承担家族责任的人？里尔克带着一个女教师逃到了维也纳，和他的妈妈一起住。他那位富有的叔叔雅罗斯拉夫可不会对这一意外情况毫无反应地接受。他安排里尔克回去，并在1892年夏天将他送到了北波希米亚地区的施恩菲尔德，在一位教授的帮助下准备高中毕业考试。1892年12月他的叔叔去世，里尔克返回布拉格，住在他的姑姑加布里埃尔·库切拉·冯·瓦博斯基（Gabriele Kutschera von Woborsky）家中。她也和她的丈夫分开了。布拉格还住着里尔克母亲那边的亲戚，如他的外婆卡洛琳·恩茨（Caroline Entz），她在她外孙去世的时候仍然在世，里尔克的姨妈，即索菲亚的姐姐夏洛特·梅勒·冯·马勒西姆（Charlotte Mähler von Mählersheim）以及她的女儿吉塞拉（Gisela）。

里尔克经常去他的姨妈夏洛特家里。因为他在姑姑加布里埃尔那里寄宿的屋子实在狭窄逼仄、让人窒息。从那间屋子的窗户向外望去只能看到邻家的墙壁。光线无法照射进房间，楼下敲地毯的时候上面的灰尘直接飘到屋子里。里尔克也吃不惯家里的伙食，承受着严重的胃功能障碍带来的痛苦，“他的脸上满是痤疮脓包，彻底损毁了他的容貌，看上去奇丑无比，而他的口臭也让人难以忍受。”①那时唯一一个每天陪伴在他身边的只有一只兔子，里尔克走到哪里

① 瓦莱丽·冯·大卫-龙菲尔德：1927年7月7日写给柯尔特·希尔施费尔德的信，引自《看向爱人》，第278页。

都要带着它，甚至是和他父亲一起去参观慕尼黑的旧美术馆的时候也不例外。里尔克热爱动物，尤其是狗。后来他让人在他的墓碑上凿刻的家族纹章，就是两只站起来的狗。他的《杜伊诺哀歌》第八首被他献给了动物，并在后期法语诗歌《瓦莱之诗》中赞美阿莱奇高原的黑颈山羊和山间小溪里的仙女。里尔克尊敬动物，因为它们离万物的起源更接近，不会分裂也不需要调节自己与世界之间的关系。

里尔克在波希米亚的劳特辛和他的姑姑一起度过了夏天，当然陪伴他的还有那只心爱的兔子。如同在学校一样，里尔克在这个疗养院得到权威人士的赞赏。劳特辛城堡的主人，是后来与里尔克来往频繁的亚历山大・冯・图恩・塔克西丝侯爵，他被本地人称为“地区的天命”。年轻的里尔克毛遂自荐并受到他的招待，他朗诵了几首自己的诗歌向他求职。只要一个回复，他愿意随时过来为他朗诵。在里尔克充满期待地等待那个永远也不可能有回应的应聘结果的时候，他的兔子死于白喉。他的假期结束了。

瓦莱丽・冯・大卫-龙菲尔德

你的永远爱你的猫咪赖内。

里尔克母亲的娘家在布拉格拥有大量房产，其中一处租给了家族的朋友约翰娜・冯・大卫-龙菲尔德（Johanna von David-Rhonfeld）。约翰娜和她的女儿瓦莱丽经常会在周四、周六、周日拜访她们的朋友夏洛特和吉塞拉・梅勒・冯・马勒西姆。里尔克为了摆脱他的逼仄的小房间，也经常出现在夏洛克家，因此不可避免地结识了大他一岁的瓦莱丽。这位年轻的女士处于待嫁期，正在准备寻找一个合适的结婚对象。如同许多经济条件优越的同龄人一样，瓦莱丽非常习惯过这种富有创造性的悠闲生活。她擅长绘画、制陶以及写作。里尔克在她身上看到了自己理想的生活状态：一个自由的艺术家。瓦莱丽拥有无限的自由时间，里尔克则被繁重而严格的学习计划牢牢束缚着。姨妈夏洛特与她的朋友约翰娜非常乐意看到里尔克与瓦莱丽肩挨着肩埋头苦读，扩展他们的学识，因为当时的女性不被允许进入中学学习。里尔克的外表正处于青春期最丑陋的时候，没有人会担忧他们之间可能发生什么罗曼史。他甚至躲避任何一个照相的机会。

> 他非常清楚他的扁平的脸在镜头下看起来像在做鬼脸，他的鼻子因为不停地擤鼻涕而肿大，嘴奇大无比，嘴唇像黑人一样肥厚隆起，他的面孔又瘦又长。[1]

所有的当事人都没有料到，里尔克会用潮水一样的情书，甚至有时候一天连着四封炙热的爱情宣言，以及浮夸的爱情诗歌，将这位年轻的女士彻底淹没。他的火热的情感洪流一股脑地倾泻在爱人身上：爱情、分离的恐惧、绝望、对学校的愤怒、对母亲的憎恶——里尔克非常坦率的讲述究竟是什么给予他年轻的生命带来如此巨大的压抑。这些信也可以看作是心理上的写作疗法。瓦莱丽就像一个幻灯屏一样展示着里尔克所有无法解脱的痛苦。通过这些信，里尔克第一次体会到了语言的力量，而瓦莱丽则体会到心灵的情欲能够产生的改变的魔力：

---

① 瓦莱丽・冯・大卫–龙菲尔德：1927年7月7日写给柯尔特・希尔施费尔德的信，引自《看向爱人》，第281、282页。

里尔克的初恋，布拉格的年轻女友瓦莱丽·冯·大卫-龙菲尔德，炮兵部队军官之女（彩色粉笔画）。瓦莱丽赞助了里尔克的诗歌小册子《生活与爱》并成为他的第一个资助人。

> 我现在开始习惯他的外表，而他的灵魂让我着迷，让我神魂颠倒，最终我爱上了这个可怜的家伙，尽管所有人都像躲避一条狗一样躲避他。[①]

瓦莱丽是照进里尔克灵魂黑暗中的一束光。里尔克沉迷于文

---

①瓦莱丽·冯·大卫-龙菲尔德：1927年7月7日写给柯尔特·希尔施费尔德的信，引自《看向爱人》，第279页。

字，发誓永远爱她，并将恋人提升到神圣的高度。对女性形象的提高乃至神化，在文学和生活中都早有先例：歌德（Goethe）的维特（Werthe）就把绿蒂（Lotte）看作天使。诗人诺瓦利斯（Novalis）爱上14岁的索菲·冯·库恩（Sophie von Kühn）时，为她做了一枚戒指和一幅肖像画，并祷告说："索菲亚是我的守护神。"里尔克则在他的宗教仪式中寻求帮助。教堂的神龛中保存着耶稣身体的化身：圣饼。在这最神圣之物的旁边，里尔克供奉了一盏灯，永恒之光。为了保证这个布拉格教堂里的灯永远燃烧，里尔克预存了超过一年的灯油。

永恒的灯光象征着瓦莱丽艺术世界里永恒的爱，但是很快少年里尔克的烦恼开始了。他们的爱情暴露了。里尔克的父亲坚决反对，他的姨妈破口大骂，瓦莱丽的父亲闯入姨妈夏洛特的家中与里尔克爆发了一场争吵。连索菲亚·里尔克也从遥远的维也纳赶回来，批判这一场爱情的结合。里尔克不再被动承受这一切。在他写给瓦莱丽的信中，他努力获得喘息的机会，并满怀怨恨地抱怨他的母亲竟然不支持他。他再一次感觉自己被母亲抛弃了：

> 什么时候这只无耻的狗才能停止吠叫！就算她不停狂吠，也没有一次被我听见，那她最好也还是闭嘴，已经有够多的人到处大吵大嚷了。她们不能把我这位前任母亲最终搞到充满蠢货的疗养院吗？或者送到一个精神病院，让她在那里以精神病人的视角逐步接近那个男人——而不是来找你，我的上帝啊！她永远也不能这么做，看在上帝的份上永远也不能！我的最甜蜜、神圣、崇高，神赐给我的爱人，你这个迷人的爱人和新娘，我的生命，我的全部——你属于我，我永远、永远、永远

不会让你离开我！我是你无法用言语描述的，永远没有终结的爱，你的，你的西堤盖蒂·勒内[1]

西提盖蒂——是约瑟夫·维克多·冯·舍费尔（Joseph Victor von Scheffel）的畅销书《赛亭根的旗手吹奏者》中那只公猫的名字。里尔克在写信给瓦莱丽的时候最后的落款经常都是他的昵称，如“你的永远无止境爱你的猫咪勒内”，“你的可怜的小西提盖蒂”，“永远无止境的，爱你的，你的非常非常小的西提盖蒂”——小到他的女友可以轻易将他抱在怀里。这对恋人的初吻发生在瓦莱丽祖母的墓地里，在坟墓的包围下他们感觉得到了庇护，亡者变成这对爱人的守护神。里尔克一生都坚信幽灵的存在，并且经常参加那种通灵集会，他在这种情况下感觉自己与瓦莱丽的祖母之间发生了一场神秘的对话。这位年轻的俄尔浦斯赞美他在死者环绕中的爱情：

在坟墓之间萌发了我们的爱情
在坟墓之间萌发了我们的幸福
在坟墓之间我被最崇高真挚的感情侵袭
在坟墓之间我第一次体会到难以忘怀的，甜蜜的吻[2]

这首诗最后以对共同死亡的展望结束。这对恋人将如同圣人一样被葬在同一个骨灰匣里。

①赖内·马利亚·里尔克：日期不明，写给瓦莱丽·冯·大卫-龙菲尔德的信，引自《看向爱人》，第91页。

②赖内·马利亚·里尔克：1894年9月写给瓦莱丽·冯·大卫-龙恩菲尔德的信，引自《看向爱人》，第1797页。

死亡不能将我们分开，——

如果以后，以后有一天人们将我们埋葬

就在同一个骨灰匣中，

我们将不再被干扰——

我打赌——我们一定会幸福！[①]

亲人、朋友对小情侣在祖母坟墓边发生的秘密相会一无所知。但是瓦莱丽的父亲认为，自己有足够的理由继续干涉他们的交往。这个年轻的高级中学学生兼诗人，根本无法给他的女儿任何未来。没有经济基础的支持，他们未来理想的艺术家生活根本就是海市蜃楼。这个一无所有的人能给他女儿带来什么呢！他可以宽容瓦莱丽的艺术追求和对美术的爱好，但要做一个自由职业的艺术家，这简直无法想象。作为军官之女，她本是一个完美的联姻对象。但是让父亲感到失望的是，她已经拒绝了好几个有诚意的追求者。罪魁祸首当然就是里尔克。这小子还用自杀相威胁并继续用潮水一般的情书淹没瓦莱丽。瓦莱丽也会困惑，怎么会有人能有如此强烈的倾诉欲望呢？

外界的反对越激烈，瓦莱丽就越同情里尔克。他倾诉自己孤独的童年、残酷的校园生活、母亲的自私自利。我们无法逐条逐句记下所有里尔克对他女友说的话。他现在处于非常情况下，感觉自己被父母双方共同抛弃了，此外瓦莱丽的父亲也不停地逼迫他——在青春期的里尔克的感觉中，一切都像是透过镜头被扭曲了一样。现如今他的过去笼罩在一片黑色浓雾之中，亲戚朋友们的闲言碎语更是雪上加霜。瓦莱丽的父亲表现出对女儿的爱情完全理解，但他试

①赖内・马利亚・里尔克：1894年9月写给瓦莱丽・冯・大卫-龙恩菲尔德的信，引自《看向爱人》，第180页。

图通过一场心平气和的对话向女儿解释清楚，他们的爱情是没有未来的。里尔克对此的回应是一个死亡的想象：

> 我的甜蜜的、美丽的珍宝，无止境地爱着的瓦丽！
>
> 我唯一的生命，
>
> 三年前我的一个同学曾经对我说：我觉得，里尔克，对你来说最好的选择就是去死。你在这个世界上不会得到幸福！当时我试图将这个确实有点吓到我的预言忘掉。但是现在我自己也相信它了。在我大概12岁的时候，我是多么频繁地想到死亡啊。死亡对我来说再也不可怕了，而我现在就在等待，它是会自愿地出现，还是等待我强行召唤它的到来。[①]

之后，里尔克开始计划二人的共同生活，并规划未来的生活图景，他想借此为自己失落的童年做一个补偿。里尔克第一次产生想要组建一个家庭的想法。他购买书籍，计划未来家庭的布置，他甚至已经看到自己和瓦莱丽一起在公园散步的场景，手里拉着他们共同的孩子，当然是一个女儿，他甚至为这个女儿想好了一个法语名字：艾梅（Aimée），意为备受宠爱的人。里尔克通过对瓦莱丽的爱，寻找对自己童年的救赎。于是圣诞仪式就具有了特殊的意义。里尔克于瓦莱丽的小家共同度过了两个圣诞节。每次里尔克都要藏起一根树枝，就像收藏圣人遗物一样。那个将母亲与儿子在平安夜对彼此的思念联系到一起的神圣的六点钟时刻，以及圣诞节写信给母亲

---

①赖内·马利亚·里尔克：1894年9月写给瓦莱丽·冯·大卫-龙恩菲尔德的信，引自《看向爱人》，第157页。

的习惯，全都源于里尔克与瓦莱丽在布拉格的圣诞。里尔克在这里第一次写圣诞信，并写了一首诗赠送给女友，在信中他赞美爱的节日就像是庆祝他们未来共同的生活一样：

当我们的房间第一次燃起明亮的圣诞烛火
那将多美丽
当那种无法用言语表述的极乐
通过烛火映入我们体内……
我一想到这，
就因为幸福而颤抖
当幸福的节日之光明亮的洒落
一个可爱的造物笨拙的、小小的
来到我们面前，作为最美丽的礼物
(……)
让我们的爱伴随着冷杉的芳香
为了永恒献身——接受！[①]

诗歌中讲述的都是现实中不可能实现的情景：父亲、母亲、孩子再次重聚在圣诞树前。里尔克幻想出一幅他从未实现过的家庭理想图景。现实中他却把自己的女儿直接送到岳父母那里代为照顾，也完全不理会自己的妻子。他在用这种方式重现他母亲的离去。

梦想与现实两种生活唯一的联系，就是它们都深深根植于虔诚的信仰基础上。里尔克在人生的不同阶段经历了许多次严重的危

①赖内·马利亚·里尔克：1893年圣诞写给瓦莱丽·冯·大卫-龙恩菲尔德的信，引自《看向爱人》，第116、167页。

机。后期他发表言论抨击救世主、教会以及他母亲信仰的天主教。早在他与瓦莱丽一起庆祝圣诞节的时候，那些仪式就已经不包含任何宗教因素了。这一点与在父母身边的祈祷时刻完全不同，那是在年轻人细腻美丽的幻想中被美化的版本。如同任何一个成长的人一样，里尔克也经历了与童年时期上帝形象的告别：不再神化宗教仪式，开始批判基督教的理想主义，并时不时地陷入信仰危机。在这一心灵极其孤独的时期，源自童年的宗教原初场景在他的意识中浮现。尽管这一转变的过程极其痛苦，里尔克仍然试图复原并发展一个全新的、成熟的上帝形象。但是他感觉自己始终无法摆脱回忆的困扰。像歌德的《普罗米修斯》一样，里尔克也不再相信上帝可以满足他的祈祷，上帝只是一个“幻象”。尼采曾经宣告上帝已死，弗洛伊德认为上帝是一个幻想。年轻的里尔克既不是从哲学的角度，也不是从心理学的角度分析上帝的形象。他单纯依从内心感受构建自己的上帝形象，对他来说这并不是一个理论问题，而是一个战胜过去自己的经历的挑战。当他在寄宿学校的时候，他曾经站在一个羊群中的小耶稣雕像面前，祈求他的庇护。但是这位善心的牧羊人却没有接受他这只迷途的羔羊，于是里尔克坚信自己是被上帝遗弃的人。他在半夜起床，走到走廊一扇开着的窗户前，将自己裸露的胸膛暴露在冬夜的寒风之中：

寒气渗入我的骨髓，当巡夜人的脚步声逐渐临近的时候，我颤抖着摸索到自己的床，并在第二天写信给那时候我称之为母亲的人：“我在学校非常满足并且幸福。”最终看起来有点效果了，我烧得厉害，神经极度活跃，严重的支气管炎让我几乎无法呼吸。一天又一天过去，我逐渐康复，等到有一天，按照我的估计，我的坟墓上的花应该已经凋谢了的那一天，我彻底痊愈了。但自此之后，我的内心是怎样翻腾不休的啊，充斥着多少矛盾、憎恨和绝望！自此之后我不断咒骂云雾缭绕中天堂的幻想偶像，祈求以死解脱。有多少次，当我在你身边并且非常快乐的时候，那种想法突然浮上心头，让我既高兴又悲伤。你应该在我坟前放一束花，这样我就能在对你的思念中入睡。[①]

当里尔克回忆过去的时候，他也同时写诗。真实的经历与文学上的升华融为一体，难舍难分。在写作中回忆变成了书中的画面。瓦莱丽相信里尔克的诗人使命。她不仅亲自设计了他的《生活与诗歌》的书籍封面，还负责为此筹措资金，甚至不惜变卖家中的贵重物品。于是瓦莱丽成为里尔克的第一位资助人。富有的女人们伴随着里尔克接下来的一生。已婚的女人们最爱里尔克，她们送给他想要的一切：孩子和妻子的生活费、疗养、埃及旅行、威尼斯豪华宫殿住宿、瓦莱州的一个中世纪小城堡，一切费用全包。

1895年7月9日，里尔克以优异成绩通过布拉格史蒂芬斯高级中学毕业考试，拿到了奖学金，同时他对瓦莱丽的爱也走到了尽头。在没有去学校上过一天课的情况下，里尔克作为走读生自行准备考试，并且补习了8年课程需要的所有知识。毕业考试之后他与父亲一起前往当时属于德国的波罗的海南岸的西波美拉尼亚浴场度假。他在这里下定决心，离开布拉格和女友，从此不受任何人束缚地做一个自由诗人并且名扬天下。一切关于永远相爱的誓言都被抛在脑后，那只小猫咪西堤盖蒂也永远消失在记忆中了。

---

①赖内·马利亚·里尔克：1894年初写给瓦莱丽·冯·大卫–龙恩菲尔德的信，引自《看向爱人》，第122、123页。

与母亲的亲近

我是个完完全全孤独的人，与你没什么不同……

当他将少年里尔克的忧郁写在信中的时候，他离开了瓦莱丽。他谈及他的创伤：父母婚姻的失败和母亲的离开。现在他与母亲感觉更接近了，她在他心中的形象也在改变。她不再仅仅是凶手，也是受害人。她不仅承担着罪责，也是自己的囚徒。索菲亚·里尔克是一个天资奇高的女性。尽管瓦莱丽曾经在给里尔克的信中将索菲亚·里尔克描述为一个贪图享乐的女性，她也不得不承认索菲亚·里尔克的天才。当时的女性们就这样被贴上各种各样的标签，尽管在今天的我们看来，她想要的只是一种自由又能够自主的生活而已。让母亲与儿子再次紧密联系在一起的，是两人共同努力研究索菲亚·里尔克的一本书《日志》。里尔克负责修订文稿并与出版社协商。在这一过程中发生了角色转换，现在是儿子牵着妈妈的手了。然而，索菲亚仍然非常孤独。她猜到了原因，在她的记录本上她写道：

灵魂最深处的痛苦是无法言说的。①

有的心可以一碎再碎。②

有的伤口永远也无法愈合，因为我们不能揭开它。③

---

①索菲亚·里尔克：《日志》，第11页。

②同上，第13页。

③同上，第16页。

在离开布拉格之后，母子二人很少见面，但是他们保持着密切的通信联系。如果一周都没有收到儿子的信，索菲亚·里尔克就会非常担心。里尔克对此感到困扰并且压力重重。他无法忍受与母亲面对面的相处，因为他们太相似了。她一眼就能看出里尔克在想什么，甚至不需要说话。两人都从来没有放松下来过，总是觉得不安。天气太冷或太热；燥热的风让心情沉重，新鲜的海风又过度刺激呼吸系统；旅馆的客人太吵或者太没有素质；母亲觉得脖子有些刺痛，儿子又觉得肺部有些气闷。里尔克经常做空气浴，晚上睡觉总是开着窗，他还推荐母亲也这样做，但是她一直不喜欢通风。两人都非常注意饮食，母亲在饮食方面有一个小鸟胃，儿子则广泛爱好粥类、蔬菜和牛奶甜饭，他像女性一样，瘦弱的身体重约50公斤。尽管二人都保持着严格的素食习惯并禁绝任何酒精饮品，他们仍然承受着漫长持久的消化问题。一时牙疼，一时头部不适，然后又因为真的伤风或者“流感”①而卧床不起。儿子的关怀照顾对母亲来说当然是最好的。

索菲亚·里尔克在书中描述她灵魂的震动与持久的伤痛，但她不懂得如何真正触及自己灵魂的痛苦。索菲亚·里尔克始终游走于疗养院与医生之间。在恩格尔医生那里她得到了一段亲密、忠诚的友谊，她从他那里第一次体会到了婚姻没有给她的亲近感。在恩格尔医生去世之后马克斯·坤泽（Max Kuntze）成为她的朋友兼医生，但并不是她的主治医师。赖内·马利亚·里尔克在面对自己的心灵危机的时候，曾经考虑过心理治疗手段。但他没有选择真的做心理

① 1909年4月15日，赖内·马利亚·里尔克：与母亲的通信，引自《通信集》第一卷，第621页。

治疗，因为灵魂的痛苦对他来说是他创作的灵感源泉。一个心理治疗之后康复的里尔克再也写不出任何爱情诗歌了。要是后来他成为穆佐的一个敲钟人，那也没有人可以完成《杜伊诺哀歌》了。孤独感对他来说是创作诗歌的前提。

> 我是个完完全全孤独的人，和你没什么不同；但我得承认，这么说并不是我在向你抱怨什么。而且也没有其他可能，因为这种孤独感对我的工作和专注的状态来说是决定性的前提条件，即使有一双爱人的手能够给我抚慰，我也必须拒绝。你可能不相信，会有一些事情不在控制之内。当然这种孤独感很难承受与战胜：但这种痛苦就是我的生活与使命，我无法回避或否认它。①

索菲亚·里尔克欠缺的，就是她从未真正赋予她的孤独时光以意义。她的书只出了一版并且没有引起任何注意。有时她还会写一些关于宗教的文章，但这类书也仅仅是地区性的印刷品，在本地之外全无影响。于是她儿子的工作，旅行与自我观察成为她生命的主题。

里尔克与许多女性保持着频繁的通信来往，有时一个月多达三四百封。索菲亚·里尔克并不认为儿子的工作负担过重，因为他花费大量时间在给不同的女人写信。终究她是这位艺术家的母亲，她有权利要求得到重视与关注。最终儿子低下头承认：“你是对的，但是我这辈子都没有天分做一个好儿子、好外孙之类的。”②他也鼓

① 1908年7月2日，赖内·马利亚·里尔克：与母亲的通信，引自《通信集》第一卷，第590、591页。

② 1919年12月25日，赖内·马利亚·里尔克：与母亲的通信，引自《通信集》第二卷，第445页。

起勇气坦承："但是妈妈，你自己总是过度神经紧张，却在同一个问题上反复指责我，这样可不行。这对我们彼此都没有好处。"[①]

里尔克与他的母亲处在一种有距离的爱之中。有时候他们约好一起，比如1904年罗马的春天，但是每一次二人都竭力避免灾难的发生——他们很难心平气和地共处。索菲亚·里尔克比约定的时间提前6天到达台伯河畔的城市，寄宿在圣科罗切教堂侧翼客房。儿子并没有亲自过去问候，而是写了一封欢迎信。索菲亚·里尔克非常生气，对修道院院长以及其他朝圣者抱怨这种"可怕的关系"[②]。母亲的到来让里尔克觉得自己的工作受到干扰。他当时住在施特罗别墅公园的阿尔彭特工作室里。2月8日，他开始在这里写他的小说《马尔特·劳里斯·布里格手记》，这是一本里尔克的私密自传。没有人能像索菲亚·里尔克一样有资格对此书做出评价，因为她提供了他童年的所有资料：早期的照片和厚厚一捆孩童时期写的信，为了帮助儿子写作，母亲还记录下所有自己对儿子童年时期的回忆。

母亲突然出现在罗马对儿子来说是一个明显的干扰。为了让她有别的事可以做，里尔克为她规划了罗马教堂八日游计划，写下所有做礼拜和告解时刻表。他当然不能承受母亲对他的怒火，怎样才能与她和解呢？他不可能中断自己的工作，陪伴母亲出行，但他已经打算腾出几个下午在自己的小工作室接待母亲的来访了。他"迫不及待地"期待她的到来，但同时他又对即将到来的会面充满不安。他知道母亲的呼吸系统受到一点感染，她期待着穿着得体地参加一场下午茶："请您原谅我，如果我今天下午穿着工作服并且表现得寡言少语的话。我没办法给您提供一份茶或者其他类似的东西，因为

① 1919年12月25日，赖内·马利亚·里尔克：与母亲的通信，引自《通信集》第二卷，第445页。
② 1904年3月10日，赖内·马利亚·里尔克：与母亲的通信，引自《通信集》第一卷，第426页。

我这里什么都没有。得知您伤风，我必须自己小心谨慎，因为我非常容易被传染，要是我现在被您传染了伤风，那将是非常糟糕的困扰。这些我都得提前跟您说一声。”①

这次会面并没有发生什么值得一提的冲突，但是四天后里尔克向母亲报告：一场令人厌烦的伤风正在折磨他。同时他向母亲保证，这并不是母亲传染给他的，而是由天气骤变引起的。母亲启程离开，闷热的天气仍在继续。4月中旬，里尔克觉得自己会在这样的天气情况下窒息而死。母亲也曾提及各种病痛与不适。于是里尔克不再在罗马停留，而是应邀前往瑞典拜访女作家艾伦·凯（Ellen Key）。

疗养院的世界

……虽然内脏非常健康，但是身体严重虚弱。

赖内·马利亚·里尔克最偏爱的疗养院就是位于德累斯顿的白鹿疗养院，一个世纪之交前后时期供名流富豪们休养的豪华别墅区。亨利希·拉曼（Heinrich Lahmann）管理的这个疗养院里接待的是欧洲各地名流巨贾，如德国工业大王、俄国地产巨头以及欧洲各地的贵族。拉曼专门负责那些用现代医疗手段无法治疗的病人们。有人嘲讽说，因为那些人都得了子虚乌有的病。拉曼医生、主治医师乔治·诺阿克（Georg Noack）以及他们的团队，专门针对心理原因产生的疾病研发出了自然疗法，即空气浴、日光浴。还有一项可以交替进行的治疗手段，那就是里尔克大力赞赏的内部鼻子按摩。除了

① 1904年3月10日，赖内·马利亚·里尔克：与母亲的通信，引自《通信集》第一卷，第426页。

这些外在的治疗方式以外，拉曼医生还推荐病人用他从塔吉克斯坦进口的纯棉床上用品与内衣。

里尔克只穿拉曼医生专门定做的内衣。在里尔克第一次来到疗养院的时候就有专人给他量体裁衣，这样他随时都可以买到符合自己尺寸的新衣服了。25岁的里尔克详尽地给母亲讲述自己在白鹿疗养院的第一次经历。“格拉斯医生（Glass）给我做了检查，然后断定我的内脏非常健康，但我的身体却变得虚弱，并且抵抗力很差。我必须进行一段时间的疗养。”①

疗养在每天七点之前开始，先是空腹冷水浴，之后是水果，一片黄油面包和“拉曼医生特制营养盐可可粉”的早餐，然后是下半身按摩和体操，紧接着第二顿早餐，包括两片“拉曼医生特制粗面包”和一杯橘子汁。午餐前客人们可以在热水全身浴，日光浴和热水手脚浴之间选择一种进行。每餐饭前10分钟的空气浴是必须要做的。下午里尔克都会把自己裹得严严实实地去外面散步，吃可可和营养盐饼干补充体力。晚餐以里尔克最爱的粥开始，再配上蔬菜、海枣和沙拉，以及一杯酸牛奶。8点钟他就可以开着窗睡觉了。

在做空气浴与冷热水交替浴的时候里尔克想起了他的母亲。白鹿疗养院的这些治疗应该对她也很适宜。里尔克试着从母亲的角度看这些生活：简直无法想象索菲亚·里尔克会坐在一个装满500名客人的大厅吃晚饭，这会让她的神经负荷过度的，当然在其他大厅的另外两餐也同样无法忍受。等了一段时间之后，里尔克的母亲终于表达了要来拉曼医生的疗养院的意愿。在一封写给诺阿克医生长达12页的信中，里尔克详细解释了他母亲的病情。他也提出了请求，

①1901年5月5日，赖内·马利亚·里尔克：与母亲的通信，引自《通信集》第一卷，第249页。

希望可以允许她在房间独自用餐，并解释了个中原委。

但在索菲亚·里尔克还没下定决心要出发的时候，她就已经满心疑问与怀疑了：要是她不能承受夜间的凉风怎么办？那她还必须要开着窗户睡觉吗？儿子安抚她说：没有人会被强迫执行某一项措施。接着里尔克开始热情地谈及拉曼医生的纯棉内衣问题。索菲亚·里尔克感觉自己压力很大，并认为在疗养院就会被迫购买"拉曼医生牌"内衣。这一点上里尔克也耐心地为她解释："不，当然没有人强迫你购买拉曼医生推荐的内衣，甚至这里的大部分客人都不穿那个。在这里的所有人，如果管理方面没有特别要求的话，都可以遵循自然本性地保持原有习惯。就像我之前说的那样，没有什么是必须要遵守的：人们在这里可以享有绝对的自由与选择权，要是有什么不适应的事情，就可以不做，也可以随时找医生谈一谈，哪怕没什么事也可以找医生，不需要解释你究竟是为什么要来找他咨询意见的。"①

最终还有一个宗教问题。那里有一个古老的天主教风俗，把蜡烛、玫瑰花环和关于圣地的图画挂起来，借此表达对得到的支持与治疗的感谢，也可以用这些向宗教祈求帮助。在户外竖着一块儿还愿板，证明已从困境中得到解脱。在疗养快要结束的时候索菲亚·里尔克心中充满感激。她将她的孩子献给了玛利亚，还有什么更能体现她对圣母的爱呢？那就是在德累斯顿艺术品收藏那里，挂上一幅对圣母与耶稣母子两人描绘得最美的拉斐尔的画《西斯廷圣母》。儿子对此给出的回应是："我建议你在德累斯顿购买一幅简单的圣母像，并将它捐赠给树林。我们应该很容易能够得到许可，在任意一棵树上挂这幅画。"②

---

①1908年9月6日，赖内·马利亚·里尔克：与母亲的通信，引自《通信集》第一卷，第600页。
②同上。

对母亲精神上的指导

上帝来到他的时代。

在里尔克一生无数次旅行中，他拜访了沿途路过的所有玛利亚圣地。当他在那里为母亲点燃一支蜡烛，并跪在圣母像前的时候，有一扇看不见的门正在向他开启。他走进去，再度置身于幼时就深感信赖的那一间祈祷室的内部空间。里尔克和他的母亲都坚信祈祷以及积极的思想的作用。在阿维尼翁圣母大教堂、圣米歇尔山的圣母像前，或者索菲亚·里尔克那一天在威尼斯的圣玛利亚福莫萨教堂的圣母像前点一支蜡烛，都会产生奇迹。蜡烛并不仅仅在点燃它们的地方燃烧，它的光芒会穿越无形的空间到母亲身边。时间与空间在这种仪式中消失了。于是儿子再一次跪在母亲身边，母亲也在儿子身边。两人都在孤独中从对方身上找到了亲近与安全感。在他的战斗诗《旗手克里斯托弗·里尔克的爱与死亡的方式》(《旗手》，1899)中里尔克将母亲比喻成圣母，借此将所有女性神圣化，这也体现出日后里尔克与女性之间关系的特点。

孤独是一致的。当索菲亚·里尔克将自己7个月大的孩子在圣母处女之身受孕的那一天奉献给圣母的时候，她就将他置于圣母的庇佑之下。里尔克对这一庄严神圣的仪式态度严肃虔诚。他为母亲买到了法国卢尔德年鉴，并经由罗纳河前往海滨圣玛丽小镇。那里供奉着三位玛利亚：抹大拉的玛利亚(Maria Magdala)、小耶稣、耶稣使徒的母亲雅各·玛利亚(Maria Kleophae)以及玛利亚·莎乐美(Maria Salome)。虔诚侍奉她们三个的是埃及的侍女莎拉(Sara)，这个黑皮肤莎拉是所有吉普赛人的守护神。

为了庆祝圣母升天节，里尔克前往根特市参加当地著名的圣母大游行，他站在那里，像在俄国一样，被那些跪倒在地的信徒们所感动。索菲亚·里尔克祈祷的首选对象是描绘得极其温柔的圣母和圣婴耶稣。里尔克在圣像中发现了一种严谨的描绘手法，这立刻深深地吸引了他。他在基辅拜访了洞穴修道院，紧接着去了索菲亚主教堂。它是模仿康斯坦丁堡的圣索菲亚大教堂建造的，被敬献给神圣的智慧。在这个他母亲的庇护神的圣地，里尔克完成了一项许诺。索菲亚·里尔克曾经想要一个小小的、俄国的圣像。他的儿子给她买了一个银制的圣母像。圣母玛利亚双手张开呈祈祷状，在她怀里坐着小小的婴儿耶稣。这种造型被称为东正教圣像画主题圣母显现，这幅画也给里尔克带来灵感，写成了诗歌《圣母像画家》。

里尔克和母亲必须时时调整亲近与距离之间的平衡。在与母亲划分界限的时期，里尔克用各种词汇批评母亲与自己的童年生活。但他从未因此放弃母子二人协调一致的画面，尽管我们仍然在他很多作品中清楚地发现，他与母亲之间内在的相似性，给他带来怎样的威胁，这也是里尔克为何不能忍受与她太过接近的原因。她的亲近让他一再回到过去被过分宠爱，但是也被驯服的孩童时期，他努力对抗世界建立起来的独立自由彻底被摧毁。1915年他们最后一次在慕尼黑见面之后，那是里尔克去世的12年前，他写了一首诗，以一种压抑的方式表达束缚他一生的这种偏见：

啊，我的母亲撕碎了我。
我在身边一块一块地堆砌石头
盖起来像是一座小房子

白昼围着屋子转圈
但是仅仅——我的母亲来了
来了，撕碎了我

她来了，张望着，撕碎了我
她全然看不见，有一个人在建筑。
她直接穿过我的石头围墙
啊，痛苦，我的母亲撕碎了我[①]

里尔克越是生活中与母亲保持距离，就越是在信中关怀备至。信中他谈到上帝，鼓励她振奋精神，更果断、更勇敢地从信仰中汲取力量对抗心灵危机，许多通信中都充斥着布道、祈祷和生活帮助。里尔克的母亲还经历着比局外人更严重的内心矛盾：虽然深深扎根于宗教，但是她仍然找不到一种可以应对她的自然本性的独立的方式。她始终被自己束缚着。儿子就像是精神导师一样探寻灵魂的秘密，再把安慰的话说给母亲听。人们在想到爱与上帝的时候，就应该宽宏大量，不是想从上帝那里得到什么，而是想要得到一切。“可能那种人反倒是最幸福的，他的愿望如此离谱，以至于他根本没指望会实现，他们的愿望就仅仅是愿望而已，学习怎样去爱。这也是那些大型祷告的现状吧，并不是为了请求得到什么而祷告，而是完全处于一种伟大的、无止境的请求的心境状态下。指望从上帝那里得到什么是非常不公平的，因为上帝是那个给予我们无止境的期待能够满足的人，相反对上帝来说，我们的存在是那个永远在等待

①赖内·马利亚·里尔克：《啊，痛苦，我的母亲你撕碎我》，引自：露·阿尔伯特-拉萨德：《与里尔克同行》，第82页。

的人，因为我们从来都没有能力接受一切。”[①]

里尔克用艺术的方式描述上帝的到来。将蜡、青铜或者金水浇注进一个模具，人的灵魂就像那个模具。“上帝在他的时间到来，将他的存在浇注进我们的凹陷处，我们的内在就有了一个成品，这是他在自然中不能形成的。所以，我亲爱的妈妈，感受他，观察你的整个人生和他施加给你的每一个印象，停留在这一种意识中，就像是停在上帝表面的位置，它塑造了我们，谁曾经看到过模具的内部，他就知道，那个空洞的内部看起来是多么的无法辨识、无法理解，但之后它铸造出来的东西又是人们可以想象出的最庄严美妙、完美无缺的形象！”[②]

①1910年5月1日，赖内·马利亚·里尔克：与母亲的通信，引自《通信集》第二部，第19、20页。
②1912年5月2日，赖内·马利亚·里尔克：与母亲的通信，引自《通信集》第二部，第143页。

露·安德烈亚斯-莎乐美
——爱人、导师、代理母亲

为彼此而生的

……你从孤独中走向巨大的幸福，拉住了我的手。

里尔克一生都在寻找一份真挚的爱情，那种能让他体会到孩子在母亲面前的感受的爱情。与母亲的疏远给他留下了深刻的创伤，伴随着恐惧不安与孤独感他开始独立生活。年轻的诗人想要寻找一位代理母亲，她不会撕坏他，而是帮助他一起建筑心灵的小屋。她也并不需要给他鼓励，只要她可以让他敬仰，可以从她身上学习并得到成长。其后，这样一位母亲——爱人就真的走进了他的生活：她叫露·安德烈亚斯-莎乐美（lou Andereas-Salomé），比里尔克年长15岁。

1896年，里尔克从他的故乡布拉格搬到慕尼黑，他是一个野心勃勃的年轻诗人，希望在那里接触艺术家圈子并得到表现的舞台，因为当时这位21岁的年轻人想要当一个戏剧作家并已经撰写了几个剧本。他在慕尼黑大学学习哲学，并为慕尼黑的刊物写剧评。很快他就进入施瓦宾的艺术家圈子。1896年12月，他的第三本诗集《梦中加冕》出版之后，还引起了当时很受欢迎的巴伐利亚诗人路德维希·冈霍费尔（Ludwig Ganghofer）的关注。虽然有些不情愿，但是里尔克还是决定利用这一关系，加入相关的慕尼黑沙龙和艺术家圈子。此外他还与诗人威廉·冯·舒尔茨（Wilhelm Von Scholz），迷人的波希米亚女作家弗兰西斯卡·祖·莱文特罗伯爵夫人（Franziska Gräfin Zu Reventlow）缔结友谊，后者因为她惊世骇俗的感情生活名声大噪。

在青年作家雅克布·瓦瑟曼（Jakob Wassermann）家喝茶的时候，里尔克第一次见到36岁的莎乐美，那是1897年5月12日，其实在此之前他已经读过她的文章，并立刻发现了他们之间的共性。对里尔克来说这不仅仅是一种学术上的会面，也是疯狂的爱的萌发，这种情感的风暴让他这个有经验的情书高手，使用极其大胆又亲密的表达向她诉说自己对她的痴迷，以至于相对理智的莎乐美很快也被他打动了。

最尊贵的夫人：

昨天并不是我与您共度的第一个黄昏。在我的记忆中，我曾经极其渴盼能够见到您。那是一个冬天，虽然春风从千里之外吹拂而过，但是我的全部感官与追求都被迫蜷缩在狭小的居室与平静的工作中。这时康拉德博士给我寄来了《新德意志评论》四月份的96期刊。康拉德博士的一封信提示我其中一篇评论《犹太人的耶稣》。为什么？康拉德博士当时阅读过我的《基督——幻象》中的几个部分，他推测这篇充满思想深度的文章可能会引起我的兴趣。您的评论与我的诗歌相比，就像是梦想与现实，愿望与它的实现。[①]

①《赖内·马利亚·里尔克与露·安德烈亚斯-莎乐美通信集》，第7页。

他当然可以在喝茶的时候就把这些话向她倾诉，但是对里尔克这位写信高手来说，对这种充满感激的知己的神秘感不能与别人分享，应私下交流。最好就在下一个周五的嘉特纳广场剧院。很快他就想要给露朗诵他的诗歌了。被追求的莎乐美是一个目标坚定的人，她对里尔克的这番表现究竟如何回复已经不得而知。在她的日记本中她很少涉及赞美里尔克外表的言辞。尽管他有一双“充满深情的眼睛”①，但也有一个细长的脖子，瘦削的肩膀和扁平的后脑勺。

莎乐美已经习惯被赞美、被奉承了。她并不是美人，但是她拥有一头性感迷人的金色卷发，是一位成功的作家，还与尼采（Nitzsche）、斯特林堡（Strindberg）、豪普特曼（Hauptmann）、易卜生（Ibsen）等人交好。她已经与哥廷根的东方语学者弗里德里希·卡尔·安德烈亚斯（Freidrich Carl Andreas）结婚，二人分享同一个房子，但是并不分享一张床。这是她始终坚持的一个协议，即使她因为尼采或者他的朋友保罗·雷（Paul Rée）之间产生欲望，也绝不动摇。这位充满激情的女士在关系到她的自由独立问题的时候，内心极其冷酷，因为这是她从很早就一直为之奋斗的目标。莎乐美的父亲是一个具有波罗的海血统，胡格诺教派出身，在俄国工作的军官，他带着家人住在距离圣彼得堡冬宫不远处的豪华公务房里，莎乐美从小就已经习惯与社会最高层次的人交际往来。她的父亲古斯塔夫-莎乐美（Gustav-Salomé）6岁的时候就随同父母一起来到圣彼得堡，在俄国军方升至将军一职，并在1831年被沙皇尼古拉斯一世

①拉尔夫·弗里德曼：《赖内·马利亚·里尔克》第一卷，第92页。

里尔克母亲一般的恋人露·安德烈亚斯-莎乐美，1897年这位文化学家兼作家与尼采、斯特林堡、豪普特曼和易卜生都是朋友。

（Zar Nikolaus I.）册封为贵族。母亲露易丝（Louise）是汉堡一家富有的糖厂主西格弗里德·威尔姆（Siegfried Wilm）的女儿。作为家中6个兄弟姐妹中唯一的女儿，莎乐美很小就学会要坚持自我，即使面对她的教育者，荷兰牧师亨德里克·阿道夫·基洛特（Hendrik Adolph Gillot）也一样，而他很快就爱上了这位年轻聪慧的女孩，莎乐美也非常清楚，怎样有效地引起他对自己的兴趣。他教导莎乐美学习哲学、比较宗教学。同时她还阅读康德（Kant）、克尔凯郭尔（Kierkegaard）、斯宾诺莎（Spinosa）和莱布尼茨（Leipniz）。当基洛特向莎乐美求婚的时候，这个被父亲溺爱地称为里奥拉（Ljolja）的姑娘恼怒地拒绝了。基洛特甚至已经决定要离开妻子和孩子，与这个年仅18岁的少女一起生活。但莎乐美坚定不移地保卫她刚刚形成的自由意识与追求。

在年轻的里尔克走进她的生活时，不如说是冲进去的。莎乐美早已声名鹊起：她写过一本非常受重视的关于尼采的书，以及一本自传小说《露特》。人们称她为天才的作家、哲学家和文化学者。对她来说作家的使命高于一切。在这种创作的利己主义之下，她与男人们的交往也深受影响。她的女友弗里达·冯·比洛（Frieda von Bülow）在她的代表作《两个人》中提到莎乐美具有"吸血鬼天性，饥渴地吸吮着别人的心头血。"[①]除了与尼采和保罗·雷之间的友谊之外，她还与许多男人维持着精神上的亲密关系，如柏林社会民主派的编辑乔治·雷德伯尔（Georg Ledebour）、维也纳诗人理查德·比尔-豪夫曼（Richard Beer-Hofmann）、巴黎的演员兼剧作家弗兰克·韦德金德（Frank Wedekind）。她与著名的维也纳医生兼弗洛伊德的学生弗里德里希·皮内里斯（Friedrich Pineles）有过一段交往，但是她拒绝离开自己的丈夫，与对方结婚。

当里尔克开始向莎乐美献殷勤的时候，他对她的那些经历一无所知。她具备他缺少的一切：试图寻找一个符合时代的上帝形象；在全面教育的基础上追求精神上的独立；解放的力量与承担责任的能力，以及不受僵化道德影响的日常道德。最让里尔克赞叹的是，她身上体现出女性与理智的和谐共存。里尔克像莎乐美一样，也受到尼采的"上帝已死"观点影响，他也在追寻一个虔诚的对象，可以将

① 古纳·温德特：《露·安德烈亚斯-莎乐美与里尔克》，第85页。

信仰与认识结合在一起。他母亲所笃信的传统教义对里尔克来说是需要战胜的对象。他希望可以不必只依靠仪式才能与上帝相通，而是可以在没有任何媒介的情况下直接感知他，并将其与美学的观点相结合，这也是诗人开始努力研究的方向。

莎乐美很早就失去了挚爱的父亲，自此动摇了她的信仰，她在这方面的研究远远超过了还在摸索状态下的里尔克。她从亲身体会上意识到，上帝是可以死亡的，上帝的形象可以受到当时所处心理状态的影响，也可以反之对上帝的形象注入个人的投射。宗教不仅是神学的范畴，也涉及心理学现象。她自童年时期就开始的与上帝的对话突然中断，一下子就从对上帝的信任感中跳出来，对她来说就好像世界上的上帝也消失了一样。她必须努力重新找回她的信仰，因此她写了一本名为《为上帝而战》的书。

当这本书1885年出版的时候，她才24岁，书中的主角承受着信仰失落的痛苦。人们可以从牧师之子的身上轻易发现尼采的“另一个自我”观点。在痛苦的自我发现过程中，他摆脱了宗教的烙印和社会对道德的要求。如果里尔克读过这本书的话，那么自负的库诺（Kuno）肯定不如他青年时期的女友简（Jane）更能让里尔克印象深刻。她代表了里尔克和尼采对于女性的想象——彻底奉献的化身，她将自己的爱人设想成为“一种神一样的虚幻的存在”。[①]莎乐美设计这个女性角色的时候，毫无疑问是按照自己的对立面来安排的，但是她并未对这个角色持批判态度。如同莎乐美在后来的文学评论中所阐释的那样，信仰、宗教以及道德都体现了非常深的女性特质，这完全符合里尔克的生活体会，对他来说，生活与宗教从一开始就

① 露·安德烈亚斯-莎乐美：《为上帝而战》，第105页。

是一个整体，密不可分。

最先引起里尔克对她的赞赏的是那篇《犹太人的耶稣》。这个耶稣死在世界里，因为他被上升到了神的地位。作为犹太人，他相信自己在此世与上帝的联系，作为基督，他被钉死在十字架上。作者回忆起一个事实，基督教在向人们许诺来世的时候崛起，那也正是流亡的犹太人怀疑自己和他们的选择的开始。从年轻的诗人的角度来看，莎乐美通过宗教与心理学结合的方式讲述的一切，正是他努力想要诗意地表达的。里尔克的耶稣迷失在这个世界，寻求着解脱，但是却在十字架这个不幸的标志面前屈服了。在里尔克那本渎神的《基督幻象》中，感觉自己被上帝欺骗了的耶稣前往犹太人墓地，在布拉格的犹太人拉比墓前，爆发了一场对上帝的沉默的愤怒指责：

我的灵魂背负着无数尘世的烦恼
艰难地升向天空
我的灵魂冰冷，因为他空空如也
而你一次也没有，一次也不会
像我这个不幸的人一样来到这尘世[①]

耶稣对上帝愤怒的控诉，他自己与所有人类都被上帝单独留在尘世，这一指责并不是里尔克关于上帝和世界的最后一句话。他的耶稣——诗歌仅仅是负面的表达，他借此开始了他新的信仰，即相信上帝是以一个隐藏的形象一直存在的。帮助这一关于世界内在性的宗教观产生的人当然是莎乐美，他对莎乐美表现出的强烈的爱

①《里尔克作品全集》第三卷，第158页。

意，几乎就是一种无所不包的宇宙一样的爱。有了这种爱，世界就合理了。人、神与自然，在一种神秘的意识中合为一体。

在与莎乐美共同度过了两个戏剧之夜，又在莎乐美家中为她朗诵了诗歌之后，里尔克在1897年5月31日寄去了他写她的无数火热情书与诗歌中的第一封，从头到尾贯穿始终的思想，就是他们是为彼此而生的、命中注定的一对。

渴望唱道：
面对你我似乎早有准备
当你迷路时我轻轻微笑
我知道，你从孤独中
走向一个巨大的幸福
你将找到我的手。[①]

露能够从这些信的蓝色信封和上面难以辨认的字迹上分辨出它的主人。里尔克曾经匿名给她寄过很多首自己的诗歌。现在他要告诉她，他曾经一整天徒劳地在慕尼黑和英国花园里走来走去，只是为了——“因为强烈的意愿”——将玫瑰，爱情之花，送给她：

在偏远的路上
发现了玫瑰
带着嫩枝
我想带着它和你相会

①《赖内·马利亚·里尔克与露·安德烈亚斯-莎乐美通信集》，第7页。

却几乎不懂得如何

抓住它的嫩芽

像是带着无家可归的

苍白的孩子

我寻找你

而你就好像是

我的可怜的玫瑰的母亲[①]

这里面清楚地反映出一些信息：这有一个孤苦伶仃的孩子，需要母爱的关注——但是在这一谦卑的请求背后，隐藏着另一个意愿，即想要得到的不仅仅是母爱，而是被正式接受作为爱人。献出爱，得到母爱的温暖，这是赖内的期待，他带着这样的期待接近很多年长于他的人。形势也对他有利：因为莎乐美对人类非常好奇，她是一个天生的心理学家，在分析方面非常有天分。一直以来吸引她的那些自信的名流、特立独行的思想家、功成名就的作家等，全部都是具有十足男性特质，而现在出现在她面前的是一个羞怯的、愿意委身于她的、女性化的年轻男孩，他有着不健康的肤色、动人的眼睛，小心翼翼地奉承她，却也以一种让人好奇的方式提出要求，最重要的是，他从一开始就承认她的主导地位。

里尔克非常狡猾地让被追求者陷入紧迫的境地：他面临着被征召入伍的危机，务必要在走之前见她一面。6月4日在布拉格附近进行体格检查。信的最后签名写着赖内·马利亚，可能是为了显得亲昵一点。尽管她感觉那些诗歌太过激情又多愁善感，莎乐美仍然对

①《赖内·马利亚·里尔克与露·安德烈亚斯-莎乐美通信集》，第10页。

这个跪在她面前朗诵诗歌，随后又将整册书都献给她的年轻诗人产生了好感。可能她察觉到这个还不成熟，但是天赋惊人的年轻人将会是她的一个挑战，作为一个吸引人的人类样本，她将深入地分析他，最后造就他。她决定带他一起去伊萨尔河谷的沃尔夫拉茨豪森乡下，加深一下对他的了解。1897年6月1日的晚上究竟发生了什么，我们不得而知。但是从里尔克随后欣喜若狂的情绪与之后给莎乐美写信时用更亲密的“你”这个称呼来推测，他们在沃尔夫拉茨豪森成为了真正的一对，他在第一封信中的梦想成真了：

> 因为我曾经在身边的眼中看到渴望，它引导我找到了一双稳定的手，我可以在每一个词中更轻柔。①

三天后他写信给莎乐美，他现在有一个家了。现在他写在纸上的一切，都带着极度幸福的微醺。这份爱情让里尔克超越了自我，她是上天的礼物，让里尔克得到成长。莎乐美会感谢里尔克的！在里尔克的笔下，爱情诗歌如同洪流一般倾泻而下，一年后里尔克以《为你庆祝》为名集结成册出版发行。回顾影响深远的这一年，莎乐美也认为，确实有一些事改变了她的生活，尽管她直到一年之后才意识到这一关系究竟达到什么程度：

> 我是你多年的妻子，因为你对我来说是第一次的真实，身体与人性无可辨别地合为一体，这是生活不容置疑的真相。我应该逐字逐句地向你坦白，你所说过的话就是爱情的告白：“只

①《赖内·马利亚·里尔克与露·安德烈亚斯-莎乐美通信集》，第11页。

有你是真实的。”我们在成为朋友之前成为了夫妻，我们做朋友并非出于选择，而是因为同样隐蔽地发生的婚姻。并不是两个半个人在寻找彼此，而是完整的在战栗中认清楚了不可思议的完整。因此我们是兄弟姐妹——但是这是史前的时期，远在乱伦是亵渎之前。[①]

在回顾中被当作共生描述的一切，此时显示出一种挑衅性的对立。一个已婚的女性与一个热血青年共度的夜晚，在爱情方面全无经验的诗人可能做了一些大胆的尝试。莎乐美在日记中冷静地记下，她和里尔克在晚上三点半一起吃了早餐，随后她和一起来旅行的弗里达·冯·比洛一起喝了咖啡。人们不难想象，两个女性朋友会在这样的清晨谈论什么话题。顾虑到丈夫的因素，莎乐美要求里尔克在写给自己的信中称她为“您”。但是很快里尔克又转变了整个信的基调，他开始在其中添加更神圣庄严的色彩，描述的画面也更加庄重：

过去我的愿望像野生的玫瑰一样丛生于空荡荡的御座周围，现在像白色的柱子围绕着苍穹，您从平和的寺庙向我的灵魂微笑，并为我的爱恋赐福。[②]

原本不确定的渴望，现在有了一个具体的对象并被他供上圣坛，向她祈祷。对里尔克来说“神圣的时刻”终于到来，爱情走进春天，一切都是新的，天空湛蓝，春光明媚，清泉喷涌而出。一切都

①露·安德烈亚斯-莎乐美：《回首生命》，第112页。
②《赖内·马利亚·里尔克与露·安德烈亚斯-莎乐美通信集》，第15页。

如同宗教给人带来的狂喜迷醉一般，就像是人们听到圣歌和《圣经》中的诗篇所感受的一样，一种爱的福音。他在写给莎乐美的信中流露出隐秘的融合的愿望：

> 我想梦到温柔的梦，并用它的光辉像藤蔓一样装饰我的房间来招待你。你的手将祝福带到我的手上和头发上，我想与它一起入梦。我不想和人说话，这样就不会浪费你的话语的回响，它们柔和地浮在我的声音上方，颤抖着，让声音更加丰富。我不愿意在太阳下山之后看到任何光线，只为了用你目光中的火焰点燃无数祭品……我想融化到你之中，就像孩童的祈祷融入到嘈杂欢呼的清晨，就像焰火融入孤独的星空……现在我想成为你。我的心在你的怜悯仁慈的爱面前燃烧，就像圣母像前的长明灯一样。[①]

莎乐美对他这种过分的恭维与神化，一开始感觉很尴尬，然后就随他去了。此时她还没有看出来，诗人这种感伤情调特有的创造性的潜力，远超出表面上的抒情对象“你”，他的抒情对象已经开始指向更广阔的范围。在最开始的感动和理解之后，紧随而来的就是恼火。她制订了一份让他清醒过来的教育计划。第一步先从改名开始：从勒内(René)改为平淡一点的赖内(Rainer)。自此，里尔克发表的所有著作都署名为赖内·马利亚·里尔克。莎乐美建议里尔克减少他的作品中过多的感伤主义，这样有助于加深诗歌的思想内涵与形式意识。她还要求他练习更高雅的手写字体。他要抄写大量文

---

①《赖内·马利亚·里尔克与露·安德烈亚斯-莎乐美通信集》，第19、20页。

献练字。里尔克全部乖乖照做，只为了能继续留在这个有经验的女作家身边，向她学习。

但是他竟然还要与别人分享他的爱人。每当莎乐美与一个男人太过亲近的时候，他就会自动开启防御心理。施塔恩贝格湖畔不远处就是“露的小屋”，她和女友弗里达·冯·比洛，以及里尔克一起在那里度过夏天，莎乐美把俄国作家兼评论家阿基姆·洛维奇·沃伦斯基（Akim Lwowitsch Wolynski）也接到那儿去，这位作家与羞怯内向的里尔克是完全相反的类型，既敏锐又理智，他很轻易就让里尔克退却了。当然不是很情愿，但是莎乐美告诉他，自己正在写作的小说与评论都需要沃伦斯基的帮助，里尔克在这已经打扰到他们了。里尔克随后搬到隔壁的村子居住，帮助莎乐美抄写她的文稿。

最后连弗里德里希·卡尔·安德烈亚斯也带着狗加入沃尔夫拉茨豪森的群体中。人们光着脚四处漫游，夜间穿过萤火虫环绕的树林，吃素食，男人们戴着草帽，莎乐美打扮成俄国常见的农妇形象，穿着农民风格的衬衣，长发扎到脑后，几绺金发垂在晒成褐色的脸侧。

另一个住处是山坡上的一间农舍，朋友们直接住在牛棚之上，房子上空飞扬着一面旗子，上面写着“露–和平”（Lou–fried），这可能也是对拜罗伊特的理查德·瓦格纳（Richard Wagner）的别墅名“万–和平”（Wahn–fried）的一个戏仿与映射。负责设计并绘制旗子的是刚刚到达的露的好友，建筑学家奥古斯特·恩德尔（August Endell）。但是这种田园生活又非常脆弱，它越发凸显出内向又闷闷不乐的里尔克日益增加的紧张感与疏离感。他觉得自己在这个亲密的小圈子里就像一个局外人。当莎乐美在9月初又前往她的前男友皮内里斯博士所在的萨尔茨堡附近的哈莱茵温泉时，里尔克彻底绝望了。他一个人孤独地走过曾经与莎乐美一起走的路。

然而，或者说正因如此，在这充满激动不安的一周的学习，爱，偶尔的绝望经历之后诞生了里尔克最具感染力的诗歌。人们可以将之看作对爱人的祈求，也可以看作对上帝的。莎乐美在她的别墅房间里发现了这页诗歌：

弄瞎我的眼睛，我仍能看见你
堵住我的耳朵，我仍能听见你
即使没有脚，我也能走向你
折断我的手臂，我仍能拥抱你
用我的心就像用我的手一样
挖出我的心，我的头脑仍然转动不停
你在我的脑海中燃起大火
我也会用血液将你托起。[①]

这些极富表现力的诗行显示，诗人绝不会轻易放弃这段爱情。里尔克很快学会在这种偶尔被放逐的情况下生活，并习惯这种持续交替变化的亲近与距离、亲密与驱逐的状态，虽然现在他深受其苦，但里尔克自己也学会用这种方法对待他的情人了。尽管要面对麻烦的三角恋，里尔克仍然努力想要待在莎乐美身边，甚至决定搬到她所在的柏林去。莎乐美和丈夫一开始住在维尔莫斯多夫城区，后来又搬到施玛根多夫。里尔克在她家附近找了一个寄宿处。他频繁拜访莎乐美，毫不在意自己的身份，殷勤地帮她劈柴、洗餐具。

---

①《赖内・马利亚・里尔克与露・安德烈亚斯–莎乐美通信集》，第26页。

这一切都得到一家之主，大家称之为莎乐美的男人（Loumann）的宽容。弗里德里希·卡尔·安德烈亚斯不相信这个苍白的小男孩会与他的妻子有什么私密的关系。在他眼里，里尔克就是一个聪明的学生，一个新手诗人，努力想要受到肯定，并希望他的妻子可以成为自己的领路人，为他打开进入大都会文化圈的大门。安德烈亚斯极其专注于他的波斯历史文化研究，根本没有时间和精力浪费在猜测妻子与年轻的同伴的关系上。

但是这种偷情一样的行为，让里尔克非常痛苦，最终导致了像在沃尔夫拉茨豪森时那样的敏感、易怒的情绪爆发，他需要莎乐美付出更多的耐心与细致的洞察力。莎乐美就像一个母亲一样照顾他、安抚他、赞美他、鼓励他。他们之间的关系已经亲密到二人可以公然谈论里尔克脆弱的体质、他的痔疮、湿疹以及勃起障碍。露的好友皮内里斯博士认为这些症状可能是因为脊髓疾病，也可能发展成为精神病。里尔克一再地退出，但总是又写信请求她的亲近。他将被他视为羞辱的局外人的处境加工之后运用在作品中，又在诗歌中歌颂他的爱人。

他和莎乐美在城中到处游走，只为了最终融入城市，在这里结交朋友。当他在一次读书会上见到史提芬·格奥尔格（Stefan George）时，他恭敬地给对方写了一封谦卑的信，请求对方接纳自己到他的圈子里，但是被拒绝了。这个羞辱让里尔克久久无法释怀。他与路德维希·冈霍费尔的关系，也因为他接连不断的离开慕尼黑而逐渐中断了。但在莎乐美的介绍下他认识了诗人理查德·戴默尔（Richard Dehmel）。又一部诗集产生了。《基督降临节》这个题目在里尔克看来具有纲领性特色，虽然所有作品都是在遇见莎乐美之前就已经完成的。1897年6月的时候，他就充满兴奋之情地写信给莎乐美，说他现在处于“一个新纪元的曙光之中”。[①]现在这曙光终于现身了。6年之后他充满感激地回顾自己在柏林的艰难时光：

> 你是一切怀疑的对立面，所有你碰触过的，到达的，看到的就是一切。世界失去了对我来说云雾缭绕的浑浊不清，这种流动的自我塑造和自我放弃，是我第一个诗行与贫乏。[②]

为了更加深入地了解莎乐美的精神世界，里尔克开始学习研究俄语和俄国文化。但是在莎乐美带里尔克前往她的故乡俄国之前，她先把里尔克送到了意大利，目的是与他保持距离。她对他来说是一个严厉的老师，定期给他布置作业：他必须在意大利那边每天写日记，记录下他的学习情况。当然他得先学会意大利语。里尔克非常迷恋文艺复兴时期，他很早就开始研究相关内容了。他从那个时期看到，代表他的诗人身份的自我理解的内向性。文艺复兴时期的艺术家专注研究自我的内在灵魂，描述内心的生活。

于是里尔克在1898年4月中旬前往佛罗伦萨，学习研究那里的艺术与文物古迹。在花了三个月时间饱览了佛罗伦萨的回廊与广场之后，他动身前往上流社会云集的海滨浴场——维亚雷焦，想在那里远离城市进行休养。他在那里开始加工记录自己的所见所闻，作品以格言风格辑录，以尼采的精华文艺观点为蓝本的内省沉思，涉及了艺术的本质。艺术并不是为了娱乐大众而存在的。艺术家只是遵循一种内在的法则，为了自己而创作：

---

①《赖内·马利亚·里尔克与露·安德烈亚斯-莎乐美通信集》，第21页。
②同上，第124、125页。

然后就知道，艺术：是个体、孤独者满足自我需求的工具。就像拿破仑对外扩张一样，艺术家追求的是对内扩张。前者为的是胜利，后者为的是一层一层向上的进步。但是拿破仑有为了讨好群众而取得胜利吗？①

1898年5月，里尔克在维亚雷焦时期日记上记录下来的，是伟大的艺术家面对社会发出的艺术创作独立宣言，他自称这是"亵渎圣经"②。一种为孤独而作的激昂的辩护，因为只有无视社会的期待，艺术家才能够实现自我。诗歌创作对里尔克来说是创作自我，只有创作型的人才是真正的人。在日常生活中，在与其他人交往过程中，他整个人的本质黯淡无光，只有在艺术中他的本质才会明亮起来。

他的导师莎乐美也曾经在她的论文《艺术的基本形式》中阐述过相似的观点：艺术家的观点并非来自于外在世界，而是遵从一种内在的想象。里尔克也认同这一点说法，即所有的艺术都是自我——目的。诗歌创作是创作世界。这听起来就像是说《祈祷书》是怎样最终成形的一样：诗人的想象力就是新的神祇的创作者，一个创造能力的新宗教："只要这个上帝存在一天，我们所有人就都是孩子和未成年。他必须死一次。因为我们都想自己做父亲。"③

这个想法就好像是一种解放，突然间所有的物体开始说话，世界重新建立并且闪闪发光。它重复着唤起里尔克对莎乐美的爱的起因："就好像我们是完全一样的两个存在，并且手拉着手。"④自我与世界的秘密婚姻，发生在诗人自己创造的世界的内在空间。

---

①赖内·马利亚·里尔克：《佛罗伦萨日记》，第27页。
②同上，第28页。
③同上，第40页。
④同上，第71页。

与叶琳娜·沃若妮娜在海边

你这个不知感恩的人，这就是生活！

里尔克在维亚雷焦结识了年长他5岁的俄国女郎，她就是来自圣彼得堡的27岁的叶琳娜·沃若妮娜（Jelena Woronina），他们二人发生了一场美丽的邂逅。里尔克称她为海琳娜（Helene），在旅店的时候，她坐在里尔克的邻桌，很快她就开始陪伴里尔克一起去海边散步了。与里尔克不同，这位姑娘是陪父亲和姐姐来海边疗养的，她心情抑郁，但是里尔克很快就成功将她哄得开心起来。日记中记下了一段相关的插曲：

她说："我很羞耻说出这样的话，但是我现在就和死了一样。我一点也不快乐，而且我根本就不想要更快乐。"我装作什么也没听到的样子，突然很愉快的一指："一只萤火虫，您看到了吗？"她点头："那也有""那也有——还有那"我补充，并且不由自主地感叹。"4、5、6……"她非常兴奋地继续数下去。然后我就笑了："你这个不知感恩的人，这就是生活：6只萤火虫并且越来越多。您想要否认这一点吗？"[①]

里尔克在日记中写道，他甚至感到了对自己的"敬畏"，以及他的口才；他的渴望越发强烈，想要摒弃"一切的犹豫、怀疑"，振作

① 赖内·马利亚·里尔克：《佛罗伦萨日记》，第73页。

起来，将她从恐惧中解救出来。他建议虔诚倾听的俄国女友，离开一切信任的人，走到陌生的地方，陌生的人中间，“把随便什么都释放出来”，留下来的就是完成的。这难道不是莎乐美一直说的话吗？他将这些变成自己的，经过冷静考虑过的暂时驱逐计划，目的是为了在孤独中完成自我的成长。这是他从远在德国，母亲一样的情人身边解放的第一个标志性信号？日记中的记录都是写给莎乐美看的。我们从这炫耀性的字里行间看到的不再是那个自我折磨的赖内，而是一个自我意识觉醒的赖内：看吧，现在我也可以从新的生活乐趣中给别人安慰了——而且我也可以跟别的女人一起度过萤火虫之夜！

情欲亢奋的心境从里尔克写在日记里的一个小故事中也能反映出来，这个故事当然也是海琳娜赋予他的灵感。里尔克记载，有一天早晨，他从旅店对着大海的露台上看到了一个修士，他身着黑色的带帽僧衣，还戴着面具，一副威尼斯风格的打扮。这个阴郁的身影站在花园盛开的玫瑰中间。是站在入口的阴影处的那个姑娘把死神召唤来的吗？她希望他把自己的心献给死神？“我再也不能爱了，把心拿去吧。但是请让我再看看。”这是爱情终结的象征。里尔克从现在开始，把生命与死亡看作一体，接受一切事物的变化，不再被对死亡的恐惧所压倒，就像之前他一直遭受失落的痛苦一样。

里尔克在年末创作《白衣女爵》的时候，他将那个黑衣僧人与故事联系到了一起。女爵嫁给了一个她并不渴望的男人，她始终保持处女之身。在她丈夫不在的时候，有一艘船载着一个来自远方备受尊敬的男子接近她的城堡，就在女爵渴望得到欲望的满足时，她被告知瘟疫爆发了。爱的通告被死亡通告所取代。船带着被爱慕的对象驶过。女爵从她的妹妹明娜·拉哈（Minna Lara）身边得到了支持，她愿意给女爵爱，那种她等待了一生的爱。我们可以推测，里尔克在这个同样未得到满足的妹妹身上，映射的是叶琳娜，她本应该可以取代一直回避里尔克的莎乐美。在剧中两姐妹亲密接吻，就好像她们是一对同性恋人一样。在她们结合之前，那个威尼斯的僧侣曾经现身。

里尔克《佛罗伦萨日记》中的一些记载引发了人们一种推测，事情很有可能是这样，里尔克很想利用叶琳娜做一个尝试，借助她来补偿自己在莎乐美那里得到的冷淡待遇。里尔克那时还不明白，他在日记中始终颂扬的，认为是艺术创作前提的孤独感，是必须坚持承受的。莎乐美非常清楚，年轻的诗人不能接受这一必须的分离，因此她要求他，除非自己召唤，不然不许离开意大利。于是他再一次放下身段，顺从地期待很快可以回到代理母亲莎乐美那里。与他自己亲生母亲的神经衰弱不同，莎乐美非常强大，但是与莎乐美的关系同样充满痛苦：

> 我就像一个孩子，被吊在悬崖上。当母亲用温柔充满爱意的强大抓住孩子的时候，即使深渊就在脚下，尖刺神气活现地在他的脸与母亲的胸口中间，他也还是安心的。[①]

里尔克在1898年6月，心满意足地从维亚雷焦出发，经由热那亚、维也纳、布拉格回到柏林，与莎乐美相会。他自信地写道："我如此冷静地回到你身边，亲爱的，这是我给你带回来的最美的礼物。"[②]二人共同前往但泽附近的索波特。再次相会让里尔克感觉到淡漠疏离，这让他很快又陷入抑郁状态。即使在他的日记中也没有看到关于他已经恢复的记录。里尔克对艺术与艺术家的论述，对莎

①赖内·马利亚·里尔克：《佛罗伦萨日记》，第57页。
②同上，第94页。

乐美来说缺少新意，而他关于母亲身份与女性艺术创作之间的关系的阐释，即宣称女性根本的命运在生产中完成，这一言论让莎乐美非常不满。在她同一年出版的《情欲》一书中，莎乐美虽然颂扬了母亲的伟大，但她并未将这种“原始创造性”与艺术创造彻底对立起来，虽然按照普遍认识，人们都将艺术创造留给男人们。正相反，莎乐美认为情欲、艺术与宗教都是女性的起源。

1898年7月，里尔克在索波特完成了他的意大利日记《在冰冷的海边》[①]。他感觉自己在莎乐美面前像个“乞丐”，什么都没有，他没有任何可以给她的东西。最后的记录可以清楚表明，里尔克从意大利的流放经历中得到了多么有限的自我强大（Ich-Stark）。他仍然要从他对莎乐美的爱中得到全部的力量。他必须靠对莎乐美的想象才能写作，他只有在爱着才能作诗。莎乐美对他来说不是一个女人，而是所有女性的化身：

> 你不是我的一个目标，你是我的无数个目标。你是一切，我了解你的一切；我是一切，在我想你的时候我会把一切带到你面前。[②]

显而易见，里尔克将爱的概念扩展了，现在爱对他来说是神性的、创造世界的力量——就像艺术一样。爱和艺术是一体的：世界、上帝和文学创作也是一体的。从“你”中生出来的是一个强大的“他”。里尔克将他的艺术幻象上升到尼采的《查拉图斯特拉》的思想高度：全能的艺术家将从自己内部创造整个世界，一个超人、一个幻想的巨人：

①赖内·马利亚·里尔克：《佛罗伦萨日记》，第108页。

②同上，第112页。

在长久的时间最后，他终将带着对我们产生影响并存在的一切共同降临。因为他会变成最大的空间，包含一切力量。这只有他一个人能做到；但是所有正在完成的都是这个孤独者的祖先。没有他什么都不会实现；因为树木和山丘，云朵和海浪都仅仅是在他内部找到的，每一个现实的象征。一切都在他的内部汇合，如果没有他，就会四散争斗的一切权利，现在都在他的意志下颤抖。甚至他脚下的土地也太多了，他像是卷起一个跪拜用的垫子一样卷起土地。他不再祈祷。他就是。如果他做一个祈祷的姿势，他就会创造，然后陷入成千上万个世界的无尽之中。[①]

与莎乐美一起，让里尔克再次重新开始。上帝，这个里尔克通往艺术家福音书的道路上失去的身影，将再次在他的文学创作中重生。但是上帝再次在里尔克笔下复活之前，我们可以将视线转向一个国度，在那里上帝仍然以一种自然的状态存在着：俄国。莎乐美要带他去那片神秘的土地了。

与莎乐美一起去俄国

这是我唯一一次过复活节。

里尔克为自己的俄国之旅做了充分的准备，虽然并不是与莎乐美单独出行，而是还要加上她的丈夫，这一点让他有些痛苦。他学了俄

①赖内·马利亚·里尔克：《佛罗伦萨日记》，第114页。

语，深入研究俄国文学与艺术，甚至还准备了几份推荐信。在旅行开始之前三天，1899年4月22日，里尔克把这些都讲给母亲听，还提醒她，写信到俄国的时候记得写短一些，不然会被没收。如果一直收不到他的信，她也不需要担心，肯定是邮政审查机构的问题。里尔克事先已经对俄国落后的现状以及严格的沙皇时期政体有很深的了解，也正是这种远离现代化与进步的特色吸引着他。在从莫斯科寄出的第一封给母亲的信里，就已经流露出神圣的俄国神话风情了：里尔克热情洋溢地谈论着“神奇的土地”、金色的穹顶，以及虔诚的人们。

> 管风琴的东方音乐流露出谦恭的思想：这就是莫斯科，这就是俄国，因为莫斯科就是俄国。一切都让我喜爱，在最初的惊讶过后一切都像是旧相识一样亲切！教堂就像是敞开的心，一种奇特的、深邃的、神秘地对上帝的敬畏。车辆载着圣像穿过街道，军官们和优雅的淑女跪在地上，身边跪着农民，他们是为了庆祝复活节来到“妈妈莫斯科”的。[1]

因为个人的爱好而把“俄国的一切”神化，里尔克并不是唯一一个。即使是理智的莎乐美也认为，比起已经失去魅力，世俗化的西方世界，她的故乡东欧要更淳朴天然、富有感情。里尔克读过她1897年发表在杂志《大都会》上的论文《俄国的诗歌与文化》。这两人与莎乐美的丈夫在复活节前，也就是1899年4月27日来到莫斯科的时候，就立刻把握住这个城市的魅力所在。尽管对里尔克来说，陀思妥耶夫斯基（Dostojewski）才是那个向他展示了俄国灵魂的诗人，但

①赖内·马利亚·里尔克：1899年4月29日与母亲的通信，引自《通信集》第一卷，第102页。

是他们现在可以去拜访托尔斯泰（Tolstoi），如露·安德烈亚斯-莎乐美在她的回忆录中所写的那样，“打开进入俄国的大门”[①]。

画家列奥尼德·帕斯捷尔纳克（Leonid Pasternak），也就是后来成为著名作家的鲍利斯·帕斯捷尔纳克（Boris Pasternak）的父亲，成为他们的介绍人，莎乐美与里尔克在他的帮助下，于耶稣受难日受邀前往71岁的作家在莫斯科的冬季别墅喝茶。托尔斯泰伯爵对完全不认识的诗人里尔克并没有兴趣，他想见的是莎乐美的丈夫。他与莎乐美的丈夫用德语谈论波斯的巴哈伊教，那是安德烈亚斯的一个研究课题。里尔克一言不发地听着。托尔斯泰警告他的客人们小心群众的过分笃信，他称之为迷信。这些头脑简单的群众都是蒙昧未开化的野人，而宗教最主要的作用应该是道德教化，实际上却并未达到效果。他劝他们不要在复活节参加克里姆林宫前的朝圣者庆祝活动。但无论是里尔克还是莎乐美都不会被这位白胡子老人的话吓退。在里尔克看来，莫斯科的复活节就是某种信仰复兴的经历，是再次与宗教虔信相结合的经历，这是他曾经以为已经失去的，现在有机会全部找回的。他在这里感受到了博爱，一种集体救赎的深切感情，这种感情将永远与俄国的经历紧密联系在一起：

> 这对我来说是唯一一次复活节；这样漫长的、独特的、非同寻常的、激动人心的夜晚，人潮汹涌，当克里姆林宫的伊凡大钟楼在夜色中响起，一声又一声。这是我的复活节，这足够我回味一生；我在莫斯科的那个夜晚都很少收到这样大的信息，我和我的心都没收到。但是现在我明白了：耶稣基督复活了！[②]

①露·安德烈亚斯-莎乐美：《回首生命》，第94页。
②《赖内·马利亚·里尔克与露·安德烈亚斯-莎乐美通信集》，第142、143页。

他们像一贯在旅途中做的那样，参观了莫斯科所有的教堂和修道院之后，继续前往圣彼得堡，莎乐美的故乡。莎乐美的母亲，76岁的露易丝（Louise）去车站接她。现在里尔克必须再次扮演一个无害的、年轻的、被允许与莎乐美夫妇同行的陪伴者的角色。夫妻二人去莎乐美的母亲那儿同住，里尔克则被安排在邻近的一处公寓。在这种非常不舒服的情况下，里尔克想起了他的女友叶琳娜·沃若妮娜，他们自佛罗伦萨分开之后就保持通信联系。她和里尔克一起满城闲逛，二人一起消磨了太多时间，这引起了莎乐美的注意。她一开始表现出一点吃醋的迹象，并设法让里尔克经常参加她在晚上举办的社交聚会。里尔克就让叶琳娜等着他，然后在白天写信给她道歉。他声称有一位神秘的“女伴”，他有义务陪伴她，并且他正慢慢地从这段感情中抽身而出。当他不遵守约定的时候，他写道：“我的思想在这无风的状态下降下了船帆，我的感觉已经入睡……”[①]作为安慰，他写给海琳娜一首诗《致海琳娜》。期间莎乐美已经替里尔克打开了圣彼得堡的艺术家与知识分子圈子的大门，还与俄国的出版社、杂志社建立联系。里尔克知道，温柔的叶琳娜不如手中拥有巨大关系网络的莎乐美对他有用。

圣彼得堡让里尔克很失望，因为它看起来太西欧化了，“太国际化，太不俄国了”，他在5月3日写给母亲的信里说道。[②]下一次他还要去莫斯科，并且最想要去乡下，广阔的俄国，可以研究“俄国的事物”，研究纯粹的俄国。在拜访过民族画家伊利亚·列宾（Ilja Repin）之后，里尔克开始钻研俄国中世纪艺术。他在圣彼得堡的

①拉尔夫·弗里曼：《赖内·马利亚·里尔克》第一卷，第144页。

②赖内·马利亚·里尔克：1899年5月3日与母亲的通信，引自《通信集》第一卷，第103页。

图书馆观察圣像并研究救世主描绘与天主教圣母像和希腊正教圣母像。他被图像语言深深地打动了，人性与神性紧密结合在这个“神圣的方框”里。有生以来第一次，里尔克后来回顾道，他感觉到了“无法表达的感受，就像是‘回家’——有一种巨大的力量让我感觉在这个世界上，我对一些东西……有归属感。”[①]

回到柏林，里尔克再次开始与叶琳娜通信，和她狂热地谈论俄国，那个“谦恭又骄傲”的国度。此外他还需要在与莎乐美的关系持续冷淡的情况下，给生活找点新的刺激。叶琳娜这位年轻、时尚的姑娘回信给他时，带着一点友好的讥讽。她已经认清楚这位诗人是怎样把自我投射到别人身上的，一切以及每个人全都被他看作文学创作的素材：“您这个可爱又愚蠢的诗人，还有谁能像您痴迷俄国一样醉心于什么事物上吗？我一直屏住呼吸，直到看完您的信，现在还有点晕呢。”[②]

从圣彼得堡回来之后，里尔克和莎乐美仍然把时间花在“俄国事物”上，他们整个夏天都在玛利·冯·萨克森-迈宁根公主的花园别墅，拜博思山间，里尔克很兴奋地跟母亲说，这里曾经是一个小城堡。弗里达·冯·比洛也和他们在一起，公主信任她并把别墅转给她使用。里尔克现在激动不已，他终于又可以公开表达他对莎乐美的感情了，他们又可以纵情欢乐了。在他们一起做俄国文化研究的时候，感觉他们从未在精神上如此接近过。两人完全沉浸在文学艺术的世界中，没有精力分给旁人，对此备受冷落的女主人对朋友抱怨道，她觉得这一对儿从早到晚钻研俄国的语言、文学、艺术史、

① 君特·马腾斯与安妮玛丽·博斯特-马腾斯：《赖内·马利亚·里尔克》，第35页。

② 叶琳娜·沃若妮娜：1899年7月17日与赖内·马利亚·里尔克的通信。引自拉尔夫·弗里曼：《赖内·马利亚·里尔克》第一卷，第149页。

文化史等等，就好像“准备参加一场非常重要的考试”一样。当他们去吃饭的时候，因为太过疲倦，甚至没有精力进行一场热烈的谈话。[①]在这兴奋的一周中产生的诗歌《圣母像》，明显体现出俄国的经历开始对里尔克诗人的自我认知产生影响。如同绘制圣像一样，里尔克用语言完成了一幅关于巨大的塑造力的画像，他在其中交错融合了可见的与不可见的一切。

就像带着一个金发的孩子
我引领着金色的线条
描绘着你的容貌
就像双扇门
背后闪耀着无数明灯[②]

9月14日，莎乐美和里尔克得到安德烈亚斯的通知，莎乐美最爱的卷毛狗“鲁特新”生病了，二人匆忙启程回家。当他们到达施玛根多夫的时候，已经晚了，小狗已经死亡，被郑重埋葬在花园里。

在瓦尔德福里登别墅里尔克的房间里，他布置了一处祈祷入定的小角落，放着一个俄国十字架和一副“三骑士”的画像。里尔克还在隔壁的小房间挂起一幅圣像画和一幅希腊圣像，他经常穿着俄国风格的长袍，在长椅上舒展四肢，从虔诚的祈祷中得到灵感。收获的时刻到了。1899年9月20日到10月14日，里尔克在一种心醉神迷，恍惚的状态下完成了《祈祷》，这一组诗被称为《僧侣的生活》，是1905年出版的《祈祷书》中的第一部分。他将诗歌献给一位女士，没

①《里尔克大事记》第一卷，第89页。
②《里尔克作品全集》第三卷，第657页。

有她就不会有这些诗："献到露的手中"。

第一首诗就已经体现出整个组诗的基调：诗人在创造世界的同时写作，他生活在白天，在夜晚用诗歌完成它。诗歌中讲述的僧侣知道，居住在他旁边的修道小房间的沉默的上帝，允许他祷告。祈祷者将上帝召回世界。这让人想到小里奥拉在她的上帝没有死之前与上帝进行的对话，绝非偶然。

你，隔壁的上帝，如果我偶然
在长夜用敲击声打扰到你
那是因为，我几乎听不到你的呼吸
并且知道，你一个人在大厅
而当你需要的时候，没有人在那
因为你的摸索而递给你饮料
我总是在听。给我一个小小的信号
我离你如此之近
我们之间只隔着薄薄的一堵墙
因为偶然；这是可能发生的：
你的或者我的一个呼声
墙崩塌
完全没有任何嘈杂与喧哗
从你的影像中建立了墙
你的画像就在你面前，如同名字
一旦光芒在我体内燃烧
那是我借此用我深层的内心认清你
它化为光芒，挥霍自我在画框上

我的感官，很快倦怠
它没有故乡，又与你分离①

里尔克的上帝无所不在又无处可寻。他形成于图像，又对那些看到他的人产生影响。他是一束光，照到物品上，但他又和它们一起熄灭了。上帝是美的化身，但他也是死亡与变化。他像艺术家一样从无造出了有，为了在创造的过程中被认识。当上帝始终沉默，人类就必须说话。上帝的沉默是他的使命。世界可以由诗人重新精妙的建造：

我不想知道，你在哪
从四面八方向我说话
你的自愿的传教士
记下了一切又忘记
去看声音的来处
我一直走向你
带着我全部的路
因为我是谁而你又是谁
当我们彼此不能理解？②

诗人想把上帝领回到他的造物中去。即使是上帝也需要恩赐，因为上帝需要被认识。对里尔克来说这并不意味着渎神，而是对孩子的信仰的表达，想要认真对待上帝。

---

①《里尔克作品全集》第三卷，第309、310页。
②《里尔克作品全集》第三卷，第350页。

我相信一切未说出口的话
我要解放我虔诚的信仰
别人尚且不敢想的
我却早已无从抗拒
如果这是狂妄，我的上帝，请宽恕我
但我只想这样对你说：
我最好的力量应该如同本能
既不愤怒也不畏缩
孩子们就是这样爱你的
以这股洪流，以这奔涌
穿过宽广的支流
进入大海的怀抱
以这增长的回归
我将你认清
我将你宣扬
前无古人。
如果这是傲慢，就让我
傲慢吧
为我祈祷
如此虔诚而又孤独
在你云雾遮掩的额前站立[1]

---

①《里尔克作品全集》第三卷，第314页。

人与上帝互相依赖，就像灵魂与身体，光线与眼睛。祈祷的僧侣问道：

上帝，当我死了的时候，你会做什么？
我是你的壶——如果我破碎了呢
我是你的饮料——如果我腐败了呢
我是你的衣裳你的职业
有我你就失去了全部的意义。[①]

里尔克将上帝的形象放置于"基督教的边缘"[②]，他非常清楚，这样沿着正教教义边缘游走有多么大胆，但是他感觉自己在俄国的亲身经历以及对俄国历史和文化的学习，使他的观点最终得到了证明。里尔克曾经在一个俄国诗歌里读到，上帝住在人的腋窝里。这种人类与上帝内在的互相融合难道不是对《圣经》中关于人类是模仿上帝而造就的设想的完美象征吗？1900年1月，里尔克写信给艺术史专家阿尔弗雷德·里希特瓦克（Alfred Lichtwark），"一件我还不敢用不确定的词语暗示的事情，可能在俄国人民那里成为现实了，他们的上帝（还未完成的）和他们的艺术（还未完成的）均衡稳定，交替变换地共同发展着……"[③]

1899年11月，里尔克"七件先后完成的作品中"[④]的《亲爱的上帝的历史》完成，主要内容围绕上帝对世界的影响，并继续阐释里尔克

①《里尔克作品全集》第三卷，第334页。

②同上，第358页。

③赖内·马利亚·里尔克：1900年1月20日与阿尔弗雷德·里希特瓦克的通信。引自《里尔克大事记》第一卷，第96页。

④赖内·马利亚·里尔克：1903年2月13日与艾伦·凯的通信。引自《里尔克与艾伦开通信集》，第9页。

在《祈祷》中已经用诗歌表达过的内容。在《上帝之手的童话》中叙述者讲述了邻居的故事，她多么艰难地努力回答女儿关于亲爱的上帝的问题。造物者的手是什么意思？叙述者解释过，这个关于创造世界的故事要用这样的方式叙述，以便邻居可以继续给她女儿讲：当上帝创造世界之后，有那么一瞬间他看不到他的造物了，而他的创造开始远离上帝。当他用手捏出人的模样，用右手给人类的鼻子塑形的时候，半成品的人类从他手上跌落。在他创造人类的过程中人类就挣脱了上帝的手，想要自己掌控命运。因为主要是孩子们首先将分离的再次拼合为一体，因此童话也讲述了"一个顶针怎么成为上帝"：孩子们中的一群人决定，以后永远把上帝带在身边，因为"任何事物都能够成为亲爱的上帝"[①]。在另一个故事中是艺术家解救了上帝："整个天空是一块石头，他被关在里面中央的位置，他在期待米开朗基罗（Michelangelos）的手可以将他解救出来，他听见他来了，但是还很远。"[②]人类需要上帝，但是上帝也同样需要人类，如同里尔克在他的最动人的诗篇《祈祷书》中描述的这种矛盾状态。信徒将上帝捧在手心如同捧着一只雏鸟：

而你——你从巢中跌落
是一只雏鸟，有着黄色的钩爪，
大眼睛盯着我让我悲哀
（我的手对你来说太大了）
我用手指从喷泉中蘸一滴水
倾听，你是否需要它

①赖内·马利亚·里尔克：《亲爱的上帝的故事》，里尔克作品全集，第四卷，第355页。
②同上，第347页。

我感到了你和我的心跳

都是出于恐惧[①]

第二次俄国之旅

我的指甲里满是碎片，神经里也是。

里尔克在柏林大学努力学习俄国民间习俗与当代俄国艺术，为第二次俄国之旅做准备——与莎乐美单独出行。弗里德里希·安德烈亚斯同意二人在没有他的陪伴下单独出游。1900年5月7日，他们乘火车从柏林—夏洛腾堡宫出发，途经华沙，最后到达莫斯科。从莫斯科出发继续向南部行进。女作家索菲亚·尼古拉耶夫那·希尔（Sofia Nikolajewna Schill）允诺安排他们拜访农民诗人斯皮里多诺夫·多罗森（Spiridon Droschin），里尔克曾翻译过他的诗歌并发表在《布拉格日报》上。5月9日，二人在莫斯科会合，并在第二天见到了好友索菲亚。里尔克被"这些人的美好品质"[②]所倾倒，如同他在5月11日写给母亲的信中所说，城内所有的沙龙都向他和莎乐美敞开大门。索菲亚·希尔在回忆录中描述"引人注目的年轻的一对儿"：

高大丰满的露·安德烈亚斯-莎乐美穿着颜色别致，自己缝制的改良服装，她身边是瘦削、中等身材的里尔克，穿着一件满是口袋的夹克，戴着一顶新奇的毡帽。赖内·马利亚·里尔克肤色白皙如少女，椭圆形的脸和鼻子都稍长，又大又亮的眼

---

①《里尔克作品全集》第三卷，第322、323页。

②《与母亲通信集》第一卷，第174页。

> 睛如孩童一般好奇地观察着陌生的生活。浅黄色的山羊小胡子衬得他格外出色。二人在莫斯科四处漫游，穿过阿尔巴特区的大街小巷，像小孩子一样手牵着手。[①]

莎乐美和里尔克先是住在莫斯科大酒店，然后住在艾米莉卡旅馆，就像一年前那样在整个城市闲逛，参观所有的教堂和展览，做礼拜。莎乐美写下一本名为《与里尔克游俄国》的日记。她最关注的是这个城市的精神生活。书中她详尽描述了创造奇迹的希腊正教圣像《伊比利亚的母亲》，这幅圣像每天都被从祈祷室取出，由6匹马拉的车，载着行遍城市的大街小巷，莫斯科人民热情地膜拜迎接。索菲亚·希尔对被德国来客神化了的俄国风情毫无兴趣，她认为克里姆林宫旁的圣母小教堂就是一个庸俗拙劣的"盒装糖果"[②]。莎乐美和里尔克则庄严肃穆地膜拜蓝金色的大穹顶，对他们来说这里就是接收神圣形象之地。

里尔克无论如何也想要再次拜访托尔斯泰。5月31日，二人乘火车前往图拉，再坐马车到达托尔斯泰位于亚斯纳亚·波良纳的庄园，白色的房子矗立在一个衰败的花园里。因为他们事先并未预约，所以二人等了很长时间，直到伯爵在窗口短暂地露脸。他最年长的儿子出来开了门，请两位来客进去，但在莎乐美走进去之后，大门重重地关在里尔克的面前。年迈的作家再一次无视了青年诗人，他甚至根本不记得他的名字，尽管里尔克曾经给他寄过一箱书。一会儿托尔斯泰再次不耐烦地回到自己的工作室，将两位访客直接丢给自己的儿子，他们在图书馆等了两个小时。夫人向来访者

①君特·马腾斯与安妮玛丽·博斯特-马腾斯：《赖内·马利亚·里尔克》，第40页。
②露·安德烈亚斯-莎乐美：《与里尔克同游俄国》，第29页。

解释自己的丈夫身体欠佳，不能招待客人。二人在庄园里逛了一圈之后，意外撞见托尔斯泰夫妻激烈的争吵。最终托尔斯泰再次现身，并问里尔克：“您从事什么工作？”并对里尔克回答的“诗人”做出长篇大论，攻击一切诗歌，随后带着他的不速之客们在自己的庄园溜达。[①]即使到了此时，托尔斯泰也没有表现出任何符合人们对他的期待之处。当一个农民向他表达尊敬的时候，这位庄园主无动于衷地从旁走过。尽管托尔斯泰表现出了如此多的矛盾之处，里尔克仍然将他与托尔斯泰的再次会见美化成为一次神秘的经历：

> 谈话涉及到多个方面。但是所有的话语并不是浮于表面，而是穿透了物体的本质直达其背后的阴暗之处。它的深层价值并不在于光明中的色彩，而是来自于黑暗与神秘，来自于我们所有人生活的深处。而每当对话中回响出不和谐之处的时候，我们就表现出对深层一致性的明亮背景的展望。[②]

莎乐美则在日记中严厉谴责了托尔斯泰，她批评他只会“从一个知识分子期待的角度”观察人民。她与里尔克一样，反而对小人物产生浪漫的美化幻想，他们承受苦难的力量，以及他们对永恒的意义。俄国人民内在是“少数的是日常，日常的是少数”[③]，她在日记中如是说道。但是与里尔克不同的是，她从未彻底放弃怀疑，而是利用她的分析能力，从表面现象直达根本。她热情地与社会学家索菲亚·希尔探讨她的俄语工作经历。但她也并未忽略她的同伴对眼

①露·安德烈亚斯-莎乐美:《回首生命》，第94页。
②《里尔克早期通信与日记》，第41页。
③露·安德烈亚斯-莎乐美:《与里尔克同游俄国》，第109页。

中一切的过度夸大，她在《回首》中记录，里尔克“充满期待地看着每一个瘦小的农民，好似融合了单纯与深刻”[①]。里尔克是带着一种固定的、几乎是太过固定的预设来到俄国的，并倾向于过高提升他所见到的一切。而露则相反，她是回到她故乡的国度，她爱它，但并不会对它盲目尊崇。

对自己的过高要求，不能立刻把所见所闻转化为诗歌的痛苦，都导致了里尔克与莎乐美之间关系的紧张，这种紧张随着二人的朝夕相处日益增加。他们途经图拉前往基辅，在那里里尔克写信给母亲，说他们参观了著名的洞穴修道院，连续数个小时举着蜡烛参观修道院的内部构造。尽管基辅被称为俄国的精神中心，但里尔克仍觉得它更像是一个“国际化”都市，因为这个城市到处是电车、宽广的商业化大街以及豪华宾馆。里尔克为他母亲购买了一个小小的银质圣母像，因为她一直想要一个圣像。需要注意的是，里尔克在信中对一直陪伴自己的莎乐美只字不提。莎乐美在日记中记载，她可以明白这种“身体上的厌恶”，那种受过教育的人在看到朝圣人群的时候所理解的“这种精神的实质并不仅仅是存活下来的象征，或者让群众在日常中保持对更高存在的信仰，它首先是一个活跃的机构，由人民领导，为了达成人类的政治与权力目的而被管理着、保留着，它将大批金钱与精神力量从真实的营养来源中转移出去。”[②]

索菲亚·里尔克当时正在卡尔斯巴德疗养，里尔克不敢让她知道自己在基辅所遭受的严重危机。在写给母亲的信中，里尔克隐藏了所有可能会让神经脆弱的母亲激动的话题。一次里尔克与莎乐美在一片洋槐树林中散步，一种强烈的恐惧感突然袭来，里尔克几乎

①露·安德烈亚斯-莎乐美：《回首生命》，第95页。
②露·安德烈亚斯-莎乐美：《与里尔克同游俄国》，第61、62页。

不能再挪动一步。有一棵树，里尔克无论如何也不能从它面前经过，就好像那棵树让他“中了魔”[①]一样。他的那种强迫观点，即要将一切发生的事文学化，要寻找一种方式可以表达“所有未曾说出之事”[②]，让他受到自然与无形之物的威胁。莎乐美担心这种性格混乱会发展成为精神疾病。她强迫他第二天继续在那棵洋槐树边走过。

这一经历让持续4周的伏尔加河之旅成为负担，他们从萨拉托夫出发，途经萨马拉与尼西尼诺夫哥罗德逆流而上，最终到达雅罗斯拉夫。对恐惧的恐惧一路如影随形，并随着一路途经的神秘、巨大的无人区日益增加。对里尔克来说，他如同看到了“创世”，“无形的圣父本身”[③]，身处其中他感到自己无比渺小无助。他的上帝居于人的腋窝之下，如今要去往何处？如果这一切都是真的，那他在《祈祷》中出色构筑的新的信仰就将消失不见。他还没能理解美与恐惧，庄严与可怕之间的联系。直到《哀歌》时期的1921年，他去世5年前，他才找到有效的词语描述：

只有诗人将
那些分散在每个人身上的部分
联合成为世界。
他不停的证明美，
然而他本身却在不停颂扬
折磨他的一切。
他在不断的毁灭中洗涤自我：

①露・安德烈亚斯–莎乐美：《回首生命》，第117页。
②同上，第99页。
③《赖内・马利亚・里尔克与露・安德烈亚斯–莎乐美：通信集》，第41页。

而也正是毁灭成为了世界。[①]

然而现在，在旅途中，他还没能成功体会到自己是个诗人。他徒劳地期待着灵感，那些后来被他称为“内心的听写”的过程。他的痛苦并不包含整个世界，而是正相反。莎乐美被里尔克情绪的大起大落折磨得力不从心。幸福的时刻总是突然转变为充斥痉挛、喘息、暴怒的自闭阶段。当他们在雅罗斯拉夫一个简陋的农舍过夜时，莎乐美让人准备了两个并排摆放的草垫，这样她就不必与里尔克同榻而眠了。两人第一次谈到了分手的问题。里尔克要从施玛根多夫搬到沃尔普斯韦德。好友亨利希·福格勒（Heinrich Vogeler）可以为他在艺术家村庄准备一个住所。在一个被蚊子折磨得彻夜难眠的夜晚过后，莎乐美在日记中记载：“我的指甲里满是碎片，神经里也是。”[②]

二人俄国之旅的最后一站，是拜访住在尼索福卡村的农民诗人斯皮里多诺夫·多罗森，这一活动让他们重新振奋精神。整个旅行中里尔克第一次感觉自己是个大人物了。他们在这个爱慕虚荣的人家里受到整整3天的热情招待，围着铜茶炊喝茶，看着那些母鸡好奇地围着新来的客人啄来啄去，“就好像它们过来亲自向客人提供配茶的鸡蛋一样”，露·安德烈亚斯-莎乐美在日记中记载[③]。多罗森与他的几口之家居住在一个简陋的农舍中。里尔克与莎乐美很早就起床，喝一杯挤出的新鲜牛奶，沿着伏尔加河畔挂着露水的草地漫步。他们一起去采蘑菇，与多罗森一起在农田散步。在居住的第3天，主人介绍他们认识了隔壁庄园的尼古拉·托尔斯泰伯爵（Nikolai Tolstoi），他是列

---

①《里尔克作品全集》第二卷，第246页。

②拉尔夫·弗里德曼：《赖内·马利亚·里尔克》第一卷，第176页。

③露·安德烈亚斯-莎乐美：《回首生命》，第96页。

1900年7月，里尔克和露·安德烈亚斯-莎乐美在他们的第二次俄国之旅途中，去尼索福卡拜访人民诗人斯皮里多诺夫·多罗森。

夫·托尔斯泰(Leo Tolstoi)的远亲，也是一个诗人兼画家。伯爵的母亲详尽地介绍自己的家族祖先因为祈祷而产生的神迹，里尔克对这些传奇全盘接受，并立刻讲给自己的母亲听。他在给索菲亚·希尔的信中热情地说道："这些天我们朝着俄国的心脏又前进了一大步，我们已经在感觉中倾听他的心跳很久了，它的节奏也是我们生活的节奏。"[①]那是一段幸福的时光，但对里尔克来说却只是一个短暂的缓刑。他与莎乐美持续3年的关系即将走到尽头。里尔克再也没有去过俄国，他只在他的诗歌当中一再地追溯俄国的主题。

7月24日，二人共同返回圣彼得堡。贯穿俄国3000公里的旅途在这里结束。28日，莎乐美突然决定前往芬兰探望她的家人，那里有一个家族的消夏别墅。里尔克整个人浑浑噩噩地待在站台上。他感觉自己被莎乐美抛弃了，于是埋首于工作中逃避现实。整整4周的时间，他每天拜访帝国图书馆，通过钻研艺术历史为自己的新创作做准备。他拜访艺术史专家和记者，推荐自己做俄国艺术在德国的介绍者。然后他写绝望的信给莎乐美，哀求她回来。莎乐美回避了他的话题，但是宣布她很快回圣彼得堡。里尔克欣喜若狂。在紧接着的第二封信中指出，他也意识到摆脱他与莎乐美之间的锁链的必要性。他已经收到亨利希·福格勒的通知，对方在沃尔普斯韦德等他。信最后以一个请求结尾："快回来吧！"[②]

莎乐美回来了，但是这次被苦苦哀求的回归，却是她最后的表态。她感觉自己的自由受到了威胁，内心早就已经放弃这份爱情了。莎乐美已经习惯了由自己决定爱的方式与强度，她所面对的

①《里尔克早期通信与日记》，第37页。

② 赖内·马利亚·里尔克：1900年8月11日与露·安德烈亚斯-莎乐美的通信，引自《赖内·马利亚·里尔克与露·安德烈亚斯-莎乐美通信集》，第44页。

切，必须有助于她发现自我：“我消耗爱情是为了自己。”[1]而这一次她越来越觉得她的感情就像一个皮球一样被自恋的人当成手中的玩物，比起她，他更在意的还是他自己。她原本期待可以从伏尔加河风光所得到的灵魂的力量，都被里尔克彻底占去了。7月29日，二人一同回到柏林，但是里尔克从那里继续独自前往沃尔普斯韦德。他花了6周的时间徜徉于艺术家居住区的世界，住在朋友亨利希·福格勒的房子“巴肯豪夫”里。晚上他在烛光中朗诵诗歌，感觉自己成为集会的焦点人物。在这段时间里尔克结识了女画家保拉·贝克（Paula Becker）和雕刻家克拉拉·韦斯特豪夫（Clara Westhoff），后者是里尔克未来的妻子。

莎乐美则在柏林忙于总结自己的此次俄国之旅。除了日记之外她还写了一些诗歌。《伏尔加之诗》就像是对她与里尔克关系的悼词一般，让人很容易从形式与内容上联想到里尔克的《祈祷书》，那首诗歌以这一句开头：“挖出我的眼睛，我可以看到你……”如果说里尔克的诗不仅仅是写给爱人，也是写给上帝的话，那么莎乐美的这首诗不仅仅是在写波涛汹涌的伏尔加河，更是写给那个与她一起游河又最终失去的爱人：

无论你离我多远
我都能看见你
无论你离我多远
你都属于我
就像此刻，永不褪色

① 露·安德烈亚斯-莎乐美：《与里尔克同游俄国》，第90页。

就像我的风景
你永远围绕在我的生活中
即使我从不曾在你的河岸休憩
我也能够知晓你的广博
就好像梦想之河停驻于我之上
在你无尽的孤寂旁。①

莎乐美预感到她与里尔克的分别并不意味着她永远从他身边解脱了，因为他们精神上的联系太过强大。她将他推向自由，让他可以独自走自己的路，做一个艺术家和一个男人。“坚强起来！”，尼采在他的《查拉图斯特拉》中的起床宣言是露个人的秘密格言，现在它也将成为里尔克的生活格言了。自1897年至今，二人共同走过的人生永远也不会被忘却，里尔克作为诗人的自我转变与他人生中第一次，也可能是唯一一次爱情密不可分。而二人之间的联系事实上一直持续了超过四分之一个世纪，直至里尔克1926年12月29日，逝世于瓦尔蒙特。露·安德烈亚斯-莎乐美始终是他的灵魂伴侣，生活顾问和代理母亲，他在她面前无话不说，可以对她坦白一切。

露驱逐里尔克

如果我可以残酷一点，就能让赖内向前走，一直向前。

鉴于二人之间强大的联系，莎乐美很惊讶地发现想要实现这种

①露·安德烈亚斯-莎乐美：《与里尔克同游俄国》，第132页。

分离究竟有多么艰难。她曾经在1900年写过一篇论文《爱情的问题》，发表在《新德意志评论》杂志上。对莎乐美来说，性欲冲动是任何一种两性关系当中产生爱的核心，只是持续的时间短：当不受信赖的人开始变成信赖的人的时候，爱情的心醉神迷就熄灭了。上百种爱的喜悦造就了上百个兴奋点。一个并不算新的认识，但是这一批判明显针对她年轻的爱人——也针对她自己。爱的热情导致人们无法以真正客观的角度观察对方，“研究对方”，它更像是“我们最深刻的研究自己”。女作家用让人无从抗拒的坦率表明，爱人以及他的爱最终都指向他自己。在她10年后写作的《情欲》一书中莎乐美用友善的态度描述了爱的心醉神迷现象，它充满魔力，具有让现实像被施了魔法一样的力量。“在美丽的爱情诗歌中存在着这样强烈的感受，就好像爱人不仅仅是爱人本身，他也是在树枝上颤动的叶片，是水面上闪耀的波光——他变成了万物，事物的改变者：一幅图画，分散于万物的无穷之中，出现在我们的故乡，让我们得以在此漫步。”[①]她找到了一种对里尔克无穷的爱的概念的有效表达——而这一切都是源于不再相爱的距离感，与里尔克在此期间作为诗人的认识。

象征莎乐美与里尔克之间爱情彻底终结的标志是露写给他的名为《最后的呼喊》[②]的信。当时里尔克早已从沃尔普斯韦德搬回柏林，因为他在艺术圈里已经无法工作，并想要离自己的爱人近一点，也为了能再次解决他非常凄凉的经济状况。莎乐美看起来又一次做出让步，允许里尔克去她家里吃午餐，他们像过去一样一起去森林中漫步，三人一起度过圣诞夜。然而很快里尔克再次成为她的

①露·安德烈亚斯-莎乐美：《情欲》，第21页。

②露·安德烈亚斯-莎乐美：1901年2月26日与里尔克的通信，引自《赖内·马利亚·里尔克与露·安德烈亚斯-莎乐美通信集》，第54、55页。

负担。她正在忙于写作自己的回忆录《洛迪娜》(*Rodinka*)，不想受到干扰。她在除夕之夜写道："明年我想要的，我最需要的是纯粹的安宁——更多的一个人待着，就像4年前那样。这将会，这必须再次到来。"[①]里尔克自觉受到了羞辱，抱怨"灵魂感到窒息"[②]莎乐美的这种恼怒情绪不仅仅向里尔克发泄，也指向她的丈夫，弗里德里希·安德烈亚斯。她在日记中写她的丈夫"有时让她感到厌恶"，这真的让她感到遗憾。她还嘲讽地补充道，她面对里尔克时同样感觉糟糕，"但是这从不让我痛苦"[③]。莎乐美担心自己可能会失去创造力，并在1月20日的记录中，将这归结于里尔克的责任："如果我可以残酷一点，就能让赖内向前走，一直向前。(他必须向前)。"当里尔克第二天去拜访她时，她避而不见。

这种粗暴的直接剪断脐带的行为，最根本的原因是里尔克突然与克拉拉·韦斯特豪夫订婚了。莎乐美不仅作为一个年长的爱人，更是作为一个"教育者"的双重身份让她深感受伤。在信中她提道，她在这段不平等的爱情关系中，从一开始就承担着母亲身份。因此她有资格，也必须给他一些建议：

> 现在围绕着我的一切，在充满明媚阳光和寂静的地方，在生命的果实正在成熟，变得甜蜜的地方。我的最后一个责任来自对我俩来说都非常宝贵的回忆。我在沃尔夫拉茨豪森像一个母亲那样向你走去。让我以一个母亲的身份尽着责任——多年前，在与泽梅科(Zemek)医生长久谈话之后，我承诺接受的责

①露·安德烈亚斯-莎乐美：《与里尔克同游俄国》，第145页。

②君特·马腾斯和安妮玛丽·博斯特-马腾斯：《赖内·马利亚·里尔克》，第46页。

③露·安德烈亚斯-莎乐美：1901年2月26日与里尔克的通信，引自《赖内·马利亚·里尔克与露·安德烈亚斯-莎乐美通信集》，第49页。

任。假如你自由地漫步在不确定、不清晰的状态中，那么你只为你自己负责。然而，万一你把自己管住，让自己承担义务，你必须明白，为什么我始终要给你指出一条确定通往健康的道路。这是泽梅科对一种命运的担忧，就像某种类似迦尔洵命运的东西。这是你和我称为你心中的“另一个人”的东西。这个人被弄得一会儿沮丧，一会儿兴奋；以前特别胆怯，然后又特别着迷。这是一个对他来说可能是熟悉的、阴森可怕的伙伴，他可能使心灵上的疾病发展到脊髓疾病或精神病。①

这件事像一记重炮轰到里尔克身上：要么他放弃结婚计划，要么就承受作家弗谢沃洛德·米哈伊洛维奇·迦尔洵（Wsewolod Michailowitsch Garschin）同样的命运，后者因为抑郁症在1888年自杀了。里尔克必须忠实于他的艺术使命。只有这样莎乐美才愿意付出牺牲，尽管问题都出在里尔克身上。莎乐美提醒里尔克回忆起他创作《僧侣之歌》的时期，“我感觉：只要你坚持，你就会恢复健康！”当时他还是“未受损害的”，只是后来又一次旧病复发。里尔克必须朝向“他的黑暗的上帝”迎面走去，迎接他的诗的“阳光与成熟”②。

莎乐美明白，里尔克还没有做好结婚的准备。他是一个需要彻底独立的人，要过一种自由的、创作的诗人生活。他始终努力争取的内心的平衡，承受不起任何关系的负担。莎乐美与丈夫弗里德里希·安德烈亚斯之间达成的妥协与和解，里尔克根本做不到。但是莎乐美允诺里尔克可以在任何情况下向她求助，无论发生什么。里

① 露·安德烈亚斯-莎乐美：1901年2月26日与里尔克的通信，引自《赖内·马利亚·里尔克与露·安德烈亚斯-莎乐美通信集》，第54页。

② 同上，第55页。

尔克在家里发现一张牛奶账单，莎乐美在上面写道："不久之后如果你心情糟糕，在我这儿还有一个地方可以供你停留。"[①]她始终坚守诺言，直到最后一刻，尽管有不情愿的时候。1901年4月，二人最后一次见面，当时里尔克已经开始给他未来的妻子写情诗，但他还是准备了一份悼词，纪念他与莎乐美之间的爱情。尽管诗歌中也包含着对新的爱情的展望，但是占主导地位的感情仍然是对失去的爱的失望，被驱逐的伤感。

我站在黑暗中，像个瞎子
因为我的眼睛再也找不到你
白天癫狂的人群
是一重帷幕，将你遮住
我凝视着，看它是否会升起
幕布后是我的生命
也是我生命的意义与信条
还有我的死亡

你紧贴在我身边，不是为了嘲讽
就如同塑造的手紧贴着陶土
一只充满造物力量的手
从梦境中塑造一个形体
但是她累了，
松开手，我跌落，粉身碎骨

①露·安德烈亚斯–莎乐美：1901年2月26日与里尔克的通信，引自《赖内·马利亚·里尔克与露·安德烈亚斯–莎乐美通信集》，第511页。

你是最具有母性的女人
又像一个男人，成为我的朋友
你的外表是女人
但更多的时候，你是一个孩子
你是我见过的最温柔的人
你是与我较量过的最坚强的人
你是上天，赐福于我
又是深渊，将我吞没[①]

身体上升到灵魂之上

从性别的远方传来古老的需求……

莎乐美自己也看到了深渊。她首先要面对的是老朋友保罗·雷（Paul Rée）的死讯，他在攀登阿尔卑斯山的时候失足身亡，甚至也有可能是自杀。而她则在40岁的时候，怀上了弗里德里希·皮内里斯的孩子，并失去了他。她的丈夫用另一种方式解决家庭问题：他和女管家生了一个私生子，马利亚（Maria），这个孩子交由莎乐美抚养，并最终被她收养。在面对里尔克的时候，莎乐美仍然感觉自己对他负有责任。他一直到最后都像是莎乐美的养子，二人之间的通信从未中断，在信中里尔克一再以动人的方式请求莎乐美母亲一般的关爱：

① 露·安德烈亚斯-莎乐美：1901年2月26日与里尔克的通信，引自《赖内·马利亚·里尔克与露·安德烈亚斯-莎乐美通信集》，第53页。

"露，请原谅我。你肯定觉得我好像已经太老了，不能像年轻人一样追寻，但是我在你面前仍然是一个孩子，我从不掩饰这一点，我对你讲话像孩子在夜晚说话一样：把脸藏在你面前，闭上眼睛，感觉你的靠近，你的保护，你就在身边。"①诗人去世两年后，莎乐美出版了一本名字朴素的小册回忆录《赖内·马利亚·里尔克》。内容涉及30年来的通信片段，对作品的说明与注释。她描写了里尔克怎样一直受到恐惧的摆布，他承受了多少肉体痛苦带来的折磨，以及作为一个诗人，他有多么依赖年长的情人的关爱。莎乐美在文中公开了自己在里尔克成为伟大诗人的过程中，起到的精神指导作用，并指出，里尔克始终生活在双重状态下：他一直被束缚在断念的恐惧中，要把在内心栖息的诗人对外表现出来，但又持续地试图从想象与真正的疾病状态中寻找家园。

莎乐美针对里尔克的困境给出了一个拯救性的表达，在里尔克去世前两年半，1924年4月16日，她在信中说道："神经官能症是价值的体现。"②她写道，谁像里尔克一样追求"最极致的"，那么灵魂也会被提出"最极致的"要求。只有完全没有创造力的人，"始终健康的人"，才没有任何问题。里尔克对这一针对他的恐惧的辩白表示了感谢。虽然莎乐美深入研究弗洛伊德的心理分析论，但她并不想治愈里尔克。在她看来里尔克的神经官能症才是引发他创作的灵感——直到创作过程又被新一波绝望打断。

1922年2月11日，里尔克给莎乐美写信报喜，他的《杜伊诺哀歌》完成了，但是随之而来的是再一次陷入绝望，连带着与之紧密相

---

① 赖内·马利亚·里尔克：1903年8月10日与露的通信，引自《赖内·马利亚·里尔克与露·安德烈亚斯-莎乐美通信集》，第107页。

② 露·安德烈亚斯-莎乐美：1924年3月16日与里尔克的通信，引自《赖内·马利亚·里尔克与露·安德烈亚斯-莎乐美通信集》，第464页。

关的身体上的后果。1924年4月22日，他写信给她报告病情“严重复发”，他又住进了瓦尔蒙特疗养院。

身体上直肠是受到侵害的部位……在我即将离开的时候，那位十分专注并热心，但是并不非常有悟性的医生，突然发现我的身体左侧有一处甲状腺肿，虽然他担保这个肿大已经有10年之久，并且完全处于均衡无害的状态，但是一旦发现它，对我来说还是会影响我的思维，更严重地是从直肠引发的一股气体，导致我的吞咽与呼吸都受到影响……①

里尔克在给莎乐美写信的时候从来没有任何避讳。他不仅事无巨细地描述他的精神错乱，还期待她针对他的疾病的所有细节，以一个医生的客观立场给出关注与分析。甚至直到他去世前一年，他还在信中坦白自己经常手淫：

你知道吗，没错，我自两年前就越来越生活在一种恐怖状态中，这种恐怖的明显原因是（一种来自于我自己的刺激），我以一种魔鬼般的狂热一再地将它提升，尽管我自己想要克服这种尝试。这是一种可怕的循环，一种邪恶的魔力之圆，它将我锁住，就好像锁在勃鲁盖尔（Breughel）的《地狱图》中一样。②

里尔克跟莎乐美讲述自己嘴唇边上的“小结节”以及口腔黏膜上

① 赖内·马利亚·里尔克：1924年4月22日与露的通信，引自《赖内·马利亚·里尔克与露·安德烈亚斯-莎乐美通信集》，第466页。

② 赖内·马利亚·里尔克：1925年10月31日与露的通信，引自《赖内·马利亚·里尔克与露·安德烈亚斯-莎乐美通信集》，第476页。

的一块儿疼痛的肿块。他害怕癌症，并认为病情与他自己强迫性的手淫有关。露的回应一如既往地让人安心。她以弗洛伊德学生的身份指出，他的罪恶感可能与他的超我的影响有关，是由童年时期错误的教育导致的。总之她让里尔克更加接受她的理论，即生理病症与他的反复再现的诗人的——阻滞有关联：

“当你观察你现在的问题，那些嘴上的、舌头上的，以及咽喉的问题似乎都助长了你的内疚感——它使你想起了什么？难道不是那一年，你同样长了小结节，并且在另一个咽头动了手术，你还担心那可能会是一个恶性肿瘤？你在沃夫拉茨豪森的露-福里登这样告诉我。但是这么多年过去了，你的痔疮也并没有恶化成肿瘤，反而消减了，可能一开始就是被神经症影响的困扰，也可以在‘滑道向上’到达，从一开始就对精神的不安言听计从。”[①]在露看来，里尔克的口腔黏膜发炎和痔疮都是来自于里尔克最深的断念恐惧，而这种恐惧只有在创作的时候，在他成功完成了什么的时候才能得到遏制。首先是期待创作开始——短暂的——治愈。又因为创造性与性欲十分紧密地交织在一起，所以二者互为因果，一个可能会同时引发另一个。手淫与艺术并不是对立关系，而是伴随艺术创作产生的溢出的创造力。在1925年10月27日，里尔克寄给女诗人艾丽卡・米特勒（Erika Mitterer）的诗中体现出，里尔克对他的“恶习”的解释比弗洛伊德的专家莎乐美更为弗洛伊德：

从欲望的远处
走来古老的需求

①露・安德烈亚斯–莎乐美：1925年12月12日与里尔克的通信，引自《赖内・马利亚・里尔克与露・安德烈亚斯–莎乐美通信集》，第482页。

我以它的力量对抗它

我拒绝"它"[①]

文中的"它"按照弗洛伊德理论是一个心理主管机关，它要求性欲的满足。为了完成精神上的创作，必须压抑肉体的性欲，使它转化为"升华的"。因为里尔克为了这一必要的升华过程，完成诗歌，长久以牺牲性欲满足为代价，因此"它"要求维护自己的权利。里尔克崇拜女性，有时候爱她们，但是很少渴求她们。在他生命的最后几年，肉体之爱几乎无法实现。他的身体，在被精神上的痛苦削弱之后，早已被一种白血病以极其痛苦的方式逐步侵蚀了，而病症直到去世前不久才彻底确诊。现在看来他与物质世界进行了一辈子的战斗即将失败，身体战胜了精神。在写给莎乐美的最后一封信中，他去世6天前，里尔克为这一次失败辩护：

我的亲爱的

你也看到了，我自3年前就以我的警惕本性准备着，预想着这一天的到来……而现在，露，有多少苦难的深渊，你很清楚，我是如何承受这种痛苦，这种肉体上的，实在太过剧烈的痛苦在我的系统中肆虐，它现在就像是我的终老财产，又再次踏上归途走向自由。而现在，它淹没了我，它与我互相交替，每日每夜！从哪里可以得到勇气？[②]

①拉尔夫・弗里德曼：《赖内・马利亚・里尔克》第二卷，第456页。

②赖内・马利亚・里尔克：1926年12月12日与露的通信。引自《赖内・马利亚・里尔克与露・安德烈亚斯-莎乐美通信集》，第484、485页。

失去勇气，被守护天使遗弃，独自面对痛苦，美的力量也悄悄溜走了，只有恐怖留下来。就连母亲一样的女友也无法给出任何建议，只得沉默。她将写给垂危的病人的回信扣住不发。她写信给里尔克最后几年里最信任的人，南妮·翁德利–伏尔卡特："现在在他面前只有最后一个退路，而人们往往不敢放弃与自己的生命紧密联系的想法。"[①]在她的回忆录中这位代理母亲与恋人也收回了解释的权利，承认，最终即使是她的手也无力支撑，只有一个更高的更广博的存在才能够支撑的生命：

> 无论如何还是跳出来了，就像跳进地狱般深渊一样，是的，并且也最终跳入了始终期待的母亲的怀抱；他不再是创造者，仅仅是他所渴望的独自去做的——永远被保护的孩童。[②]

莎乐美比里尔克多活了11年，1937年2月5日在哥廷根离世，终身从事心理分析工作。她患有心脏衰弱并死于乳腺癌，她的丈夫比她先行离世，1930年同样死于癌症。与里尔克不同的是，她不仅在诗歌中，也在生活中接受了悲伤与痛苦。她对死亡早有准备，提前整理好自己的信件和遗物，并洒脱地评价："死亡只是一种偏见。"[③]当她死去的时候，她充满希望："最好的就是死亡。"[④]女作家格尔特鲁德·鲍尔默（Gertrud Bäumer）1936年春天到露-弗里德拜访她，描

① 赖内·马利亚·里尔克：1926年12月12日与露的通信。引自《赖内·马利亚·里尔克与露·安德烈亚斯–莎乐美通信集》，第624页。

② 露·安德烈亚斯–莎乐美：《赖内·马利亚·里尔克》，第118、119页。

③ 克尔斯汀·戴克尔：《露·安德烈亚斯–莎乐美》，第331页。

④ 布里吉特·克罗纳尔为莎乐美的《与里尔克同游俄国》写的序言，第22页。

绘了一幅虽然饱受疾病困扰，年迈衰老，但是生机勃勃的女士青春画像："……她的青春是多么坚不可摧！她已经深受心脏病之苦，本应卧床休息，但是她总是一再坐在床边，以一种极美妙、有力的姿态，她细瘦的胳膊向头部两侧抬起；一头微红，金色闪亮的头发从有力的额头——孩子气的额头——向后撩动，半长的头发垂在脸侧，让人忘却时光的流逝。在她身上我们看到了一种无坚不摧的自然的部分。她的头部的轮廓，脖颈美丽又骄傲的线条总能让我们想起一位年轻女士的画面。"①

①格尔特鲁德·鲍尔默：《形象与转变》，第482、483页。

克拉拉·韦斯特豪夫
——妻子，学生，信任者

在克拉拉·韦斯特豪夫与保拉·贝克之间

……她们就像是我灵魂的姐妹一样。

里尔克最终决定在艺术村沃尔普斯韦德生活，是想借此逃向另一个世界。在结束梅特罗波兰、慕尼黑和柏林的求学时期，以及在莫斯科和圣彼得堡的旅行之后，与年轻的女雕塑家克拉拉·韦斯特豪夫一起的乡村生活对里尔克来说算是一个彻底的新开始。里尔克认为，只有这样才能克服与莎乐美分手带来的影响。里尔克对艺术家婚姻的赞美也属于当时影响深远的自我欺骗之一，他认为艺术家婚姻就是两个局外人，出于共同的希望结合到一起，共同更深入地研究创造性的生活的奥秘，互相支持、互相促进。另一个错误的决定是他们决定退居田园，将自己局限于狭隘的艺术家小群体和家庭中。精通人性的莎乐美曾经恳切地警告过里尔克：他的不稳定的精神状态无法承受这样密切的关系！早在他第一次暂居在沃尔普斯韦德时，也就是他仓促结婚的前一年，她就已经恳切地召唤他回到柏林，回到他的诗歌创作中来。

当里尔克1901年5月末，与小他3岁的克拉拉搬到沃尔普斯韦德附近的韦斯特韦德一个农舍的时候，他还因为猩红热非常虚弱。突然决定继续以一个贫穷的诗人的身份组建家庭，令里尔克缠绵病榻。婚姻可能并非出于自愿，因为他们才刚刚相识半年时间。克拉拉在他们结婚，也就是1901年4月28日，在克拉拉·韦斯特豪夫的父母位于不来梅的家举办婚礼时，已经怀孕。夫妻二人的蜜月是在德累斯顿的白鹿疗养院度过的，里尔克要在那里通过沐浴疗法以及素食调养他的身体。疗养是克拉拉的祖母送给他们的礼物。里尔克也在婚姻的一开始就意识到经济上的不独立，这让他始终感觉受到妻子家庭的束缚。

直到最后二人都对自己的爱情并不确定，因为始终都有另一个人横亘在夫妻中间。里尔克也一直摇摆不定，究竟两个"白衣少女"之间他应该选择哪一个倾心相待，是那个"金发画家"保拉·贝克还是另一个沉默寡言的"黑发雕塑家"克拉拉·韦斯特豪夫。里尔克从莎乐美那里学会技巧精湛地在键盘上弹奏多样的音调，以保持诗人的张力。1900年11月6日他寄给保拉一封信，上面以经典的里尔克式的风格将这位沃尔普斯韦德的女友与女性缪斯的形象相融合，这位缪斯向他敞开了自己的灵魂

我在你们身边。满怀感激地在你们二人身边
你们就像是我灵魂的姐妹一样
因为我的灵魂穿着少女的衣裳
她的头发摸起来像丝绸一样顺滑
我很少看到她冰冷的双手
因为她住在墙后遥远的地方
像是住在塔楼，还没有被我解救

几乎不知道，我有一天会出现。[①]

里尔克在日记中则兴奋地写道："我从观察这两位女士身上学到了多少啊！尤其是那位金发的女画家，她有一双多么美丽的棕色眼睛！我现在感觉从未离一切潜意识与奇妙如此之近……"[②]两位姑娘也感觉这位羞怯的、来自大城市的诗人与她们身边那些穿着随便的画家完全不同，他始终保持神秘感，让她们对他充满好奇。里尔克不喝酒、不跳舞、不与人参加讨论，最多只发表严肃的讲话或者朗诵诗歌。他的偶像是史提芬·格奥尔格，是他将这群人聚集在自己周围，像语言的魔术师一样领导并统治着这个群体。当艺术家们的聚会进行到晚上，大家开始喝啤酒，奏乐跳舞的时候，里尔克内心总是在呻吟着抗议："玩笑、玩笑、玩笑……德国晚会最可怕的结尾……"[③]然后他打开窗，凝视着明亮的月夜，他的两个姑娘带着"热情的笑脸"走向他，将喧闹抛在身后。"舞步与音乐声不再吵闹，我们似乎触及不到那银色的世界，它仿佛处于另一种存在之中，在清冷的天空之下，在这月色的童话空间，在它的星空与形态下，我们都不是真实的。"[④]安静的诗人陶醉了，但他同时也播下了不安与渴望的种子，而他并不会满足那些渴望。

无论里尔克怎样努力在写给保拉与克拉拉的信中一视同仁，他明显在面对女画家保拉的时候语气更加强烈一些，在他写给她们的诗歌中，也是写给保拉的，体现出微妙的更加亲密的感觉。在日记中他

---

①赖内·马利亚·里尔克：1900年11月6日与保拉·贝克的通信。引自《里尔克早期信件与日记》，第72页。

②1900年9月16日，里尔克日记，引自《里尔克早期信件与日记》，第313页。

③同上，第290页。

④同上，第291页。

描述她的形象充满崇敬："她的头发充满佛罗伦萨的金色，她的声音有着丝绸的柔滑。在她洁白的少女温柔中，有着我从未见过的娇美纤柔。"[①]当他去保拉的"百合工作室"拜访的时候，他在日记中记载，世界都改变了，色彩更加鲜艳，仿佛来源于魔法的草原之光，但最重要的是，这是一首爱情诗来临的宣告，来自女性艺术家本人：

红玫瑰从未那样红
像那个细雨的黄昏
我久久地思念你柔软的头发……
玫瑰从未那样红

灌木从未那样绿
像那个落雨的傍晚
我久久地思念你柔软的衣裙……
灌木从未那样绿

桦树干从未如此白
像那个雨水降下的夜晚
我看到你的双手美丽纤细
桦树干从未如此白

水中倒映着一片黑色的大地
在那个我发现雨的夜晚

①1900年9月16日，里尔克日记，引自《里尔克早期信件与日记》，第312页。

我从你的眼中看清自己……

水中倒映着一片黑色的大地。[①]

这是一首歌颂多彩的草原风光的诗歌，描述一幅沃尔普斯韦德的艺术家极富表现力的绘画，沼泽地的水中倒映着灰白的天空和弥漫开来的光线，也是对保拉·贝克的一个温柔的示爱，她为里尔克开启了一个色彩的新世界。保拉的父亲是一个铁路土木技术监督官，她的艺术志向在一开始就受到他的质疑与反对，但她决心努力获得成功。于是在结束了伦敦和柏林的师范学业之后，保拉开始学习绘画，并选择居住在沃尔普斯韦德的艺术家居住区，希望在那里的原始风光中磨炼自己的绘画技巧。一开始她的绘画对象是女人与小孩，她希望可以通过自己的敏感进入角色体验中。然而在这一过程中，她本人的自我批判与抑郁的情绪也导致她的肖像画总是带有忧郁的、夸张的风格。沃尔普斯韦德的艺术家们诸如弗里茨·马肯森（Fritz Mackensen），奥托·莫德宗（Otto Modersohn），弗里茨·欧佛贝克（Fritz Overbeck）以及亨利希·福格勒（Heinrich Vogeler）对保拉来说，最大的吸引力在于他们非学院派的特点，始终坚持避免沦入浮夸的历史画与风俗画的窠臼之中，而这些都是当时的时代最流行的风格。

在这种对纯粹真实的偏爱中保拉遇见了克拉拉，她追求的同样是“对自然最真挚的模仿”，保拉在日记中如是说道：“今天我在韦斯特豪夫女士身上看到了一道光芒。她正在雕塑一个老妇人像，专注又细致。这位姑娘站在她的半身塑像边上给它上色的样子让我惊叹。我想和她成为朋友。她看起来高挑漂亮，她就是这样一个人，她就是这

①1900年9月9日，里尔克日记，引自《里尔克早期信件与日记》，第283、284页。

样一个艺术家。”[①]两位姑娘在外表上完全相反——保拉纤秀活泼，克拉拉高大沉默，但是她们很快成为好友。半年后二人在巴黎租了一间房合住，一起学艺术。保拉拜保罗·塞尚（Paul Cézanne）为师，克拉拉在她的老师马克斯·克林格（Max Klinger）的介绍下师从奥古斯特·罗丹（Auguste Rodin）。里尔克后来也从罗丹那里受益匪浅。

1900年夏季，里尔克与克拉拉·韦斯特豪夫在画家亨利希·福格勒的住所“巴肯豪夫”初次见面，当时里尔克应房主福格勒的委托主持了一场社交聚会。里尔克对此的回忆充满敬畏的距离感，就像在描述一场宫廷典礼一样：“我们正站在昏暗的门厅互相熟悉彼此的时候，克拉拉·韦斯特豪夫走了进来。她穿了一件白色细亚麻布的衣服，没有戴法兰西风格的紧身胸衣。胸部轻轻束起，带着平滑细长的褶皱。乌黑轻盈的鬈发垂在黑色的美丽脸庞周围，与她的服装式样相得益彰。整个房子都在奉承她，一切都是风雅的，特别适合她的。而当她伴随着音乐上来倚靠在我的巨大皮椅边上时，她就是我们中的女主人。”[②]那一切都非常具有青春艺术风格，里尔克很快决定给这位尊贵的女士献上一份作品：房子、家庭、工作室，以便在这女士的群像中得到安宁。

对克拉拉这样一个出身于富有的不来梅商人家庭的姑娘来说，这样的登场并非难事。她在慕尼黑的费尔-施密特-罗伊特私立中学接受了初级的艺术学习，那里是当时摄政王卢伊特波尔德（Luitpold）治下的德国艺术中心。她跟随学校的校长弗里德里希·费尔（Friedrich Fehr）学习绘画，对方是以风景画和肖像画著称的大师级画家。克拉拉·韦斯特豪夫也发现了自己对肖像的热爱，这让她很快转而研究

①玛丽娜·索尔：《克拉拉·里尔克·韦斯特豪夫》，第26页。

②《里尔克早期通信与日记》，第287、288页。

雕塑。她努力地争取学习解剖课的机会但是失败了，因为当时只有男人才有这个资格。于是她从1896年开始学习人体素描。随后克拉拉前往弗里德里希·福格勒位于慕尼黑的工作室，得到他的支持后于1898年复活节到达沃尔普斯韦德。这个位于不来梅附近的小镇是当时德国最具盛名的艺术家聚居地，也参与了世纪之交时期在各个生活领域开展的改革运动。反对动力化与工业化，反对进步、科技以及失去个性，人们将生活方式变成二选一的抉择。克拉拉在沃尔普斯韦德成为画家弗里茨·马肯森的学生。沼泽村庄独特的北方魔力与她的女友保拉·贝克一样让她着迷。在农民和泥炭雕刻工人的大地上人们得学会"路德学派语言"[①]。里尔克也从一开始就赞叹这一处贫瘠的风景并回忆起他挚爱的俄国广阔无边的大地。他经常穿着绿色的俄国式罩衫和鞑靼人的靴子，笨拙地穿过村庄，与他一起的还有穿着高领衫的克拉拉，二人的造型对那些生活在魔鬼沼泽边缘的村民来说，无疑非常怪异。

里尔克当初逃到沃尔普斯韦德，想借此彻底剪断与莎乐美之间的联系，但是来到这里之后，他却陷入了一场更为复杂的三角恋之中。里尔克作为这个艺术家圈子里唯一的诗人，虽然受到所有人的欢迎，但随后却对两个姑娘成长中的友谊造成了威胁。保拉与克拉拉之间的关系非常亲密，远超过艺术家友谊的范畴，更倾向于灵魂伴侣。两位女士都在一个对她们充满敌意的艺术圈子艰难挣扎着，报刊上称她们为"绘画女人"（Malweiber），她们并不把这种嘲讽当成贬低，反而认为是光荣称号。就连马克斯·克林格也在一开始劝阻克拉拉不要前往沃尔普斯韦德，反而建议她去巴黎学习，因为他并

①维尔纳·沃尔夫冈：《保拉·莫德宗-贝克通信与日记》，第174页。

不想要一个女雕塑家。

里尔克与保拉在一起的时候能够自如说笑，与克拉拉在一起的时候又擅长沉默。保拉是一个天赋极高的艺术家，她坚定不移、有时候没有耐心，但是非常倔强地走着自己的道路。克拉拉则正相反，她始终要有一个学习的对象，容易被操纵并且非常有耐心。与她们相处让里尔克觉得自己像是一个老师，他在保拉身边领会到艺术家的严谨，但也发现他们在容易激动、性情急躁方面的共性。他会告诉她们自己的恐惧与抑郁。两位女士都充满嫉妒地关注“她的”诗人是否公平地分配了他的关注给自己。一个时辰这个人的工作室拜访，另一个时辰就去另一个人的，或者与她们一起长久地漫步。但是里尔克在沃尔普斯韦德第一次停留期间，1900年9月26日，他与保拉和其他的画家朋友一起乘坐一辆马车前往不来梅，计划从那里出发乘车到汉堡观看卡尔·豪普特曼（Karl Hauptmann）的剧本《胖子》的首映式，克拉拉突然在中途赶上了这辆马车，马车停下后，克拉拉从自行车上递给马车里的里尔克一个野花花环。“这是为了昨夜送给您的……”，她低声说道，然后骑车离开了，从头至尾没有给她的朋友保拉一个眼神。克拉拉这个矜持冷淡的姑娘，用这种方式向所有人释放了一个信号，表明她对里尔克的爱，并愚弄了保拉，因为她肯定会一直胡思乱想，前一天晚上这两人之间究竟发生了什么。

追求克拉拉·韦斯特豪夫

请您不要让距离如此有影响地控制我们。

尽管里尔克深受感动，但他仍然坚持之前的策略，公平对待两个姑娘，赠送她们诗歌。9月29日的日记中可以看出，他已经开始明显倾向克拉拉了。在与弗里茨·马肯森出去散步的时候，里尔克发现站在一个山丘上的克拉拉的剪影，他十分着迷地观察着："荒野非常黑暗、麻木地站在那儿，稀疏的草地，刚收割完的金红色荞麦地，黑色的未耕种的田地，这一切如同日本丝绸一样柔美。风吹过广阔的大地……那里克拉拉·韦斯特豪夫的浅绿色的纤细身影呈现在风景中，灰暗的天空笼罩着她，那幅画面不可名状的纯净、伟大，我们所有人都感到孤独并深受感动，沉醉于这纯粹的展示中。我几乎再也不能找到别人，能这样将我从一切联系中提升，让我脱离人群，进入到互相沉默忍受的物体中。"[①]

另一个事件的发生进一步拉近了二人之间的距离。克拉拉也去汉堡观看首映式，在演出开始之前人们沿着夜色下的阿尔斯特河漫步。突然有一只天鹅从黑暗中浮现，并朝着这对情侣滑翔。当它几乎靠近了河岸的时候，它抬起头，克拉拉感觉"它好像要说什么的样子。"里尔克也坚信，这个美丽的动物坚定的凝视目光预示着什么。几周之后，11月5日，里尔克寄了一首诗给克拉拉，在一开始的诗节中里尔克暗示了未来的共同生活：

还记得那只美丽的天鹅吗？
夜晚与阿尔斯特河忽然那么辽阔：
预兆着我们还有许多未竟之事
我们日益升温的感情
激励着我们走向共同的生活

①《里尔克早期通信与日记》，第360、361页。

而这一刻，我们一动不动
深深地、安宁地、了解许多
将萌芽放置于我们中间
当它开花，可能是几年之后
我将来到共同的美好的日子
来到宝贵收获的这一刻
带着我所拥有的一切出发
在我也愿意安居的水边。①

里尔克技巧高超地维持着爱的诺言与逃避责任之间的平衡，承诺了共同生活，但是没有指出究竟应该是什么样子的。一切都在未来，一切都是未知，但是仅仅一个不明确的预言，已经足够吸引克拉拉的芳心了。写这首诗歌的时候，里尔克早已经回到柏林，徒留两位女友无所适从。他给保拉留下一个写着诗歌的速写本，她可以一直收藏到里尔克回来那一天。他写了一封信安抚克拉拉，信中他抱怨自己还没有准备好在沃尔普斯韦德生活，尽管他的一切追求都指向那里。他现在必须回到书桌边，在工作中寻找出路。可能还要再去一次俄国。

告别信虽然表现了关心，但是它也隐瞒了一个事实，那就是里尔克正是因为莎乐美的坚决召唤才匆忙出发的。就连保拉也第一次表达了自己的失望："我们在黄昏时刻等着您，我的小房间和我，秋天的木樨草放在红色的桌子上，钟也不再发出嘀嗒声。但是您没有来。我们很难过。然后我们又感激起来，并且很高兴您还是您。

①古纳·温德特:《克拉拉与保拉》，第98页。

这种想法很美丽。克拉拉和我，我们最近在谈论，您就是我们变得生气勃勃的思想，是一个满足了的愿望。”[①]三周后的11月12日，保拉给了里尔克一个晴天霹雳一般的消息，她坦白自己已经爱上奥托·莫德宗。她还硬要说里尔克早就已经猜到这一点了，因此这对他来说根本不算惊讶。事实上这位野心勃勃的女艺术家，只是选择了一条对她更有利的道路，屈从于一个有名望的画家的追求而已，尽管那位对象刚刚丧妻。她也借此回击了里尔克的冷淡，他玩弄自己的感情，结果是里尔克现在两手空空，这让经验丰富的诗人立刻献出一首诗歌《新娘的祝福》：

因为你看，我的双手远超过
我自己，在这一刻，为你祝福
我举起他们，两手空空
我心怀麻木的恐惧
为我轻飘飘，空荡荡的双手羞耻
在他们面前，某个人冷酷地
将那样美丽的物体填进可怜的外皮
它对我来说太过沉重
也太过耀眼
带着溢出的巨大的光芒
……
诗歌允许失败，从失败中又得到新的胜利：
“请您接收，这来自极丰富的人

①古纳·温德特：《克拉拉与保拉》，第99页。

在最后一刻遮盖着赐予我的东西——
他装扮我，我就像树木一样
风柔和地吹拂，沙沙作响
而我为您祝福。”[①]

即使没有里尔克的祝福，沃尔普斯韦德也有事情注定发生：亨利希·福格勒与年轻的玛尔塔·施罗德结婚，奥托·莫德宗与保拉订婚。而里尔克还在柏林，满心期待可以修复与莎乐美的关系。他继续努力，将自己的感想写进《沃尔普斯韦德日记》，幻想未来莎乐美可以成为它的读者。他还将为莎乐美写的俄语诗歌送给她。同时他写信给克拉拉，向她炫耀自己的烹饪技术，并指点她的厨艺，好像他希望克拉拉可以为家庭主妇的身份做好准备一样。他在12月的信中恳求道："请您不要让距离如此有影响地控制我们。"[②]他在莎乐美和弗里德里希·安德烈亚斯位于施玛根多夫的住所一起庆祝平安夜。

保拉在1月13日抵达柏林，完成她母亲要求为婚姻做准备而必须上的烹饪课。里尔克表现得像什么都没发生过一样。二人在里尔克的公寓度过漫长的夜晚，里尔克在烛光下为她朗读献给她的诗篇《你，金发的孩子》。在保拉离开之后，里尔克没有碰触房间里的任何东西，为了不"蹭掉您留下的任何气息"[③]，里尔克在当晚写给她的信中如是表白。他将她曾经握在手里的水果按在自己的额头，唤起残留的印象，就好像他还抱有期待，可以赢得她的芳心一般。接

---

①《里尔克早期通信与日记》，第76页。

②赖内·马利亚·里尔克：1900年12月11日与克拉拉·韦斯特豪夫的通信，引自《里尔克早期通信与日记》，第89页。

③赖内·马利亚·里尔克：1901年1月13日与保拉·贝克的通信，引自《里尔克1902—1904年通信集》，第146页。

下来的一周里二人一起参观展览，听音乐会。保拉在与里尔克共度亲密时光的同时，还在1月8日生日那一天写信到沃尔普斯韦德给她的未婚夫："你的小新娘现在25岁了，你亲爱的，我所属于的你，你这个热情的好人。"①

1月3日，克拉拉突然也出现在柏林。沃尔普斯韦德的三角恋情看起来似乎换了一个新的地方继续——直到里尔克与克拉拉在1月中旬突然宣布订婚，这一举措深深地伤害了保拉，尽管她早就已经与奥托·莫德宗紧密联系在一起。她感觉伴随着里尔克的订婚，她同时失去了爱人与自己最好的女友，克拉拉因为保拉在这段关系中的急躁表现而放弃了她。第二天她写信给里尔克："昨天我与你们共处一室的时候，我感觉自己离你们两个都非常非常遥远。而这给我带来极大的悲伤，直到今天仍然侵袭着我，让我连生活的勇气都随之消失殆尽。"②

里尔克生活的勇气也消失殆尽了。究其根源还是因为这位25岁的年轻诗人处于非常严重的经济危机中：一直支持他的家庭经济来源已经中断，他的父母已经分居，来自他富有的叔叔雅罗斯拉夫馈赠的遗产早已消耗一空。在他结婚之前，他非常努力试图通过记者工作改善诗人微薄的酬劳，但是失败了。甚至连前往不来梅岳父岳母家商谈婚礼事宜，都要靠柏林出版商阿克塞尔·雍克尔（Axel Juncker）借出的50马克，而现在里尔克还需要租一间房子并装修它。

幸运的是，这对年轻的新婚夫妇得到了来自沃尔普斯韦德的朋友们，尤其是亨利希·福格勒的帮助。就连索菲亚·里尔克也在儿子的请求下，给他们寄来了厨房器皿、餐具、桌布和餐巾。她还送

① 保拉·贝克：1901年2月8日与奥托·莫德宗通信，引自沃夫冈·赖泊曼：《里尔克的生活与作品》，第165页。

② 保拉·贝克：1901年2月3日与里尔克的通信，引自拉尔夫·弗里曼：《赖内·马利亚·里尔克》第一卷，第208页。

给儿媳一个金手镯作为新婚礼物。里尔克前往位于加尔达湖畔的阿尔克疗养院，探望母亲并与她讨论婚礼事宜，与此同时，克拉拉在沃尔普斯韦德，整理他们那间长满常春藤，秸秆覆盖的小房子，在屋子里给里尔克一个小房间做书房，在旁边的房子里给自己布置一间宽敞的工作室。亨利希·福格勒特地为这对年轻的夫妇制作了家具。未来的丈夫从阿尔克疗养院寄回充满爱意的信，其中包含一首诗《致克拉拉·韦斯特豪夫》。克拉拉沉醉在幸福中并对保拉指出，她的幸福在前一年，里尔克离开沃尔普斯韦德之前就已经开始了："为什么女孩儿在清晨会想到她的婚礼？为什么我那时就想到了某一个秋日的清晨，阳光明媚，我一直笑逐颜开？可能这就是注定的吧，只为了一切的永恒而存在。"①

1901年5月9日，里尔克写信给母亲报告在不来梅韦斯特豪夫家中举行的婚礼状况，这一天是他母亲索菲亚50岁生日后的第4天。里尔克为了加入新教，已经在5月11日自愿退出天主教，这个消息他不敢让虔诚又狂热的天主教徒索菲亚·里尔克知晓。在里尔克随信附上的婚礼请帖上，写着："赖内·马利亚·里尔克与克拉拉·里尔克·韦斯特豪夫在不来梅的韦斯特韦德共同组建家庭。不来梅，1901年4月。"里尔克这样描述婚礼流程：

> 我们的结婚仪式非常安宁。除了她的父母之外，只有克拉拉的姐姐保拉和她的丈夫，以及克拉拉的两个兄弟出席。在一个镶嵌深色木板的餐室里，一个漂亮古老的祖先像下面立着一张小桌，上面铺着白色的桌巾，点着两支蜡烛，还放着一部巨

①克拉拉·韦斯特豪夫写给保拉·贝克的信，引自玛丽娜·索尔：《克拉拉·里尔克·韦斯特豪夫》，第55页。

大的家庭《圣经》。在桌前摆放着两个黑色的跪垫，和繁茂的杜鹃花，这些花按照要求，我们应该种在韦斯特韦德的花园两侧。整个家族的人都围成一圈，本地大教堂的首席牧师辛克尔（Schenkel）做了一段简短的致辞，询问我们是否愿意，给我们戒指，最后在一段美妙的祈祷和主祷文中结束了仪式。随后我们仍然聚在一起，喝茶，朗读收到的祝贺电报（尽管只有少数人知道日期，仍然有17封电报）。从我们的父母（指岳父母）给您的电报可以看出我们有多么挂念您！

信的末尾克拉拉向她素未谋面的婆婆表示感谢：

我亲爱的好妈妈！现在我以您女儿的身份，向您致以最诚挚的生日问候。很遗憾我不能去您身边一起庆祝，只能寄上可怜的几行字，因为我要为即将到来的出行，做大量的准备工作，还有很多新房子的事情需要料理。我这些天身体也有些不舒服，这使得我们推迟了好几天，不得不在医院里待着。但我们相信很快可以在白鹿疗养院度过愉快的时光，我还会从那给您写长长的信问候您的。今天我只想为未来的日子给您最真挚、最美好的祝愿，并上千次上万次的感谢您漂亮奢华的新婚礼物。我非常喜欢那个手镯，恨不得永远也不要摘下它了，因为它的简约风格非常适合我。赖内已经给您讲述我们的婚礼经过了，我们非常真切地思念您。给您上千次问候和祝福。您的女儿克拉拉。①

①赖内·马利亚·里尔克和克拉拉·韦斯特豪夫：1901年5月9日写给索菲亚·里尔克的信，引自《1896—1926年与母亲的通信》，第247、248页。

1904年2月，里尔克与妻子克拉拉·韦斯特豪夫在罗马。1901年，里尔克与雕塑家妻子搬到艺术家村沃尔普斯韦德附近。一年后他们放弃沃尔普斯韦德的住处，自那之后居无定所。

新婚夫妻在6月末前往布拉格，探望里尔克的父亲。7月，里尔克的父亲到韦斯特韦德参观小夫妻的家；9月，过分敏感的索菲亚·里尔克终于到了，“关怀备至又小心翼翼地保护她不被流通的风伤害”[①]。二人都觉得这所孤零零伫立在沼泽地边上的茅舍布置得非常具有雅致的情调，明亮的门厅两侧摆放着保尔彩绘碟，中间立着克拉拉的半身塑像和雕像，一个满是书画的真正的艺术家居所。名贵的窗

①《里尔克大事记》第一卷，第126页。

帷、枝形吊灯，烛台给整个朴素的环境增加了一种简约的优雅之美。

尽管已经怀孕，但是克拉拉仍表现出旺盛的创造力。对里尔克这个艺术爱好者来说，观察他年轻的妻子在艺术世界中的发展具有极大吸引力，他们也乐于深入交流彼此的艺术见解。雕塑是一个全新的领域，她面对的是一个触觉与物体的世界，并向他展示了三维空间的艺术："立体的作品是，他站立在一个陌生的地方，饱吸着从原本居住的地方带来的空间与故乡，然后将他原本的环境释放出来，作为他孤独的石头的本质的一部分。"[①]里尔克尤其喜爱雕塑作品《坐着的男孩儿》，"一个完美的独立的整体，用立体的素材思考，用大理石的灵魂复活。"[②]1902年出版的诗集命名为《图像集》绝非偶然，它体现出克拉拉对他日益增长的影响力。早在他们结婚之前里尔克就已经满怀感激地给她写信：

> 我并不对此感到羞愧，虽然这已经像第一次一样，我再一次试图用您的塑像，几乎是您的语言表达，就好像我希望您将您自己的财富赠送给我一样。但是它是这样的，克拉拉·韦斯特豪夫，我们收到的很多财富，都像是由另一个声音带来，向我们迎面走来一样；而当这变成寒冬，就像我曾经梦到过的一样，那么这将成为我日常的职责：用您的财富与我的句子布满我的语言，就像是一个沉重的、摇晃的车流，送给您，用您未开发的矿山与宝库中的所有美丽与财富填满您的灵魂的所有空间。[③]

①《里尔克早期通信与日记》，第88页。

②同上。

③赖内·马利亚·里尔克：1900年11月18日与克拉拉·韦斯特豪夫的通信，引自《里尔克早期通信与日记》，第78、79页。

两个独立的个体

……美好的婚姻更像是两人互相委托对方担任自己孤独的看守者。

由于里尔克在写作的时候总是想象写给对面的一个人，作为一个诗人依赖着共鸣与反响，因此婚后的第一个月是一段高产时期。里尔克发表了中篇小说《爱着的人》《屠龙者》，创作组诗《朝圣者之书》——也就是《祈祷书》的第二部分，并完成剧本《日常生活》。克拉拉也在此期间完成了她最美的两部半身塑像，一部是她丈夫；另一部是亨利希·福格勒。她的作品中鲜明体现出她在巴黎的老师罗丹的影响，如他的动人的表面处理风格，他对光影的处理方式等。在里尔克后期撰写关于沃尔普斯韦德艺术团体的著作的时候，他详尽地对五位画家——弗里茨·马肯森、奥托·莫德宗、弗里茨·欧佛贝克、汉斯·阿姆·恩德（Hans Am Ende），以及亨利希·福格勒表示赞赏，只字未提克拉拉和保拉。

婚后不久里尔克就在与诗人埃马努埃尔·冯·柏德曼（Emmanuel von Bodman）的通信中表达了对婚姻基本意义的怀疑。婚姻既不是一个让"生活环境简单化"的服务机构，也不应该被要求必须幸福，1901年8月7日，被爱情的苦恼折磨着的诗人写道：幸福并不是生活的根本意义。它更应该达到的结果是，每一种与众不同即使在最亲密的结合中都可以保存下来。

在我看来婚姻不意味着拆除、推翻一切界限、快速建立共性，一个美好的婚姻更像是两个人互相委托对方担任自己孤独的看守者，并给予对方这种最大的信任，而对方也回报同等的信任。两个人在一起是一种限制，现在体现出来的，是一种束缚，一种互相达成的协议，意味着夺走一个人的部分或者两人的全部自由。但是这种意识以此为前提，即使是最亲密的人，之间也保持无限的距离，那么他们之间可以发展出一种绝妙的同居关系，当他们成功爱上这种距离感的时候，这也给他们提供了一种可能，看到彼此完整的形象并看到一片广阔的天空！①

在《祈祷书》的第二部分，也就是《朝圣者之书》中里尔克已经拒绝给予一切婚姻的占有权利：

他们说我的，称那些为财产
他们接近的每一件事物都关闭自我
就像一个愚蠢的骗子
也许会说太阳和闪电是他的
他们这样说：我的生活，我的妻子
我的狗，我的孩子，并且非常清楚，
这一切：生活、妻子、狗和孩子
是陌生的形象，他们盲目地
伸出手去接近
可以确信的只有伟大的人
渴望着双眼。因为其他人
不想听，他们贫穷的流浪
与周围的一切都没有关系

①赖内·马利亚·里尔克：1901年8月7日与曼努埃尔冯·柏德曼的通信，引自《里尔克早期通信与日记》，第107、108页。

他们被自己的所有物挤到一边
不被自己的财富所认可
拥有如此少的女性如同那枝花
那朵对一切都是陌生的花[①]

里尔克借此诗阐释应该怎样处理与克拉拉之间的关系：两个独立的个体，以严格控制的距离为艺术与诗歌服务。当然，他也并不总是像在写给埃马努埃尔·冯·柏德曼的信中所说的那样尊重"无尽的距离"。亨利希·福格勒在回忆中讽刺地评价：里尔克在年轻自己3岁的太太面前是一个掌控局面的人，一个更有阅历的人，他认为面对沉默寡言妻子应该保持一定的距离感，克拉拉却开始试图在里尔克独立的宇宙中织网，将他们的生活变成"永恒的神圣时刻"。而奥托·莫德宗则在日记中表示："她就像是完全失去了自我。一年前她活力四射，坐在一堆简陋廉价的农民家什中间，自由自在、粗野随意。而现在她像一只被人类剪断翅膀的鸟儿困在笼子里一样，安安静静地在她的沙发椅上发呆，整个房间冷漠、死板、过分地井然有序……"[②]

女友保拉很快也意识到，克拉拉的生活中再也没有自己的位置了。一开始朋友们还会讽刺这对夫妻的不对等关系，然而当这对夫妻订婚之后，回到沃尔普斯韦德露面的时候，奥托·莫德宗写信给自己的新娘："周五的晚上——谁来这儿了？你肯定猜到了：克拉拉·韦斯特豪夫和她的小里尔克手拉着手来了。"[③]然而之后不久沃尔普斯韦德

①《里尔克作品全集》第一卷，第338页。
②古纳·温德特：《克拉拉与保拉》，第117页。
③《奥托莫德宗写给保拉·贝克的信》，引自古纳·温德特：《克拉拉与保拉》，第112页。

1905年女画家保拉·莫德宗-贝克在她巴黎之行前夕。她是克拉拉·韦斯特豪夫的艺术家女友，并且直到她1901年嫁给沃尔普斯韦德的画家奥托·莫德宗为止，她都与克拉拉是情敌，争夺里尔克的爱。

的人们就意识到这场婚姻中掌握主导权的人是谁了。保拉开始写求和信，试图重拾旧日友谊，但是她还是没能穿透里尔克给她编织的厚厚的茧。1901年11月，她心灰意冷地在日记中写道："克拉拉·韦斯特豪夫现在有一个丈夫。我必须先努力适应这一现实。我原本还努力追求，要让她仍然属于我，因为和她在一起太美妙了。”[①]

克拉拉给自己的退避找的借口是家庭责任，这将她与家庭死死地绑在了一起，保拉则指责她“放弃了太多自我，把自己像一个斗篷一样铺开，供她的国王陛下踩在上面行走”。保拉在一封言辞激烈的信中声称，她有权利用“上千条爱的舌头攻击里尔克”。[②]因为她已经看穿里尔克的伎俩，他很擅长将那些对他非常重要的人与自己紧密相连，同时又要让对方与其他的一切隔离开来，这样她就完全属于里尔克一个人了。里尔克则以少见的犀利回应保拉，她应该接受女友生活中的变化，这样日后说不定还能从中得到好处。指点他的妻子在里尔克的影响下取得艺术与生活上的进步，是一个可以说非常傲慢自大的要求，保拉应该以克拉拉为榜样好好学学。

1901年12月12日，女儿露特的出生是里尔克生命中影响深远的重要事件。现在他不得不面对一个他始终暗中恐惧的责任。虽然他在写给奥托·莫德宗的信中声称，克拉拉与他现在非常幸福，并且对弗兰西斯卡（Franziska）和雷文特罗（Reventlow）充满温情地描绘自己的女儿：“她有深色的头发，深褐色的眼睛，严肃的额头和非常美的手。但是，你们知道吗，当人们想要谈论自己深爱的孩子的时候，他的语言总是显得太宏大又太狭隘、太粗糙、太笨拙，很难表述自己真正的想法。每一次生活总是突然变成全新的状态：向着新的未来，向着更丰富的人生！”[③]里尔克给自己的母亲报告喜讯，露特非同寻常的大，是个“壮实的孩子”，重达4.5公斤。[④]她不需要替他们

①《奥托莫德宗写给保拉·贝克的信》，引自：古纳·温德特：《克拉拉与保拉》，第119页。

②《保拉·贝克写给克拉拉·韦斯特豪夫的信》，引自古纳·温德特：《克拉拉与保拉》，第121页。

③赖内·马利亚·里尔克：1901年12月18日与弗兰兹斯卡·祖·瑞文特罗的通信，引自《里尔克早期通信与日记》，第134页。

④赖内·马利亚·里尔克：1901年12月13日与母亲的通信。引自《通信集》第一卷，1902年11月11日，第294页。

担心了："我们三个都很好。"

几周之后里尔克以一种更加戏剧化的方式通知汉堡文化杂志《领航员》的编辑卡尔·默克博格（Carl Mönckeberg），告知他生活中的新变化："你想想看，一个孤独的人，无家可归的人，最终在大沼泽地拥有一处房子，一个可爱又严肃的妻子，并且（自12月中旬开始）还有了一个小女儿，露特——他拥有了一切需要他守护的对象……这个伟大的现实让我安宁，并且扩展了我的生活，有利于我集中精神，深入工作，而就在此刻，它简直恶意地向我证明，我赢得的爱与一切，只是为了离开它们，因为我不能靠我的工作谋生，（即使是我们居住在最偏僻的地方，过最俭朴的生活也不够），我不得不随便去什么地方，赚钱养家，转转轮子，给轴上润滑油……"[①]里尔克请求默克博格将他介绍给某个编辑部、出版社或者剧院，但一切都是徒劳。

另一个引起他恐慌的消息，来自里尔克的堂姐妹保拉（Paula）和艾琳（Irene），她们告诉他，不需要再指望他叔叔的遗产了，因为叔叔给他的读书赞助基金已经在他组建家庭的时候花光了，既然他已经不再是学生，那也没理由再从叔叔那里得到学习资助了。但是他根本无力支付每个月房租和家用的250马克。如果没有克拉拉少得可怜的酬劳和韦斯特豪夫娘家的帮助，这个家庭早就崩溃了。因此继写给卡尔·默克博格的求助信之后，里尔克又以越发恳切的语气，相继写了多封求助信给朋友和熟人。

里尔克的书销量很差，因此新书想要被出版社采纳比较困难，撰写书评也几乎无法得到什么收入。他最早的剧本《日常生活》在

---

①赖内·马利亚·里尔克：1902年1月6日与卡尔·默克博格的通信。引自《里尔克早期通信与日记》，第136页。

柏林的首映就已经失败了。计划中的汉堡表演也遭到拒绝。他申请了奥地利的一笔奖学金，目前还在等待消息，希望可以借此从根本上缓和经济危机。只有与不来梅艺术馆的合作让里尔克得到一点喘息的机会。他要在艺术馆的落成典礼上将梅特林克戏剧《贝阿特丽克丝姐妹》搬上舞台。里尔克在1902年1月10日写信给不来梅教授保罗·德·蒙特（Pol de Mont），心灰意冷地表示，人们听任他“在恐惧的牢笼中站在栅栏窗口等待”[①]。里尔克的小家庭即将崩溃。

尽管里尔克已经在为了糊口而艰难谋生，但他仍然委托德累斯顿画家奥斯卡·茨温彻（Oskar Zwintscher）给他妻子画一幅油画，因为孩子们“应该在他们母亲年轻美丽的油画中成长”。[②]考虑到委托者的财务状况，这一行为简直是绝对的奢侈，并且仅仅是出于虚荣心作祟，来自于里尔克对于贵族气派的自我定位，这是他从他的——从未证明的——贵族祖先身上推测出来的：“……我出身于古老的卡尔特纳贵族家庭，这个家族一度具有很大的影响力并且非常富有，尽管随着家庭财富的流失没有留下任何一幅祖先的肖像画，但我仍然认为，人们必须在他妻子最美的时候，将她展示在一位伟大的、有思想的画家面前，留给子孙后代一份宝贵的遗产，也作为曾经的美丽与品德存在的证据，它们仍然会一如既往地形成，与过去同根同源，互相交织在一起。”[③]里尔克邀请画家茨温彻到沃尔普斯韦德，以克拉拉为模特绘制油画，但结果似乎让二人都很失望。

①赖内·马利亚·里尔克：1902年1月10日与鲍尔·德·蒙特的通信，引自《里尔克早期通信与日记》，第148、149页。

②同上，第104页。

③同上。

巴黎的新开始

要把一切，一切都献给艺术，而不是生活，因为生活总是让人悲伤、抑郁。

金钱危机与婴儿的号哭很快让诗人里尔克无法忍受，孤独感让这一切雪上加霜，新鲜生活的吸引力已经逐渐消逝。里尔克逃到了诗人艾米尔·普林斯·冯·施耐希-卡罗拉的城堡，位于皮内贝格附近的哈森多夫庄园。一年前里尔克和克拉拉曾经在此做客数日。里尔克先将克拉拉连同女儿露特送到荷兰的朋友家。1901年6月5日里尔克从哈森多夫写了一封热情洋溢的信给克拉拉。身处优雅有文化底蕴的城堡之中，周边是廷臣宅邸，花园精美，仆从如云，里尔克感觉这是一个非常适合他的庇护之所。后果就是里尔克未来的诗人生活就是来往于一个城堡与另一个城堡之间，接受贵族资助人与女性资助人的供养，他们需要用一位著名诗人的荣耀妆点自己的品位与名声。从此他再也没有回归共同的家庭生活。

里尔克在城堡档案馆整日埋首于故纸堆中，钻研家族历史，同时他其实早已有了新的合约：他需要为《艺术》系列专题论著撰写关于奥古斯特·罗丹的部分——附带诱人的条件，他可以前往巴黎探访大师的工作室。克拉拉也想要再次跟随在罗丹身边工作。她很清楚，自己只有在某一个大都会才有机会成为著名的女艺术家——还必须没有孩子的牵绊。因此二人共同决定，一起前往巴黎，“以穷困潦倒的单身汉身份……专注工作”，[1]里尔克在写给慕尼黑的女友尤

①赖内·马利亚·里尔克：1902年6月25日与尤莉叶·魏因曼的通信，引自《里尔克早期通信与日记》，第192页。

莉叶·维恩曼(Julie Weinman)的信中，也讲述了对孩子的安排。露特在沃尔普斯韦德的家庭解体之后被送往外祖父家，位于不来梅的奥伯尔纽兰德居所抚养。9月，里尔克曾经绝望地恳求瑞典女性平权主义者兼教育改革家艾伦·凯介绍给他一位女性教育者，可以让2岁的女儿在巴黎得到最好是免费的照顾，这位女士撰写的《儿童世纪》一书曾经得到过里尔克的赞赏。但是没有得到结果。里尔克对女儿的过分期待，正是他曾经百般诟病的自己母亲的所作所为：驱逐以及缺少关爱。他对尤莉叶·维恩曼宣称，他的婚姻的意义仅仅在于对妻子的要求，并请求她资助他在巴黎的开销。

事实上，里尔克也在不断地为妻子付出努力，他曾经恳求阿尔弗雷德·里希特瓦克和盖尔哈特·豪普特曼的博物馆与画廊，为他妻子提供一份赞助基金。甚至还写信给罗丹，请求他接受克拉拉做他的学生。夫妻二人搬进了巴黎一栋公寓，克拉拉在不远处安置了自己的工作室。里尔克8月末到达巴黎，克拉拉在摆脱家庭琐事之后，陆续卖掉所有的家具，直到10月中旬才到达。在克拉拉为远离孩子与家乡而饱受痛苦折磨的时候，里尔克向她许诺，不再“软弱与过分敏感”，现在大家都要向前看，“要把一切，一切都献给艺术，而不是生活，因为生活总是让人悲伤、抑郁”[①]。他写信给母亲时也说，只有工作可以分散离开露特的悲伤：“上帝帮助我们！分离太艰难了，这种在我们两个都很厌恶的大城市中，无家可归的感觉：太难了。但是我们也没有别的路可走……没有一处。”[②]

莎乐美始终在背后默默地给予他力量，这次也不例外。里尔克

①赖内·马利亚·里尔克：1902年8月末与卡拉拉·里尔克·韦斯特豪夫的通信，引自玛丽娜·索尔《卡拉拉·里尔克·韦斯特豪夫》，第67、68页。

②赖内·马利亚·里尔克：1902年11月11日与母亲的通信。引自《通信集》第一部，第343页。

在她的鼓励下决定在巴黎完全献身于他的诗人使命。罗丹是他绝对的偶像，他的名言“Qui, il faut travailler, rien que travailler”（对，人们必须工作，只有工作）也是里尔克的人生准则。现在里尔克的工作原则不再是感觉、灵感和幻想了，而是探讨实质性的对象的意义，那些确切地观察到的，和从客体得到的制作好的对象。为此他必须独自创作诗歌，并进入必要的全神贯注的状态。1902年10月18日，刚到巴黎的时候他写信给画家奥斯卡·茨温彻：

> ……我们住在同一所屋子里，但是当我们各自开始工作的时候，一周几乎都见不到彼此，只有周日才一起休息，并为新的一周做准备。我们的计划是，工作，就像我们从来没有工作过一样。[①]

里尔克每天去国家图书馆，研究古代以及中世纪雕塑艺术，同时还阅读大量法国文学作品，尤其是象征主义作家波德莱尔（Baudelaire），马拉美（Mallarmé）以及魏尔伦（Verlaine），他们对具体的有形之物和感官的理解力给里尔克很大影响。因此，在巴黎的第一个月里尔克除了关于罗丹的专题论著之外，还在诗歌方面有新的发展，开始创作他的第一部被称为《图像集》的诗集，其中包括《狮笼》和《豹》。罗丹建议他前往巴黎动物园，学习怎样正确地观察。《豹》以可怕的精准描绘了被拘禁的动物，在“数千根栏杆后面的小世界”看到了更多的内容。里尔克在这些压抑的诗行中，完全不情愿地同样体会到了自身作为人类与艺术家的存在，始终围绕自己循环

① 赖内·马利亚·里尔克：1902年10月10日与奥斯卡·茨温彻的通信，引自《里尔克大事记》第一卷，第152、153页。

1902年里尔克在他的沃尔普斯韦德工作室。他在这里写了关于沃尔普斯韦德有影响力的艺术家的论文。

着的困境；在艺术收益的同时，承受的世界失落。

在沃尔普斯韦德尝试结束之后，他发觉自己作为诗人创作的很多东西都有缺陷。艺术家婚姻和家庭都是寻找家园的一个尝试。现在他早期的脱离现实状态再次抓到他，过去的恐惧与自我怀疑再次复兴。在巴黎，世界太大并拒人千里，他完全无法通过艺术征服这个城市。像席勒要求的那样，用形式毁掉材料，里尔克还没有能力做到，因为他还没有积累与席勒相媲美的思想基础。他必须不断地从自身内在创造世界，材料与形式同时进行，强行塑造那些陌生的无形之物，这给了他极大压力。他在俄国的时候也经历过类似的力不从心的状况，而现在是巴黎的莫洛赫神使他丧失了表达能力。在他刚到巴黎的时候，他就将这座城市描述成一个充斥着贫穷与死亡之地："人们突然感觉，这个巨大的城市中充斥着病人的部队，垂死之人的军团，死者的民族。我从未在别的城市体会过这一点，奇怪的是，我刚发现在巴黎，人们生活的欲望远超过任何其他地方，因此巴黎永远熙熙攘攘充满人群，也因此离死亡那么近。它是一个如此陌生、陌生的城市。"①

庞大的人群吓到了里尔克，里尔克感觉自己被包围了，害怕早晚有一天他也成为这贫穷困苦的人群中的一员。从他这段时期写给莎乐美的信来看，总是在谈论担心会失去社会地位的恐惧。

> 自从我来到这我都遇见了些什么人啊……人们最多把他们当成一种印象接受，用对待一种新奇动物的方式，带着平静客观的好奇观察着，这些"动物"，他们身上长着特别的器官，即贫困、饥饿和死亡的器官。他们带着大城市中特有的绝望、暗淡的保护色，并随着每一天的到来像甲虫一样坚持着，就好像他们有什么必须要等待的东西一样，像一条被切碎的大鱼，抽搐着、腐烂着，但是还活着……我必须经常大声对自己说，我不是他们中的一员，我会继续前行，离开这个可怕的城市，离开这个他们死亡的地方，我对自己这样说并且感觉，这不是在自欺欺人。当我注意到，我的衣服一周一周地慢慢变烂，看到

①赖内·马利亚·里尔克：1902年8月31日与克拉拉·里尔克·韦斯特豪夫的通信，引自《里尔克1901—1906年通信集》，第24、25页。

它怎样在许多部位破碎，恐惧就向我袭来，我感到当有人从我身边经过，看到我的时候，下意识地将我算在那群人里，我就已经无可救药地变成失落者的其中一员……[①]

里尔克待在巴黎的第一个月，他绝对想象不到，正是法国的这个大都会给他带来一部作品的灵感，并使他借此实现了作家的突破。他的信中已经包含了后来自传体小说《马尔特·劳里斯·布里格手记》中体现出来的基本思想了。这部小说1910年出版，里尔克在文中对现代社会的异化现象赋予了完美的表述。里尔克在阅读波德莱尔的时候既受到了刺激，也被强烈地吸引。波德莱尔从衰败与堕落中得到创作《恶之花》的灵感，里尔克也寻找着艺术的立足点，可以发现物体的根本存在，将陷入不规则状态的元素在现实中重新构建——而他在罗丹的世界中找到了：

这样的作品只能从一个工人手中产生，他制造了它，他可以平静地拒绝灵感，不是灵感向他袭来，因为灵感就在他心中，日日夜夜，每一次的观察体验引起，是由他的手的每一个动作产生的一种温暖。在他周围的物越来越增多，抵达到他身上的干扰就越少，因为围绕在他身边的现实阻断了所有的杂音。他的事业本身在保护着他，他住在里面，就像住在一片森林中。[②]

罗丹的作品甚至在巴黎国际博览会上的“罗丹展馆”受到狂热的

①赖内·马利亚·里尔克：1903年7月18日与露·安德烈亚斯–莎乐美的通信，引自《赖内·马利亚·里尔克与露·安德烈亚斯–莎乐美通信集》，第67、68、69页。

②赖内·马利亚·里尔克：1903年8月8日与露·安德烈亚斯–莎乐美通信，引自《赖内·马利亚·里尔克与露·安德烈亚斯–莎乐美通信集》，第96页。

追捧，里尔克与罗丹的会面让他体会到乡村与城市，避难所与文雅的忙碌之间鲜明的对照：这边是罗丹宁静的工作室，位于绿色的巴黎市郊默东，那边是喧嚷吵闹的大城市，像马尔特那本小说一开时那样，电车“呼啸的声音穿过房间”飞驰而过。在罗丹的雕塑世界里，一切人性的东西都被放进了一个具体的美学秩序之中，体现出来的是以高压的方式压抑着的忧郁与痛苦（《拉奥孔》《加莱的市民》）。里尔克在罗丹的花园中目睹的一幕让他意识到，艺术的狂热可能导致的是另一种方式的异化，也就是人性的匮乏。

一个小姑娘羞怯地将一朵花递给年长者，那是她为他采来的，罗丹漫不经心地略过不看。他根本没有察觉这一充满爱意的姿态。直到这个小孩子又给他一个蜗牛壳，他才立刻拿到手中，发表了一篇长长的演讲，讨论这个蜗牛壳体现的结构学，将之与希腊和哥特式风格相比较，详细地给他的访客讲解雕塑表面的意义。里尔克有点困惑，因为罗丹的信念就是一切都必须为艺术而牺牲，这让他想起自己的决定：将露特送走。里尔克想要像罗丹或者托尔斯泰一样生活，就像他写给克拉拉的一个让他感动不已的故事一样：“所有伟大的人物都让他们的生活像一条旧路一样杂草丛生，将一切都投入到艺术中去。他们的生活像一个枯萎的器官，它已经不再被需要了。”[①]

里尔克写的关于罗丹的文章在1903年出版，他将这本书献给他的妻子，特别之处在于他并没有提及她的名字：“一位年轻的女雕塑家。”莎乐美也热情洋溢地赞美这部作品，并对她的旧情人保证，“我相信我们在生与死的沉重的秘密中结盟，如同人类在永恒中联结

① 赖内·马利亚·里尔克：1902年9月5日与克拉拉·里尔克·韦斯特豪夫的通信，引自《里尔克1901—1906通信集》，第36、37页。

一样。”[①]即使相隔千里她也仍然是里尔克最亲近的人——远超过他的妻子，因为里尔克在巴黎仍然与她保持距离。

但是克拉拉其实也在享受这种新的独立的感觉，并很快在罗丹那里得到了认可。大师向她证明，她的工作让她“实现了人们对她郑重的期待”[②]。尽管里尔克从旁说情，罗丹还是拒绝（在他们第二次来巴黎的时候，1908/1909年），让克拉拉为她绘制肖像——这很显然会很大程度提升她身为艺术家的知名度。罗丹在后期还因为一时的情绪发作与里尔克断绝往来，尽管里尔克将他的人品与作品都描述得前无古人的光彩夺目。

致保拉的挽歌

我想要像扔一块手巾一样将我的声音抛掷于你的死亡之上……

在此期间保拉也来到巴黎。她嫁给了奥托·莫德宗并精心照料着他第一段婚姻留下来的3岁的女儿埃尔斯贝特（Elsbeth）。但是这段婚姻关系始终布满阴云。虽然莫德宗赞赏自己妻子卓越的天赋，但他仍然对她将自由独立的追求放在一边，也包括婚姻之上的态度颇有微词。此外她开始逐渐脱离沃尔普斯韦德的自然主义风格，转而研究塞尚、高更（Gauguin）、梵高（Van Gough）的简化绘画方式，也让他非常不满：“颜色非常出色——但是形式！形象！两只手像勺子，鼻子像棍子，嘴巴像伤口，外表像个白痴。”[③]保拉前往巴黎女

①露·安德烈亚斯–莎乐美：1903年8月8日与里尔克的通信，引自《赖内·马利亚·里尔克与露·安德烈亚斯–莎乐美通信集》，第90页。

②马利亚·索尔：《克拉拉·里尔克·韦斯特豪夫传记》，第73页。

③《奥托·莫德宗日记》，引自古纳·温德特：《克拉拉与保拉》，第141页。

友那里也是一次突然爆发的尝试，借此逃离日益恶化的婚姻。

然而两位女性再也不那么合得来了。在她到达巴黎之后，克拉拉因为狂热的工作状态而根本没时间留给保拉，她写信给沃尔普斯韦德的丈夫："因为罗丹对里尔克说的：'工作，只要工作！'，她就一字不落地照做，周末也不去郊外散步了，生活看起来根本无法再给她带来乐趣。"[①]克拉拉从清晨一直到深夜都始终待在工作室里，而周末她又沉浸在思念女儿的痛苦中。就连里尔克也变了："我再也不把他评价得那么高了。他站在每个人那一边。"她在此影射里尔克对罗丹的尊敬，以及他与同时代的名人们的海量通信。这一严苛的评价带出来的还有一点让人失望的爱情，那种不被里尔克重视，被他欺骗的失望。

3年后，里尔克现在是罗丹的秘书，保拉早已经回到沃尔普斯韦德——她再次恢复了与里尔克的联系，并请求他在巴黎帮她找一个住处。保拉已经决定要与丈夫分手，然而过去的亲密与真诚早已不复存在。当奥托·莫德宗赶到巴黎，并想要重新赢回妻子的时候，保拉默认了，与他一起回到沃尔普斯韦德。之前她还给"她的"诗人画了一幅肖像画。阴郁的油画呈现出一个呆滞的，充满拒绝意味的外表，还有冷酷的眼睛和半张的嘴唇。这位女画家在宣告一个信息，这个画中的男人，即使他说话，也仍然处于自我封闭状态。很快保拉怀孕了，并在1907年11月2日，产下一女马蒂尔德（Mathilde）。仅仅两周后她就死于血管栓塞，时年31岁。拒绝了保拉临终前唯一的委托——帮她在巴黎寻找一个住所的里尔克，直到一年之后才终于深入地理解了她毫无预警的死亡。在一次参观卢浮

---

①保拉·贝克：《与奥托·莫德宗的通信》，引自古纳·温德特：《克拉拉与保拉》，第138页。

宫的时候，他看着一个埃及半身雕像忽然想起了她的身影——非常像多年前克拉拉做的保拉半身像。突然间旧日女友的灵魂清晰地浮现在里尔克面前。在3天之内，1908年10月31日到11月2日，里尔克完成了一首非常私人的诗歌:《给一位女友的挽歌》，诗歌中描述并记录了一个来自再次出现的死者的灵魂的恳求。作为一个诗人，里尔克本来就乐于将发生过的、经历的一切全部上升为“永恒”，并且拥有一个易受玄妙现象影响的体质，对他来说死者灵魂的再现意味着一个催促。为什么这位女艺术家回来了？难道她没有从物质转化为形式，自然转化为精神，并借此完成她的使命吗？或者不是全部？这意味着将她带走的死神犯了一个疏忽，还留下一些未竟之事，需要她以不死者的身份回归？

里尔克将保拉的再现视作一个委托，她希望他能讲述这位天才女艺术家的故事，她想成为一个艺术家，但是在这个男性社会中失败了。在诗歌中，他影影绰绰地将矛头指向了奥托·莫德宗。难道不是他将年轻的女士强行拖回婚姻中吗？当时她都已经脱离了婚姻的束缚，逃到巴黎去了。里尔克的指责远远超越了针对的某一个个体:

我想把我的声音像一块布一样
扔到你死亡的碎片之上
并拖着他们，直到他们都支离破碎
一切我说的话必须这样
褴褛地进入这个声音并结冰
在悲叹声中一直如此。然而现在我要控诉：
不是单独的个人，那个将你从自我中拖回去的人
（我无法找出他，他和所有人都一样）

但是我从他身上控诉所有人：男人。[①]

谁试图将一个人束缚在自己身边，他本人也同样被束缚：里尔克重申了他在《朝圣者之书》中严厉抨击的观点，对所爱之人错误的占有欲。

因为这就是罪责：如果说什么是有罪的话：
爱的自由并未增加
人们本身已有的自由
如果我们爱着，我们有的只是这一点：
让彼此分开；因为我们坚持自我
这对我们非常容易并且早已学会。

保拉就像是来自死后的世界的证人，唤起里尔克的信念，将爱转化为艺术。亡者的灵魂赋予他力量，坚持他的使命。

你还在吗？在哪个角落？
你对这一切了解如此之多
你可以做到这么多，因为你走了
为了开放的一切，就像白昼降临
女人们忍受着：爱是孤独一人
艺术家们有时在工作中预料到
当她们爱的时候，就必须改变。

---

①赖内·马利亚·里尔克：《致一位女友的挽歌》，引自《里尔克作品全集》第一卷，第653页。

逃脱责任

……我几乎对别人的接近充满敌意，他们会打扰我，并有权利这样对我。

里尔克和克拉拉坚定不移地生活在他们绝对艺术家身份的理想中。他们互相切实保护彼此的孤独，如果环境需要，有时会在一起，否则都只保持深入的通信往来。当开始出现一些例行事务的时候，里尔克总是那个爆发的人。第一次他借助1903年春天的意大利之旅，逃离巴黎的一切。1903年到1913年间，里尔克独自进行了几乎上百场旅行。作为一个渴望逃离的人，里尔克几乎永远在路上，从一个沙龙到另一个沙龙、一个城堡到另一个城堡、一个城市到另一个城市、一个国家到另一个国家，只为了在充满感激的读者面前展示一位诗人。当他经济困窘，被迫寄居在岳父母家中一段时间的时候，人们才发现，他甚至还无力供养他的家庭。并不友好的岳父给他尤其多的压力。他出版的书得到的预支报酬和工资并不能满足两个要求：奢侈的生活作风和全家的生活支出，因此经常需要亨利希·韦斯特豪夫的帮助。这让他的心中负担更重了，里尔克在1903年7月25日从奥博尔纽兰德写给最信任的莎乐美的信中说道：

我经常有这样的感觉，好像我的所有感官都有这样的感觉，就好像以我现在的状态，我不能给那两个与我紧密联系在一起的两个人（小的那个和大的那个）任何东西。因为我知道的太少，几乎不会照顾别人，也完全帮不上忙。而我自己又从早到晚一堆工作，因此我几乎对别人的接近充满敌意，他们会打扰我，并有权利这样对我。[①]

然而，仅仅两周之后，在莎乐美的上一封信中，表示被他的关于罗丹的文章深深感动，并预言他未来会是一个伟大的作家之后，里尔克立刻再次感到自己的诗人使命得到证实：

哦，露，在我成功写出的一首诗中，包含的真实比任何一种关系或者我感觉到的倾慕都要多，当我创作的时候我是真诚的，我想要找到那种力量，将我的生活完全建立在这种真实之上，建立在这种无尽的简单与我偶尔得到的喜悦之上。[②]

除了脆弱的身体素质之外，家庭始终是里尔克生活中的干扰因素。里尔克要逃避的责任有一个名字：露特。自1903年7月她的父母从巴黎回归并重新抚养她之后，这个两岁的小姑娘花费了漫长的时间才叫出“妈妈”，而她一直称呼爸爸为“男人”，最后改口为“好人”。想要在这段时间建立互信关系实在有些太过短暂了。因为很快夫妻俩就再度启程，靠一笔奖学金前往罗马过冬。露特的整个童年时期几乎都是在韦斯特豪夫家度过，偶尔克拉拉会去看她或者带着她一起旅行。1906年12月，莎乐美恳切敦促里尔克不要逃避家庭责任，甚至“警方的”力量也插手此事，这让里尔克暴跳如雷。他用他的艺术家使命来为自己辩护，并声称他的家庭所在地与他的诗歌

① 赖内·马利亚·里尔克：1903年7月25日与露·安德烈亚斯-莎乐美的通信，引自《赖内·马利亚·里尔克与露·安德烈亚斯-莎乐美通信集》，第80、81页。

② 赖内·马利亚·里尔克：1903年8月8日与露·安德烈亚斯-莎乐美的通信，引自《赖内·马利亚·里尔克与露·安德烈亚斯-莎乐美通信集》，第97页。

1903年克拉拉与她的女儿露特在不莱梅。露特几乎整个童年时光全都与外祖父母住在不莱梅附近的奥伯尔纽兰德。

的象征之家，是互相对立的，这也是莎乐美一直鼓励他做的事。为了能给家庭创造美丽的、永恒的东西，他必须让自己超越在场的存在。克拉拉与莎乐美的道德立场并不一致，她和她的丈夫一样，根本不理会一切家庭琐事，前往埃及进行为期4个月的埃及之旅。小露特则一如既往地住在奥博纽兰德的外祖父家里。

直到1912年，克拉拉才把当时已经11岁的女儿接到慕尼黑，她自1911年起就定居在那儿了。这一次她想要重新规划自己的生活，并提出了离婚申请，但又因为官僚作风造成的复杂程序与高昂的离婚费用，最终不得不放弃这一打算，也为了露特时不时与她重聚。里尔克则想办法从好友兼教育专家爱娃·卡希尔(Eva Cassirer)那里，为女儿申请到了一笔价值超过10 000马克的奖学金，这样她就可以去慕尼黑的一家改良派学校学习了。在多年的漂泊与经济的不安定之后，克拉拉开始与露特过着普通的市民生活：

> 我们甚至租了一台钢琴和一个电话，当我们待在家里的时候，开始觉得拥有一间房子也是一件自然而然的事情了。这些年我从来没有拥有过这些，始终动荡不安地到处游走。开始在巴黎的时候是很美的，也非常有意义，但是那已经很久不再有了。[①]

养母和资助者：艾伦·凯

> 您的满怀感激的儿子。

也有权威专业人士对里尔克远离家庭的决定持肯定态度：艾伦·凯，瑞典改革教育学专家以及女性平权主义者。1902年，里尔克与她缔结友谊。她的教育学专著《儿童的世纪》在全欧洲范围内引起广泛认可，也让里尔克对瑞典文化有所了解。她针对自己的这本书广泛主持演讲活动，推广翻译版本的进行，但是要做一个家庭顾问，这位自己还没有孩子的狂热理想主义者真的不太适合。因此当里尔克写信给她，请求她推荐一位女性管教者照看他们的女儿，因为他和克拉拉都没法照顾孩子的时候，她完全没有提出异议。1902

① 马利亚·索尔：《克拉拉·里尔克·韦斯特豪夫》，第109页。

瑞典改革教育家艾伦·凯，著名的《儿童的世纪》一书的作者，自1902年起与里尔克交好。

年9月6日里尔克给艾伦·凯写道：“对她和我来说，从事和发展我们的艺术就是生活本身。”[1]这位经验丰富的专业心理学家本应立刻就发现，那位她所钦佩的德国诗人究竟有多少兴趣把女儿接到巴黎来。里尔克关切地对她解释，对露特来说，不需生活在忙碌喧嚷的大城市，可以和祖父母一起在乡下成长是多么美好的事。

①赖内·马利亚·里尔克：1902年9月6日与艾伦·凯的通信，引自《里尔克与艾伦·凯通信集》，第4页。

自里尔克将他的书《亲爱的上帝及其他》邮寄给她之后，二人的通信就开始集中探讨里尔克的作家工作以及艾伦·凯本人也非常赞成的非教派学校的理想。在学校不强调教师权威，也不主张唯成绩论。艾伦·凯主张非革命的、进化的社会发展到更多的个性与自治。她认为这一理想只有通过自由的教育与母亲富有牺牲精神的投入才能实现。这位瑞典的女权斗士始终充满争议性。她在论战文章《被滥用的女性力量》中表示，女性属于家庭，她们真正的使命是母亲的身份。这让她受到女性主义者群体的强烈反对。原本里尔克并不认同这个关于女性角色的定位，但是他赞美这位女作家是“孩子们的耶稣使徒”。他在评价这本书时说道：“培养自由的孩子是这个世纪最重要的任务”，因为对他们来说“奴隶身份，太沉重也太可怕了，这在他们还未出生就已经决定，直到他们成为成年人与父母才结束，而这也意味着他们将成为下一代孩子们的压迫者”①。

这是一个自己还想要把孩子送走的父亲说的话吗？是一个把孩子丢在外祖父家抚养，自己偶尔去那里的时候还经常暴躁易怒、性格独裁的父亲说的话吗？里尔克在1911年12月17日写给艾伦·凯的另一封信中清楚表明了，他再次试图推卸掉露特这个负担的决心：“露特在12月12日就已经10岁了，是个大姑娘了，我已经超过一年没有见到她了，但是听说她很好，只是她的行为表现始终不够得体。我总是在考虑，她还是去瑞典，在你们这些优秀、理智的好人身边更合适，无论是萨姆斯克拉还是别的学校都可以。如果我过来的话，我就带着她然后将她留给你们，要是你们不要她，我就送她去

---

① 赖内·马利亚·里尔克：针对艾伦·凯的《儿童的世纪》所写的评论，引自《里尔克与艾伦·凯通信集》，第251页。

瓦尔特甘森，那边肯定会要她。”[1]

里尔克在他的作品中恳求得到爱的改变力量，帮助里尔克作为诗人提升自我。但是父母之爱是无我的爱。里尔克从未与艾伦·凯交流过关于他作为父亲的责任问题。对里尔克来说这位影响力巨大并且极其富有的出版人首先是一个潜在的资助者。在一封感性的信中，里尔克描述了他在学校的不幸经历以及他的母爱缺失。他公开承认，自己想要从对方身上找到母爱的感觉。甚至在他们一开始建立联系的时候，里尔克就自称为“无家可归的”[2]。而那位55岁的瑞典女士就向里尔克所期待的那样回复：他的信让她“非常难过”[3]，他的诗歌完全就是源自于那样的痛苦吧！很快里尔克就在信里用“您的儿子”作落款签名，而艾伦·凯则称呼他为“我亲爱的孩子”。他拒绝给自己女儿的，现在要求从养母那里得到：理解、关爱、安全感。

在克拉拉也写信求助之后，艾伦·凯想办法找到了画家兼作家恩斯特·诺林德（Ernst Norlind），对方同意在瑞典南部的伯格比庄园招待里尔克住几个月。诺林德在慕尼黑学习过艺术，他非常欣赏里尔克关于罗丹的那本著作。伯格比庄园坐落于斯卡恩省的马尔莫和隆德两座城市之间，主要由一座城堡和广阔的花园、原野、草地、牧场组成，里尔克经常带着城堡里的狗一起观赏这一切。现在他终于生活在他梦想的“高高的北部原野”了。里尔克也在伯格比第一次见到了他的瑞典资助者，她特地从哥德堡赶来，身材娇小丰满，气质明快灵活，穿着低调，这与里尔克期待中的贵族气质、优雅的北方女士完全不同，让他有些失望。

---

①赖内·马利亚·里尔克：1911年12月17日与艾伦·凯的通信，引自《里尔克与艾伦·凯通信集》，第223页。

②同上，第6页。

③艾伦·凯：1903年4月18日与里尔克的通信，引自《里尔克与艾伦·凯通信集》，第29页。

1906年出版商夫妇安东与卡塔琳娜·基彭博格在莱比锡。里尔克在莱比锡的岛屿出版社出版了他的文集。卡塔琳娜·基彭博格，里尔克称她为“岛屿的女主人”，撰写两本关于她极其推崇的诗人的专题论著。

另一个让里尔克失望的地方，是她试图让里尔克以诗人的身份在瑞典成名。为了一份计划要写的评论文章，她寄给里尔克一份问卷调查表，里尔克以对他来说惊人的坦诚填写完成了，他还论述了关于上帝与永生的观念——其中也不乏对艾伦·凯的一元论拥护者的自我定位的妥协(关于万物的神性学说)，因为艾伦·凯试图用一元论完全将里尔克的作品以她的理解阐释一遍。当她的《评论赖内·马利亚·里尔克》的德语翻译版，1904年由莱比锡的岛屿出版社发行的时候，里尔克在写给艾伦·凯的信中先是表扬她（这里的一切都是真实的），目的却是最终在半年之后，给她一个完全不同的，负面的评价：

> 你从我的私人资料、信件、书籍，简言之，从所有这些文件中选择你觉得认同的部分，将它们雕琢起来，让它（按照它的本质来说这并不适合）很快就明确清楚，从精神价值来说甚至是有用处的。[①]

里尔克认为，他从一开始就反对这本评论的出版，“因为我从来没觉得它是正确的”。另外艾伦·凯还经常把里尔克本人与他的小说主角马尔特·劳里斯·布里格搞混，她认为马尔特是“病态的”。于是这段关系开始产生裂痕。母子关系在里尔克因为他的《祈祷书》与马尔特的故事而达到声誉顶峰的时候彻底消失了，因为那时里尔克已经不再需要艾伦的关照了。现在的她对里尔克来说只是一个吝啬的、思想上有很大局限性的“平凡的婶婶”，她“不能帮助任何人不再挨饿”[②]，里尔克在从巴黎写给克拉拉的信中说道。而在里尔克写给艾伦·凯的信中，仍然有一次用充满讽刺的客套话落款“你的真诚的、调皮的孩子：赖内”。

直至第一次世界大战之后，1921年10月，里尔克又从穆佐写信给她，因为里尔克的女儿订婚了。这封信短暂地唤起他们在多年沉默之后对彼此的兴趣，他们互相交流战争时期的经历，并一致认为

---

①赖内·马利亚·里尔克：1911年12月17日与艾伦·凯的通信，引自《里尔克与艾伦·凯通信集》，第223页。

②《里尔克与艾伦·凯通信集》，前言，第13页。

协约国势力对战败的德国来说绝非友好。而在里尔克的最后一封写给当时72岁的艾伦·凯的信上，末尾的落款充满和解的意味“……以您的名义，我亲爱的艾伦，永远照在我心中的古老的光芒”。[①]

在世界闻名的诗人阴影之下

她并没有与我在一起，但是除我之外似乎她也没时间做别的……

在里尔克与克拉拉始终保持联系的同时，他与露特之间的距离却年复一年地扩大。里尔克既不邀请她来穆佐(他自1921年起定居在那里)，也不去参加她的婚礼。他最后一次见到女儿是在1919年4月15日，他去世7年前。里尔克并不否认他与女儿之间的生疏关系。他向自己信任的女伴南妮·翁德利-伏尔卡特承认，女儿“特有的较宽的下半张脸”[②]和索菲亚·里尔克如出一辙，总让里尔克想起她。而面对艾伦·凯的时候；里尔克指出，他在精神上与她也没有什么联系：“对，露特结婚很早，我总是在期待，她会结婚，而她会是一个好太太，这很棒，以她有限的天赋，过触手可及的生活，这是最好、也最适合她的选择。”[③]

里尔克对他女儿非常失望。她曾多次订婚，未来的岳父这样评价女儿的恋情：“这次的叫卡尔，听起来比奥托强多了。”[④]露特的嫁

①赖内·马利亚·里尔克：1921年11月30日与艾伦·凯的通信，引自《里尔克与艾伦·凯通信集》，第246页。

②赖内·马利亚·里尔克：1920年4月16日通信，引自《里尔克与南妮·翁德利-伏尔卡特通信集》第一卷，第59页。

③赖内·马利亚·里尔克：1921年与艾伦·凯的通信，引自《里尔克与艾伦·凯通信集》，第242页。

④赖内·马利亚·里尔克：1920年4月16日通信，引自《里尔克与南妮·翁德利-伏尔卡特通信集》第一卷，第212页。

妆由岛屿出版社的所有者，安东·基彭博格（Anton Kippenberg）与卡塔琳娜·基彭博格（Katharina Kippenberg）资助。拒绝参加自己亲生的女儿的婚礼有一个自私的理由：里尔克认为在女婿那边没办法顾及到他的诗歌工作。“他就在乎外表那一套，几乎很少顾及我在创作的环境。这有什么问题吗？——什么？——可能只是一些细微差别（但这对我们来说就是一切了！）”。[①]新婚小夫妻带着他们的狗一起合影。里尔克不喜欢他的女婿，卡尔·希伯（Carl Sieber）。他很明确地表明过这一态度：“卡尔。我必须得，嗯，非常努力才能面对他，坦率地说，我甚至想把他的狗也带走，离他远点。（那狗是露特在费舍胡德的时候自己跑到她身边的）好感的奥秘！”[②]

这种疏远关系是由里尔克对孩子们的态度决定的，但他从未打算承认这一点。他的女婿卡尔·希伯向里尔克解释说，露特从未因为童年时期父亲的缺席而感觉自己是不被爱的，相反，她从一开始就可以理解，父亲必须要遵循内心的使命召唤。露特究竟是否因为缺乏父亲的关爱而痛苦，我们不得而知。但是她确实以一个外行人和父亲遗产经管人的身份，深入研究父亲的生平，这一事实证明，她对自己的出身与家庭非常感兴趣。1972年，她与第二任丈夫威利·弗里切（Willy Fritzsche）一起自杀也显示，有的生活悲剧，是无论何时都无法克服的。

甚至是克拉拉·韦斯特豪夫这个名字也只有在与赖内·马利亚·里尔克联系在一起的时候才有人关注：人们对她的定位始终是一位世界名人的妻子。直到最后一刻，里尔克也与克拉拉的命运紧密

---

①赖内·马利亚·里尔克：1921年12月7日通信，引自《里尔克与南妮·翁德利–伏尔卡特通信集》，第596页。

②赖内·马利亚·里尔克：1922年1月15日通信，引自《里尔克与南妮·翁德利–伏尔卡特通信集》，第596页。

相连，尽管他们二人无论是情感上还是空间上都早已互相分开了。1937年11月，希特勒的首相办公厅购置了克拉拉·韦斯特豪夫雕塑的里尔克半身像，因为他们想把这位出身于布拉格，在国外享有盛誉的诗人里尔克，划分到德国诗人的行列中。他被认为是捷克斯洛伐克最具有德国民族性的代表人物。在这种考量之下，女雕塑家作为艺术家的声望与地位完全不重要。1948年，正值她70大寿之际，克拉拉在不来梅的陈列室举办她本人战后第一场个人展览会，她被誉为民族艺术家，却仍以著名诗人妻子的身份受到祝贺。在她死亡的时候也没有改变：1954年4月9日，76岁的克拉拉在费舍胡德的住所去世，她自1919年起就住在那里了，但是报纸上的报道仍然以“赖内·马利亚·里尔克的妻子，曾经的伴侣和爱人”[①]这样的身份定位赞扬她。在大标题《无私奉献的一生》下面，人们赞颂她谦逊简朴并具有“人性的美德”。她与里尔克在沃尔普斯韦德的生活，以及她之后的婚姻被详细描述，而对她的艺术作品的评说则成为背景。

这一切不能说完全错了，事实证明，直到生命终结，在德国北部艺术村的生活，对克拉拉来说都代表着自由、独立与友谊，就如同她一直强调的那样。与里尔克不同，克拉拉很高兴可以有别人激励她、启发她，也很享受与年长的艺术家们亲近，她可以从中学到很多。习惯遵循榜样的轨迹行事，一直被里尔克视为克拉拉的一个严重缺点，认为这会阻碍克拉拉原本独特的艺术家发展路线。里尔克在莎乐美面前承认，克拉拉一直都妨碍他：

“我们之间没什么龃龉，但是她一定程度上像是做我的妻

①马利亚·索尔：《克拉拉·里尔克·韦斯特豪夫》，第141页。

子，却带着一个错误的标签,始终在外圈兜来兜去。她并没有与我在一起，但是在我之外，似乎她也没时间做别的……如果人们想要在一切的背后探寻她，那个自少女时期就已经定型的姑娘，就会发现（母性的部分和与露特的关系之外）除了占有我和离开我的职能之外，她没有什么特别之处。而如果我的分析是对的话，按照我的期待，她如果能将我彻底驱逐出她的生活，那么她还有可能从当初我出现并且导致她中断的部分，继续前进……逐渐地（无论是她的决定，还是我的困境带来的压力，都导致她需要一个有帮助的、始终陪在身边的、能给她带来安全感的人）我开始明白，为什么在我们两人身边从未可能产生真实的东西：因为她用尽全力想要成为我，而这一努力无论是对我还是对我内心的对立的性格来说，都有些太过了，当然她还是魔鬼的辩护者[①]，一个苍白无力的改过自新者和反对者，永无止境，没有任何私人背景……对此我无数次充满担忧地自问：她是谁，她用什么表达她自己，她以什么样的快乐、愿望、希望认清自己？因为在她的作品中甚至没有表现出她自己，这一点我在一开始就发现了，并且感觉非常奇怪，竟然有人在艺术创作时完全没有通过自己内心的扩展就能完成；我经常取笑她的雕塑来源太过神秘，因为没有人知道，这究竟来自于何处……”[②]

人们今天完全了解，里尔克当时也非常清楚他妻子在艺术上的依赖性。在哪儿能找到克拉拉的学习对象。最开始是马肯森·克

①魔鬼的辩护者并不是魔鬼的支持者，也不是为魔鬼辩护的人，而是指在争论中辩论一方对另一方的观点已经了如指掌，再利用这一点彻底反驳对方。

② 赖内·马利亚·里尔克：1903年8月8日与露的通信，引自《赖内·马利亚·里尔克与露·安德烈亚斯-莎乐美通信集》，第259、260页。

林格，尤其是罗丹，在她20岁左右的绘画时期是柏林的艺术家亚瑟·西格尔（Arther Segal），她在他的绘画学校上过课。汉斯·布赫出身于威斯巴登，是柯林斯的学生。1930年开始在费舍胡德定居，在他的影响下克拉拉又摆脱了希格尔的印象派。1945年之后她又重新回归雕塑，并开始再次学习罗丹的表面处理问题，以及马约尔对形体严格的塑造，她曾经在巴黎认识了后者。值得注意的是，克拉拉所创作的作品中，赖内·马利亚·里尔克的肖像被认为是最优秀的。从爱人的影像中，她找到了自己的表达。当她1926年11月前往穆佐想要拜访里尔克时，那位垂危的病人并没有接待她。她当时加入了一个在美国组建的宗教团体“基督徒科学”，里尔克早已在她面前封闭了内心。在他生命的最后时光中，他将所有的信任给予了瑞士的资助者南妮·翁德利–伏尔卡特。

玛利·冯·图恩·塔克西丝
——仰慕者，资助人，催稿者

希拉费科博士

您在恋爱中并且总是在爱着……

没有人能像玛利·冯·图恩·塔克西丝一样在里尔克面前这样能说会道了。她是霍恩洛厄-瓦尔登堡亲王之女，1875年嫁入当时欧洲最富有的贵族家庭，并与里尔克保持了长久的友谊。她称呼他为希拉费科博士，因为赖内·马利亚·里尔克这个市民的名字对她来说，太过平凡无趣。希拉费科博士意思就是天使一样的人，以尘世的标准来看，诗人就像是来自另一个世界的孩童。

“您看看，我是一个女人，一个女人在我这个年纪就应该在照镜子时拔掉几根头发，再继续织毛衣。”这位老于世故、历经世事的女士开玩笑地说：“但是一棵繁茂的果树，一束金色的阳光就可以让我充满快乐！”[①]里尔克应该就是她的天使一样的博士。玛利·冯·图恩·塔克西丝在58岁的时候仍然充满青春的活力，她邀请整个欧洲的知名人士，能用6种语言和他们谈天，请他们参加她巴黎的沙龙或者

---

① 玛利·冯·图恩·塔克西丝：1913年3月9日与里尔克的通信，引自《赖内·马利亚·里尔克与玛利·冯·图恩·塔克西丝通信集》第一卷，第273、274页。

到她劳特辛的城堡朗诵、表演，她还派人去请柏林博物馆岛的创办人威廉·冯·博德（Wilhelm von Bode）到她的亚得里亚海边的杜伊诺城堡，请他评价她家族收藏数百年的艺术品，并与鲁道夫·卡斯纳（Rudolf Kassner）一起在家中做哲学辩论。现在她的圈子里就差一个像里尔克这样的诗人了。在卡斯纳的建议下她的目光越发敏锐起来。她开始找机会寻找真正伟大的人物，那种在新生代中将会得到尊敬的未来的大人物。意大利女演员埃利诺拉·杜丝（Eleonora Duse）和俄国芭蕾舞演员瓦斯拉夫·尼基斯基（Vaslav Nijinsky）就属于这个类型。卡斯纳评价她为“永无止境地汲取艺术与诗歌中精华的侯爵夫人”并且“永远不会觉得满足”[①]。于是里尔克也进入了她的圈子。

里尔克在玛利·冯·图恩·塔克西丝侯爵夫人身边感觉到关爱之意，便立刻开始哀叹诉苦。他已经写出了一切，她抱怨道，全部都随着马尔特的故事的完成传播开来。现在他没有任何可以说的了，什么都没有了。如同许多第一次见到里尔克的女人一样，侯爵夫人也对他的外表有点失望。她心里对他的设想完全与现实不同。里尔克很年轻，看起来像个孩子；很难看，但也因为他羞怯的神态，精确的社交礼仪和优雅的教养讨人喜爱。这一次会面对两人的生活都有关键性的影响。

侯爵夫人认识到里尔克的伟大之处，并向他提供一切可以让他生活舒适的物品：一个房间、一处城堡、她自己的汽车和司机、她在杜伊诺的仆人、一个做素食的厨娘以及无数让他舒适的东西。作为回报，里尔克陪她度过很多个热烈的夜晚。他与她肩挨着肩坐着，一起翻译古老的文稿；在海面的露台上、在她的香闺或者宁静的森

---

①鲁道夫·卡斯纳：为《赖内·马利亚·里尔克与玛利·冯·图恩·塔克西丝通信集》所写的导论，引自《赖内·马利亚·里尔克与玛利·冯·图恩·塔克西丝通信集》，第18页。

林里为她朗诵自己的诗歌，给她写信以及即兴诗歌。侯爵夫人的心当然不是几首忘我的爱情诗可以赢取的，她的家族只看重经济价值。这也是他们慷慨大方地支持艺术与艺术家的前提，如果没有盈利就没有人会投资。即使是侯爵夫人送去比赛的马，也得能赢取奖金。侯爵夫人想要希拉费科博士将他的伟大作品献给自己，于是她邀请里尔克来到杜伊诺城堡。

在这里诞生了《杜伊诺哀歌》的前十首诗，它们构成了里尔克诗人生涯的高峰并且毋庸置疑地成为德语文学中最重要的诗篇之一。里尔克将这些诗歌献给他的资助人。他的献词为："来自玛利·冯·图恩·塔克西丝-霍恩洛厄侯爵夫人庄园"。侯爵夫人期待得到最好的，她成功了。在二人共同前往魏玛旅行期间，侯爵夫人定下了规则。里尔克了解并且喜爱弗里德里希·席勒（Friedrich Schiller），因为比起歌德有距离感的伟大，里尔克觉得席勒神经敏感的性格更让他感觉亲近。歌德是一个为了稳定而服务的仆役，任何可能影响他生活平衡的一切都会被他拒绝。有很多诗人在人生这个大作品中失败了，比如亨利希·冯·克莱斯特（Heinrich von Kleist）、荷尔德林（Hölderlin）、伦茨（Lenz）或者海涅（Heine）。

侯爵夫人带着她的诗人参观魏玛歌德纪念馆。他们居住在"大象旅店"，这个旅店非常出名，歌德的客人和托马斯·曼小说《绿蒂在魏玛》中的绿蒂都住过这里。里尔克声称他对此地非常熟悉，并在与侯爵夫人参观完弗劳恩普兰的纪念馆之后，自告奋勇带路从附近的公园穿过去到达歌德故居。天开始下雨，里尔克却带着他的资助人迷路了。甚至在威尼斯二人一起散步的时候，只要里尔克说他认识路要带路，就经常会走进死胡同。魏玛给了侯爵夫人一个教训：人们应该拉着希拉费科博士的手带着他走。里尔克也乐于让女性引导他前行，尤其是像强势的侯爵夫人这样充满母性的关爱的类型。里尔克的好友鲁道夫·卡斯特纳，里尔克的第八首哀歌就是献给他的，曾经很中肯地评价："里尔克在女性面前表现出他在男人面前从未有过的谦恭顺从。"①

> 侯爵夫人从来不会嫉妒。如果里尔克的心因为其他女性激发了热情，那必然有利于他生活中的诗意时刻，绝妙的诗篇都来自于此！只是他不能让他的心一直牵挂在那些蠢货身上！"您是一位伟大的诗人，您很清楚这一点。您在恋爱（我不是在发牢骚，您在恋爱，并且一再地爱，是谁，怎么样，什么内容，您全都不在乎）"，她写信给自己的被保护人。里尔克在一种感性的例外情况下陷入爱情，但是"另一方面，如果您不是那么绝望的话，您很可能写不出这么绝妙的作品。因此请您绝望吧！请您非常绝望，更加绝望吧！"②

里尔克从魏玛归来之后开始阅读歌德的作品。一个来自侯爵夫人购买的歌德文物给里尔克的新作品以灵感。他们甚至还在魏玛采购了新作使用的华丽封面。年老的歌德在一次疗养中爱上了17岁的少女，歌德委托自己的朋友萨克森-魏玛公爵在女孩儿母亲也在场的情况下向她求婚，但失败了。这一不幸引发了一部伟大的诗歌的诞生：《马里恩浴场哀歌》。侯爵夫人以此为例定下里尔克需要完成的目标，这几乎是无法实现的。

里尔克与侯爵夫人真正见面是在1909年12月13日，周一晚上5

①鲁道夫·卡斯纳：《对赖内·马利亚·里尔克的回忆》，第300页。
②同上。

点，巴黎的利物浦酒店。侯爵夫人像安娜·冯·赫尔穆霍茨（Anna von Helmholtz）、约翰娜·叔本华（Johanna Schopenhauer）或者德·斯塔埃尔夫人（Madame de Staël）一样在这里举办沙龙。人们不能把侯爵夫人的沙龙想象成爱好文艺者的聚会，又或者仅仅是妇女茶话会。受邀参加沙龙聚会的只有艺术家、政治家和艺术资助者，起码保证手里要有一大笔钱。这个沙龙是一间交易中心，在这里美人、富豪、学者、有影响力的大人物可以在自然的气氛下结识知名的艺术家和年轻的天才。双方都要有资本。里尔克不愿意成为一个大群体的关注焦点，因为他太敏感，无法应付这种场面。他需要合适的气氛、对的情绪、适宜的时间和地点才能够朗读诗歌，最重要的是就不能让他产生这种感觉：有人想要将他展示给别人看。但是因为他是一个小有名气的诗人，他必须参加沙龙聚会。这样他就有可能有机会认识聪明又富有的女士，可以被他的羞怯引得母爱泛滥，从而给予他帮助。

安娜女爵马蒂厄·德·诺阿耶

没有爱情的时间就不是时间。

侯爵夫人的客人中有一位著名的女诗人，安娜女爵马蒂厄·德·诺阿耶，比里尔克小一岁，是一位美貌佳人。她的座右铭是“没有爱情的时间就不是时间”[①]。海琳娜·冯·诺斯迪兹（Helene von Nostitz）自己也是一个沙龙常客，与这位安娜女爵有私人交往。在她的回忆录《来自古老的欧洲》中描述了1914

①海琳娜·冯·诺斯迪兹：《古老的欧洲》，第75页。

> 年之前的欧洲贵族生活，以及这位拥有热情眼眸的美人：“有的人无法忍受平庸的时光。她只想要火焰，要燃烧得越来越高，直到将她自己耗尽为止。当她停止燃烧的时候，她的存在就没有意义了。这样的火焰就是德·诺阿耶女爵。”[①]

这位女爵父亲是罗马尼亚侯爵，母亲是希腊人，她的诗歌作品早已得到法国学术界的认可，声名鹊起。她与里尔克曾经在罗丹工作室有过一次短暂的意外相遇，里尔克当时就被这位美丽女爵的光彩打动，将自己的《图像集》以贵族式的羊皮手卷本赠送给她。之后他们开始频繁地通信往来。直到几年之后，当里尔克的名字又出现在谈话中的时候，他们才开始进一步的私人见面。德·诺阿耶女爵曾经问道：“请您说说看，谁是赖内·马利亚·里尔克？”侯爵夫人的回答是：“赖内·马利亚·里尔克，这可是德国最重要的诗人之一！”[②]女爵笑着谈起她与里尔克的通信。她们谈话的时候有一种不寻常的气氛，一种让灵魂震颤的高度信任的气氛。“我还真的很想认识他。您认识他，对吧？您能为我办到这个吗？”而自信的侯爵夫人则回答道：“我知道他，但是我还没认识他呢。不过一切都没问题。您来我这喝茶，然后您就会见到您的诗人啦。”

里尔克对玛利·冯·图恩·塔克西丝表达了他需要什么：一个母亲一样的女士，他既可以向她倾诉一切，又可以在她的帮助下重建自我。这位侯爵夫人以主导者的身份将诗人握在了手里。里尔克与德·诺阿耶女爵之间的会面则截然不同。里尔克准时出现在聚会

①海琳娜·冯·诺斯蒂斯：《古老的欧洲》，第75页。

②描述出自侯爵夫人的回忆。转述自玛利·冯·图恩·塔克西丝：《回忆赖内·马利亚·里尔克》，第6、7、8页。

女诗人安娜女爵马蒂厄·德·诺阿耶，1909年12月13日里尔克在玛利·冯·图恩·塔克西丝侯爵夫人的沙龙聚会中第一次见到她。

上。女爵则以符合她重要身份的时间迟到出场。她戴了一顶巨大的、装饰着羽毛的帽子，穿着一件紧身的、完美勾勒她的身材的裙子，突然站在里尔克面前，用她的大眼睛专横地盯着他看，并直截了当地问他："里尔克先生，您怎么看爱情，怎么看待死亡？"里尔克穿了一件一直扣到脖子的绸缎背心。他感觉自己受到了突然袭击，不知所措。当他处于作家或者写信者的距离中时，里尔克可以出色地将内心领域的感情表达出来，然而与一位性感的女士面对面，彻底让他失去了语言的能力。他开始恐慌。在这种时刻就体现出沙龙中贵妇们的交际能力了。侯爵夫人用一句玩笑话打散了他们之间的性张力，然后邀请两位诗人在壁炉边就座。德·诺阿耶女爵完成了她的出场秀。现在人们开始谈论诗歌创作的技巧。女爵承认，有时候她觉得诗句的形式很难把握。于是里尔克就用他的蓝色眼睛直看入她的黑眸之中，开始反驳，他从未觉得有这方面的问题。现在他又找到了自己的角色定位，开始自信地表现自己，并且都没有意识到，女爵在用言语迎合他的同时也在引诱他。她多次问道："怎么回事呢？您没发现它有时候特别可怕吗？"里尔克并没体会到这种微妙的氛围，并且一再回答："对，没有，完全没有！"

随后女爵就像她来时那样消失了。里尔克与侯爵夫人又一起坐了很久。他们谈论在巴黎忙碌的生活，以及里尔克在她的城堡中体会到的截然不同的安宁。侯爵夫人注意到，里尔克有时候因为对美丽女爵的恐惧而发呆。里尔克对此的解释是："您应该明白，如果我能够经常见到她的话，那我的自我就将走向末日，我会成为她的奴隶，只能按照她的意愿生活了。"当里尔克回到自己的住处之后，他给女主人写了一封充满奉献精神的信，并随信奉上一束玫瑰花："殿下，请您允许我将我的尊敬奉送到您的足下。"①

海边的城堡

一只巨大老狗的无尽的善意。

侯爵夫人出生在威尼斯，杜伊诺城堡是她母亲特丽莎·冯·图

① 赖内·马利亚·里尔克:1909年12月14日与侯爵夫人的通信，引自《赖内·马利亚·里尔克与玛利·冯·图恩·塔克西丝通信集》第一卷，第4页。

恩-豪夫·瓦萨斯那伯爵夫人的祖宅。特丽莎伯爵夫人受过良好教育，她自己创作诗歌，也亲自教育女儿玛利。玛利的父亲很早去世，她9岁起就成为丧父的孩子。母亲很早开始带玛利一起阅读意大利古典主义作家，如但丁（Dante）、薄伽丘（Boccaccio）、彼特拉克（Petrarca）的作品了。随后一位天主教神父接手玛利的教育。神父住在杜伊诺，这座城堡非常戏剧性地被建在第里雅斯特海湾上方凸起的岩石上。夜里神父喜欢在花园或者海面上的露台散步，并朗诵记忆中的荷马史诗《伊利亚特》原文。小玛利总是非常兴奋，她深深地被这种陌生的希腊语发音迷住了。这位虔诚的学者也因此发现了小玛利在外语方面的天赋，并推动了她这方面的发展。他们一起阅读但丁的《神曲》。但丁也曾经是这座城堡的客人，在山脚下还有一块但丁石用来纪念他曾经的到来。当里尔克来到这个城堡的时候，这些过去幸福的学习时光再次浮现在侯爵夫人眼前。因为里尔克也在他自己的房间里或者露台上连续几个小时地朗诵他的诗歌，来回踱着步。

侯爵夫人1876年结婚，她与丈夫亚历山大·冯·图恩·塔克西丝一共育有3个孩子：埃里希（Erich）、奥根（Eugen）和亚历山大。里尔克与最小的被称为帕沙的孩子发展了特殊的友谊，帕沙的婚姻很不幸福，他在婚姻中得到了3个孩子：雷蒙德（Raymond）、路德维希（Ludwig）（又被称为路易斯）和玛格丽特（Margarete）。1910年4月，里尔克第一次来到海边的别墅。为了不给他太大负担，侯爵夫人只邀请了另外3名客人到场：鲁道夫·卡森纳、枢密大臣博德（Bode）以及他的女儿。为了给诗人足够的时间适应这一切，他们这个小团体决定一起到奇威达莱出游。里尔克则在城堡中受到了女管家格雷罕姆小姐（Greenham）的接待，并在仆人卡洛（Carlo）的安排下，住进了一个有着完美视野的边角房间，巨大的寂静环绕着他。他的房间位于城堡祈祷室和大餐厅之间。

里尔克第一次在城堡只逗留了不到一周的时间，也远不如紧接着的1910年夏季在劳特辛城堡更能让他安心休养。他曾经在这里为侯爵夫人朗诵诗歌，却也在这里失去了他的兔子。那次居住并不算愉快。在一次与侯爵夫人一起穿过森林散步的时候，里尔克突然站住对侯爵夫人说，他想要放弃作诗，然后学医。她的反对如此坚定，以至于里尔克很快转移了话题。但是她也第一次觉察到，“某种来自于最深处的恐惧与绝望的可怕爆发，有时候就会在他身上以非常特别的方式体现出来。”①尽管侯爵夫人百般警告，里尔克仍然在冬天前往埃及旅行，从漫长的埃及之旅回来后，里尔克身体更加虚弱了，他抱怨着自己既缺少灵感，也没有工作动力：

> 在我这个年纪仍然没能拥有明确的、连续不断的使命，这难道还不够糟糕吗？也有那样的人，任务这样支配他们（但是对艺术家来说他们的使命应该和穆罕默德的一样）：永远在那儿、永远准确、永远热切。这些、这些和这些。这种间歇，这可耻的未竟之事！②

侯爵夫人决定：下一个夏天必须有所改变！里尔克在劳特辛度过了很多周，那里舒适的气候仍在延续。人们按照英国的风格坐在草地上，用来自中国或者代尔夫特的瓷器喝茶。然后里尔克就会起

①玛利·冯·图恩·塔克西丝：《回忆赖内·马利亚·里尔克》，第15页。

②赖内·马利亚·里尔克：1911年5月31日与侯爵夫人的通信，引自《回忆赖内·马利亚·里尔克》第一卷，第42页。

立，在公园里朗诵他的诗歌。他总会站起来，以果决的声调有节奏地朗诵。有时他提升音调，然后又降下来，停顿很久之后，垂下眼帘低下头。

里尔克可以看见其他人看不见的，又或者在其他人那里被当成幻觉，努力无视的神秘幻象。这将他与玛利的儿子帕沙和帕沙的儿子雷蒙德联系在了一起。侯爵夫人也对灵魂的“第四维度”很感兴趣。她是通灵研究协会常年会员，研究通灵现象。这一严谨的组织于1882年在伦敦建立。1911年组织的领导者是著名的宗教学家安德鲁·朗(Andrew Lang)，1913年哲学家以及后来的诺贝尔奖获得者亨利·博格森接替他的职务成为新的领导者。召唤鬼神的巫术活动在任何时代都有，古老的以色列也不例外。当时的国王扫罗(Saul)向恩多尔的女巫求助，请求再见预言家萨穆埃尔(Samuel)的灵魂向他咨询。扫罗先是被他的神选中，随后又被神放弃。

里尔克用这个国王的故事反映出自己诗歌创作的经历，灵感是不能强求的。里尔克在他的诗歌《萨穆埃尔现身在扫罗面前》中描述了亡魂戏剧性的出场：

恩多尔的夫人大喊：我看到——
国王抓住她的手臂：看到了谁？
在凝视者描述所见之前
他自己已然得见：
那个人，他的声音还回响在耳边：
为什么打扰我？我正在长眠。
因为上天诅咒你，
因为神在你面前闭口不言

你就想要
从我口中得到一次胜利？
（……）
当年他成功
率领众人如同军旗招展
如今不敢抱怨
跌落尘埃
他的灭亡已成定数。[①]

伊曼纽尔·斯韦登伯格（Emanuel Swedenborg）的《神的奥秘》与约翰·亨利希·荣-司迪林（Johann Heinrich Jung-Stilling）的《灵魂学理论》体现出新时代学者的特点：一方面，这些学者相信自然科学，但是他们同时试图与幽灵世界建立联系。在19世纪下半叶，唯灵论有效填补了当时纯物质世界观与无神论风潮下的理论。最著名的例子就是"茜茜"：这位奥地利的伊丽莎白皇后陛下认为自己是诗人亨利希·海涅在这个世界上的媒介。她确信自己能够接收来自灵界的诗人的声音，并记录诗人口述的诗歌。除此之外，她还担任了古代英雄阿基尔（Achill）和施塔恩贝格湖溺水身亡的路德维希二世（Ludwig II）的通灵媒介。

虽然玛利·冯·图恩·塔克西丝侯爵夫人也相信看不见的幽灵世界，但是她幽默的性格使她免于沉迷狭隘的宗派信仰。她在家庭小圈子内部经常举行通灵活动，借助一种名为占卜书写板的工具记下异界传递的信息。尽管侯爵夫人是通灵组织的成员，但是让里尔

①《里尔克作品全集》第一卷，第565、266页。

克惊讶的是，她本人没有任何通灵的天赋。她的儿子帕沙被她看作最佳通灵媒介。他负责在集会期间引导铅笔记录下幽灵口述的信息。小雷蒙德也继承了父亲的天赋。他想要亲近里尔克，虽然里尔克一贯不喜欢小孩子，却还是允许他待在自己身边。可能只是为了讨好女主人，也可能他在孩子身上重新认识了自我。然而愉快的夏季田园生活突然被打破了，就像几年前他的兔子突然死亡一样，小雷蒙德突然生病了。医生诊断是猩红热。里尔克不得不启程出行。

在小孙子痊愈之后，侯爵夫人再次插手诗人的生活。她认为，诗人应该在杜伊诺城堡定居下来。杜伊诺城堡整个冬天都几乎没有人居住，里尔克也可以在这种绝对的宁静中找到灵感。计划的行程是从巴黎出发，途经普罗旺斯和意大利北部，最后到达杜伊诺城堡。侯爵夫人在维也纳有一些不得不承担的责任，让她无法继续旅行，于是她将自己的汽车和司机皮耶罗（Piero）都送给诗人使用，当然她也承担在豪华酒店过夜的一切费用。里尔克喜欢汽车以蜗牛般的速度缓慢前行，他可以尽情欣赏沿途美景。无论怎样他总算在1911年秋季到达杜伊诺城堡并在那里安定下来。几位女士连同老友卡森纳以及威尼斯的著名历史学家霍雷肖·布朗（Horatio Brown）碰巧也都在此做客。

侯爵夫人从第里雅斯特将“第里雅斯特迪诺弦乐四重奏”请到城堡来，于是海上的大露台上响起了贝多芬和莫扎特的旋律。月夜下人们倾听夜莺的歌唱。里尔克得到了安宁并开始计划新生活。他每天晚上都去侯爵夫人的内室陪伴她，并在烛光下——那里没有电灯——一起翻译但丁的《新生》。玛利·冯·图恩·塔克西丝直接将原文改写成为德语，里尔克则负责修改完善诗歌的结构。里尔克非常喜欢宁静的侯爵夫人内室，所有墙面上都用热那亚的壁纸覆盖，古老的艺术品装饰着房间：圣母像、天使和仙女。杜伊诺的玫瑰香气弥漫着整个房间。

里尔克坐在一个古老的沙发椅上。他的蓝色的眼睛闪着光，此时此刻他又变成了小孩子。他倾听侯爵夫人讲述的故事，关于这个城堡很久以前的居住者，那些早已故去的人，感受他们无法看见的存在。他在内室的抽屉和箱笼中随意翻找，让那些花边、面纱、宽腰带、儿童衬衣、小裤子、吊袜腰围等从手上滑过，并花费大量时间制作女士内衣物品清单，与女性装饰一起度过宁静又满足的消遣时光。里尔克热爱这些优雅女士们的秘密世界，就像当年面对他母亲的内衣一样。秋天到了，侯爵夫人即将启程离开。人们一起在城堡的众多房间中挑选一个条件最好的供诗人独自居住。在一处厚厚的冬青栎墙中间有一个亭子间，从那里看出去正好可以看到大海。两个模糊的女性身影站在正对着房子的柱子边。里尔克只看了一眼亭子间，就要立刻搬进去住。

侯爵夫人很惊讶，但是里尔克想起了小艾米丽，想起那个像是被施了魔法一样的亭子间。这个小房子里面没有家具，没有自来水管，也没有冬季供暖设施。尽管如此里尔克也没闲着，成套的家具从城堡外面运进来。但是随后理智又占领了主导，他最终还是搬到了另一个适合居住的大房间去。那是一个边角房间，拥有一处凸出的观景区，向左可以看到第里雅斯特和伊斯特里恩，向右则能毫无阻碍地看到阿奎莱亚乃至格拉多的环礁湖。在书桌上方挂着一位4岁小女孩的画像：年轻的小女爵的肖像画。然后离别的时刻到来了。

里尔克终于一个人了，却仍然无法集中精力创作。他感觉自己就像国王扫罗一样，连续几个小时在房间里踱来踱去，吟诵着自己的诗歌。老仆卡洛曾经服侍过城堡里无数的客人，但是从未见过像里尔克这种类型的。他服侍这位唯一的客人在卧室旁边的大餐厅里用餐，“他就像一只老狗允许随便哪一只小狗从他碗里吃东西一样，用无尽的善意对待我。”①

里尔克周围萦绕着最伟大的寂静，然而他的内心却无比嘈杂，这让他完全无法投入工作。他感觉自己像安东尼奥（Antonius）一样在埃及的旷野中孤独地漫游，被魔鬼引诱，或者像约翰内斯（Johannes）一样隐居在帕特莫斯岛，被宏伟壮丽的幻象迷惑。里尔克想尽一切办法控制自己的不安。他考虑调整工作节奏，晚上工作。女管家也为他准备了素食，但可能是她选择的材料不是纯天然的，里尔克向她打听食材的供应商，并去除了一部分不安因素。人们向他保证，农民是可以信任的。可能他少吃一餐会有效果。本来他就一直过着禁欲的生活，现在他开始严肃地考虑，是否要放弃他的最爱晚餐——粥。只有晚上从城堡走向海边才能让他放松一点。他喜爱在这里散步，迎着风朗诵诗歌，侯爵夫人的狗——彼得，有时候会陪伴他一起散步。

第一部《杜伊诺哀歌》

因为美丽并不是恐惧的开始……

在杜伊诺度过的圣诞前夕恰逢里尔克情绪的最低点。朋友从柏林给他寄来一棵矮杉树，上面还挂着松球以及五盏小灯。里尔克从树上剪下一枝放到点燃的烛火上。来自童年时光的圣诞香气再次弥漫开来。烛光摇曳中现在似乎变得模糊起来。里尔克毫不留情地探

① 赖内·马利亚·里尔克：1911年12月15日与侯爵夫人的通信，引自《赖内·马利亚·里尔克与玛利·冯·图恩·塔克西丝通信集》第一卷，第75页。

母亲一样的女友玛利·冯·图恩·塔克西丝侯爵夫人。里尔克在她位于第里雅斯特的杜伊诺城堡完成他的《杜伊诺哀歌》第一部分。

查自己灵魂的深渊。他就是一个“怪物”，他这样剖析自我，比对待任何其他的存在都还要深刻、痛苦、不间断；这样的一个怪物，真的可以精准地用语言表达清楚人与人之间运转的根本以及他自己吗？①这一晚与他和母亲共度的宁静、神圣的夜晚完全不同。

在里尔克给侯爵夫人写圣诞信的时候，他总是在观察她那幅童年油画，随后他的思绪就回到了世纪之初。他想起他的妻子、女儿、所有失去的人、他的大黑狗。那条狗是沃尔普斯韦德的一个农民送给里尔克的。这条公狗却有着古代女神的名字：朱诺。农民出于对古代神话的无知而单凭发音选择了这个名字，也可能是根据香烟商标上的“朱诺”取的。里尔克离开了他的狗、孩子和妻子。在这个圣诞夜，他无比清楚又痛苦地意识到这一点。在1月的第一周，里尔克继续毫不留情地自我批判。国王扫罗因为绝望而自杀，里尔克却活下来了。因为一股突如其来的创作冲动，促使里尔克投入他最重要的诗歌创作中。

1912年1月12日，他像往常一样在周四从城堡走过台阶前往海边。可能这次也有忠诚的彼得陪伴他。风不断变换方向吹拂着杜伊

①赖内·马利亚·里尔克：1911年12月24日与侯爵夫人的通信，引自《赖内·马利亚·里尔克与玛利·冯·图恩·塔克西丝通信集》第一卷，第79、80页。

诺城堡，一会儿是冰冷的布拉风，一会儿是非洲热风。最易受天气影响的诗人对这两种风都无力承受。今天吹的是强烈的布拉风。但是这风竟然出乎意料地让他感觉不错。他再次朗诵诗歌，古老的早已为人熟知的诗歌，但是突然间，说话的不再是他本人。就像是他体内的什么力量在说话，而他成为传达的媒介。他听到以下的句子，并记在他的日记中：

如果我哭喊，各级天使中间有谁
听得见我？即使其中一位突然把我
拥向心头；我也会由于他的
更强健的存在而丧亡。因为美无非是
我们恰巧能够忍受的恐怖之开端，
我们之所以惊羡它，则因为它宁静得不屑于
摧毁我们。每一个天使都是可怕的。
于是我控制自己，咽下了隐约啜泣之
诱唤。哎，还有谁我们能
加以利用？不是天使，不是人，
而伶俐的牲畜已经注意到
我们并不十分可靠地安居在
这被解释的世界里。[1]
（哀歌第一首）

里尔克在这首《杜伊诺哀歌》著名的开篇中，诗意地描述了他无

①《里尔克作品全集》第一卷，第685页。

尽的孤独感，甚至连城堡里的狗都有自己的位置。在哀歌的第二首诗中里尔克谈到了后人伪造的保护神之书《托比特》。年轻的托比亚斯（Tobias）在他的保护神和狗的陪伴下度过人生旅程。但是里尔克的童年天使现在在哪儿呢？在圣诞夜的香气中？或是在他的妻子、孩子、母亲那里吗？信仰、信任、信念都溜到哪里去了呢？在这些孤独的时光中守护天使在何方？里尔克用一个问题包含了人生中的全部苦难："托拜厄斯的时光到哪里去了？"（哀歌第二首）[①]

在那间拥有绝佳海景的房间里，里尔克像"疯子一样"[②]写下了哀歌的前两首。他情绪高昂。突然他又接收到其他的诗句，关于上帝诞生的主题诗歌迅速产生，又很快消失了。那个被母亲索菲亚·里尔克献给圣母的孩子，现在感觉自己经历着马利亚的痛苦：得到纯洁的恩典馈赠，因为与既庄严又可怕的圣者相遇而震惊，因为他看起来比所有人类的一切都更伟大。完成《马利亚生平》之后，连续数日又先后产生了很多哀歌的片段。里尔克面前已经浮现出哀歌整体的结构。从孤独的深处找到一条通往天使的道路。就像童年时期，他和母亲跪拜在天使的吟唱中一样，在路的尽头必然存在人类与天使的合唱。里尔克期待着他"欢呼、颂扬着赞同的天使们"[③]。（哀歌第五首）

就像一个流浪者站在目标的最高山峰面前，里尔克抬头仰望着天使与人类的再次统一。在这里生命中的一切矛盾全都消弭无形。生者与死者之间再也没有任何不同。一切都是纯粹的现在，一切都是永恒：

---

①《里尔克作品全集》第一卷，第698页。

②赖内·马利亚·里尔克：1912年1月12日与侯爵夫人的通信，引自《赖内·马利亚·里尔克与玛利·冯·图恩·塔克西丝通信集》第一卷，第91页。

③《里尔克作品全集》第一卷，第721页。

但是生者

都犯了一个错误，他们未免过于泾渭分明。

天使（据说）往往不知道，他们究竟是

在活人还是死人中间走动。永恒的激流总是

从两个区域冲走了一切世代

并比两者的声音响的更高。①

（哀歌第一首）

里尔克并未描述天使的外观，但他指出了他们的面容。他们模糊的像是“怀孕的妇女的脸”。（哀歌第二首）②那条通往高峰，消弭一切生命的对立与内在的矛盾的路究竟在何方？创作危机再次归来。此外，城堡中还发生了一件不幸的事：格雷罕姆小姐从一段陡峭的楼梯摔下来，头部受伤。里尔克开始担心他的饮食烹调问题。他请求侯爵夫人派人从波希米亚送苹果过来。“我在不同时期都有过类似的经历，几乎不吃别的，在吃饭的时候吃苹果，它们更容易转化为智慧精神。”③

他充满信任地将前两首哀歌抄送给侯爵夫人，一箱波希米亚的苹果到达城堡。但是这个曾经的万灵药现在却不起作用。里尔克无法专注精神，如坠深渊。

①《里尔克作品全集》第一卷，第688页。

②同上，第690页。

③赖内·马利亚·里尔克：1912年1月16日与侯爵夫人的通信，引自《赖内·马利亚·里尔克与玛利·冯·图恩·塔克西丝通信集》第一卷，第96页。

马尔特·亨内贝特与爱莲诺拉·杜丝

您想要帮忙——但是有什么需要帮忙的吗？

记忆再次浮现，连同罪恶感。里尔克回想起去年夏天他在巴黎认识的一个姑娘。那个穷困潦倒的女孩儿——马尔特·亨内贝特就像他的女儿一样。里尔克在艺术家村附近的雕塑家斯蒂潘·埃尔茨亚（Stepan Erzia）那里遇见她，并在德国女画家海德威西·叶恩内希-沃尔曼（Hedwig Jaenichen-Woermann）身边将小姑娘马尔特安顿下来。她可以在那里学习管理家务，过正常生活。每当里尔克处于危机中，他眼中就到处都是和他一样的人。一条公路上四处游荡的狗就让里尔克仿佛看到了自己的倒影，他从马尔特身上看到自己饱受伤害的女儿形象。这个女孩什么都没学过，她一直在艺术家们中间流浪，做模特。里尔克想要救她。或许有一天，她能够成为他身边的女管家？

1912年2月16日，马尔特·亨内贝特满18岁了。里尔克最喜欢的消遣活动变成为她寻找一份合适的生日礼物。他很有些冒昧地要求侯爵夫人帮他订了一个椭圆形的纪念章，那有可能是从古董铺子里买到的，上面刻着马尔特的出生日期。马尔特除了学习烹饪之外，把剩余精力全部投入绘画学习上，还取得了不小的进步。侯爵夫人很清楚，没有人能够强求哀歌的进展。她对已经收到的哀歌已经非常满意了，并在精挑细选的客人们中间朗读它们。她还尝试将哀歌翻译成意大利语，并获得成功。

1912年才刚刚开始，但是对里尔克的诗歌创作来说已经结束了。里尔克又开始抱怨，冰冷的布拉风和非洲热风、不安的状态、注意力不集中的困扰等等。侯爵夫人也有自己的烦恼。她感觉自己

著名女演员爱莲诺拉·杜丝，1912年与里尔克在威尼斯初次见面。里尔克将他的剧本《白衣侯爵夫人》献给她。

像是一个被人们关在鸡棚里的恐龙，她的儿子帕沙很不幸福，她的哥哥又被妻子利用。里尔克计划与马尔特到山上居住一段时间，侯爵夫人则要去维也纳赛马、赛车权做消遣。夏天到了，里尔克回到威尼斯，并且非常奢侈地居住在瓦尔马拉纳宫。他在那遇见了爱莲诺拉·杜丝。里尔克早在写《白衣侯爵夫人》的时候，就已经非常仰慕她，并为她写了一首诗《图像》。

里尔克认为这次相遇绝对不是意外。玛利·冯·图恩·塔克西丝则完全不这么看。杜丝享有世界声誉，但自1910年起她就已经陷入低谷，开始随心所欲、忽略自己的外表，直到胖得奇形怪状。而按照好友鲁道夫·卡森纳的判断，里尔克偏爱强壮的女人，比如那个“米兰的歌唱家斯卡拉（Scala），已经一把年纪，有一头海牛那么重，后背宽得像内衣柜，从她强有力的脖子里发出的声音能压过一整个乐队。里尔克偏偏就爱她，因为她能让他平静，这一点没有任何可以怀疑的地方，她拥有里尔克始终欠缺的体质。”[①]

侯爵夫人讽刺地说：“这个杜丝就像是为了让这位柔弱的诗人振奋起来而生的一样。她拨动了他的心弦。但是这一切破碎得多么快啊！”杜丝站在一个悬崖边上，里尔克想要帮助她，就像他相信他能够帮助马尔特一样。侯爵夫人面对无助的帮助者，里尔克做出了果决的反应：“您想要帮助——但是有什么需要帮忙的吗？您让我都觉得有点害怕了。”[②]侯爵夫人赞美杜丝的人生成就，但是现在，她只是一个病态的、逐渐衰老的、深陷不幸中的女人，她正因为忧郁和劳累而处于失常状态，前景一片灰暗。

尽管杜丝已经启程离开威尼斯，但侯爵夫人在拜罗伊特无聊地找消遣的同时，仍然非常担心她的敏感的诗人。瓦格纳的《帕尔齐法尔》正在上演，可那都是些什么样的观众啊！过去来的都是英国和法国的客人，现在只剩下说德语的人了。没有熟悉的面孔，只有“吵闹失礼，穿着糟糕，举止粗俗的人们”。[③]这种类似的感想，在回顾古老欧洲的历史的时候已经被当成“一战”时期的禁忌了。自1912年夏天起，迫在眉睫的战争越来越成为侯爵夫人信中的主题。

---

①鲁道夫·卡斯纳：为《赖内·马利亚·里尔克与玛利·冯·图恩·塔克西丝通信集》所写的导论，第31页。

②玛利·冯·图恩·塔克西丝：1912年7月27日与里尔克的通信，引自《赖内·马利亚·里尔克与玛利·冯·图恩·塔克西丝通信集》，第183页。

③玛利·冯·图恩·塔克西丝：1912年8月8日与里尔克的通信，引自《赖内·马利亚·里尔克与玛利·冯·图恩·塔克西丝通信集》，第191页。

西多妮·纳德尼·冯·博鲁特

太强大，太独立，太固执己见。

每当里尔克的生活陷入绝境的时候，他就会换个地方重新开始。那个夏天他也这么做了：里尔克再也受不了在威尼斯的生活了。他逃走了，在见马尔特之前。这位刚收到丰厚的礼物馈赠的小姑娘已经辞职，并在没有找到下一个目的地的情况下，离开了巴黎。里尔克猜她有可能会来威尼斯。因此他向同样住在瓦尔马拉纳宫中的女士路易莎·希塔德拉（Luisa Cittadella）倾诉了马尔特的故事。他本人却是不能再待在威尼斯了，马尔特想要从他身上得到的温暖，他无法给她。做什么呢？里尔克前往慕尼黑，并因此走向了另一个危机。

诗人住在慕尼黑的“马里昂巴德旅店”。他在这里先遇见了一个老熟人：西多妮·纳德尼·冯·博鲁特，昵称席蒂（Sidi），是一位年轻的波希米亚男爵夫人。她和母亲一起在雅诺维斯城堡举办沙龙聚会，里尔克也曾多次成为座上宾。席蒂是个聚会女王，她美丽如画、风趣机智，并经常借此挑衅身边的男士们。她唇边的每一个词，她的任何一个眼神都能燃起精神的火焰。席蒂拥有无与伦比的社会关系，里尔克非常需要这个。但是想要与她私下相会绝不可能，席蒂非常清楚，人们期待她带来的就是一桩门当户对的联姻。与一个地位重要的男人发生一段激情满满的罗曼史，对男人来说当然不受影响。

旅途中里尔克陪同席蒂和她母亲一起浏览罗丹展览，他对展览中的一切如数家珍。最终二人开始频繁通信，席蒂非常坦率地表示想要通过性来加深二人的关系，但里尔克拒绝了。席蒂对他来说太强大、太独立、太固执己见。于是一年后她在维也纳与卡尔·克劳斯（Karl Kraus）发生了一场激情的桃色事件，卡尔·特劳斯是一个杰出的思想家，拥有迅速又敏锐的判断力，性格好斗，当然在性方面也与里尔克完全不同。卡尔·克劳斯被很多人称为20世纪最伟大的批评家，他为席蒂写了许多情诗并将它们奉到她的足下。

里尔克回到慕尼黑之后，花费大量时间看病。他的牙齿神经疼痛，需要进行治疗。他的母亲也回城了，里尔克在很久之后又一次见到女儿露特，她那时已经11岁了。会面非常短暂，父亲因为见到女儿极其激动，甚至并没有看清楚，他面前的究竟是谁。他将露特神化为一个爱人，或者说一个神圣的对象。侯爵夫人努力让他清醒过来："你的小女儿这样美好，我也非常高兴，也很高兴认识她，但是，要她成为'一个伟大的爱人'，你确定要赐予她这样的牺牲吗？"[①]

可能里尔克在女儿身上看到了小艾米丽的身影，那个和他一起在意大利度过美好夏季的小姑娘。这个年少的爱人让里尔克在之后的岁月里始终念念不忘，尤其在写给玛丽安娜·阿尔克弗拉多（Marianna Alcoforado）的信中，这些信以《致葡萄牙修女的信》为名出版。里尔克认为她是真的，但是她并不存在。这个臆想中的修女对纯净的诗人来说，像是他追求的有效的自我形象的一个放映屏幕一样。圣人爱纯粹。这种一再重新燃起的爱也停驻在诗人心中。可能在圣人的生活中才有他真正的使命？他内心始终艰难地斗争着，是否应该在慕尼黑接受心理治疗。在他最深处的核心中谁是赖内·马利亚·里尔克？当然是一个圣人。侯爵夫人试图让里尔克更接近尘世，于是她让里尔克想起自己的诗人使命：

"不，希拉费科博士，即使您整日整夜跪在地上（当然用的是您

① 玛利·冯·图恩·塔克西丝：1912年10月15日与里尔克的通信，引自《赖内·马利亚·里尔克与玛利·冯·图恩·塔克西丝通信集》，第203页。

的精神的膝盖下跪)，您也不是‘圣人’，这很好，一个圣人是写不出哀歌的。”①

亡灵建议他进行西班牙之旅

是雷蒙蒂娜(Raymondine)在说话吗?

马尔特这部作品的诞生早有预兆。侯爵夫人留下她的通信地址，然而里尔克不想与她联系。他认为，自己已经在慕尼黑浪费太多时间了。因为原本他计划要在1912年晚秋时分前往西班牙。里尔克的西班牙之旅源于杜伊诺城堡的一次通灵集会。人们连续四天聚集在一起，想要在降神会上召唤幽灵。侯爵夫人的儿子帕沙再次充当通灵媒介，在占卜写板上做记录。事实上他们很快就招来了幽灵，里尔克认为来的很有可能是著名的家庭幽灵：雷蒙蒂娜或者是那个15岁就夭折了的保利克纳(Polyxène)。

因此他问：“是雷蒙蒂娜在说话吗？”

幽灵回答：“不，我是那许多爱过的人中的一员，对你来说只是一个陌生人。”

“你能为露特或者我做什么吗？”

“保护你们，爱你们”。②

---

①玛利·冯·图恩·塔克西丝：1913年1月5日与里尔克的通信，引自《赖内·马利亚·里尔克与玛利·冯·图恩·塔克西丝通信集》，第254页。

②集会记录来自复印件：《赖内·马利亚·里尔克与玛利·冯·图恩·塔克西丝通信集》第二卷，第899、900、901页。

接下来的对话几乎没有透露什么指示。这位陌生人拒绝透露他的姓名。当里尔克前往西班牙，他在托莱多的桥下忽然想通了所有谜题的答案。亡灵提到了露特，里尔克的女儿会给他答案。在托莱多？父亲会在托莱多遇见女儿吗？幽灵只是用影射的话语暗示了什么，很多情形仍然是个谜。集会的其他参与者想要得到其他的指示：在巴约那可以解开一切谜题。那里，“当刀剑温柔地依偎在天使身边的时候”，里尔克就可以再次开始着手他的哀歌了。

侯爵夫人继续主持午夜的通灵集会，并且在了解到诗人因为来自幽灵界的不当消息而不安的时候，坚决地命令幽灵继续。那个显然是一个早夭的孩子的幽灵，驱散了她的担忧：“妈妈，不要担心，因为我会让他好好的。”随后他再次提到会面地点：桥下。那里会有天使讲话。而且幽灵还透露了更多信息。话题谈到了动物，他也认识里尔克，还曾在里尔克的兔子死掉之后陪伴他度过那个夏天。这个话题引起众人的兴趣，但是幽灵开始不耐烦了：“关于动物已经说得够多了”，并且重复，这其中的关键是什么：里尔克会在西班牙再次开始工作。

关于旅行的开销已经不需赘言，侯爵夫人以一贯的大手笔安排妥当。最后一次集会中另一个幽灵用英语现身了。侯爵夫人接手了对话：

> 请问谁在这里？
>
> 不是朋友

幽灵不肯泄露姓名，甚至无法诱使他给出消息。但是晚上帕沙却做了一个关于托莱多的梦。目的地已经非常明确。

那个指示里尔克前往西班牙的幽灵，后来又经常出现。因为他不肯公布自己的名字，他在里尔克与侯爵夫人的通信中始终被称为“无名人士”。侯爵夫人是怎样确定他的性别的，不得而知。她是否真的相信这个幽灵的存在，也没有必要解释。从她与里尔克的通信目录索引中我们能看到有49次提到了“无名人士”，18次提到克拉拉，20次提到里尔克的女儿露特。对侯爵夫人来说，最重要的是里尔克重新开始哀歌地写作工作了。这种异界的消息，某种程度上也算是一种对被保护人（里尔克）的有效操控方法。

里尔克在西班牙（1912年11月1日—1913年2月24日）并不开心。旅途经过托莱多、塞维利亚、科尔多瓦最终到龙达。和他的埃及之旅一样，里尔克在西班牙与狗又发生一次奇怪的相遇。他在开罗曾被一只狗咬伤，这一次是在科尔多瓦，他坐在一家街边咖啡馆，一只难看的母狗穿过马路跑向他。里尔克发现它怀孕了。这只狗仰头看他，里尔克久久地凝视它的目光，在那里发现了他自己：他就是这只狼狈的狗。里尔克酷爱糖类并且经常大量摄取。现在他却把一小块糖类库存分享给这只狗，他从咖啡杯边上拿了一块糖递给它。

在龙达，里尔克写出了第六首哀歌的开篇诗，主题是英雄。里尔克赞美男性的繁殖力：“你的弯曲的枝条，就像喷泉的水管，让汁液向上又向下流动”[①]还有一些前后没有联系的零散诗句。灵感的源泉枯竭了，里尔克再次陷入低谷，没有什么能让他重燃热情。在这种情绪指引下，他倾向于与所有已经找到一处固定之所的人划分界限。当他来到天主教的西班牙时，他格外清晰地感觉自己的无家可归受到挑衅。一种几乎是暴怒的反基督教思想充斥他的大脑，他写

①《里尔克作品全集》第一卷，第706页。

信给侯爵夫人并谈论他阅读的《古兰经》。

里尔克宣告基督教的终结。这一宗教如同水果，它的果汁已经被吸吮一空，剩下的只有吐出的果壳残渣，却又被新教教徒和美国基督徒拿去再次冲泡。里尔克认为，穆罕默德离他更近一些，因为伊斯兰教不像基督教那样需要有中间人才能与神沟通。人们可以直接与穆罕默德的神沟通，“不需要经过‘耶稣’这个电话机的中转，还要不停大喊：喂！谁在那儿呢？却没有人回应。”这次的论战远低于他的平均水准。里尔克自己也清楚这一点并且继续道：“夫人，我跟您说，（不，不，您必须相信我），从我的内心深处，从根本上来说，必然有些什么不一样的，不然世上的一切奇迹都是徒劳。我在这里立刻再次发现，在我自己身上浪费了多少，神圣的安吉拉也经历过类似的事情。”[①]

与马尔特重逢

我根本不是什么爱人……

1913年1月里尔克返回巴黎，他在这里与马尔特经历了一次悲伤的重逢。这位年轻的姑娘与里尔克共度一晚，在巴黎的酒馆与大街小巷四处游荡。里尔克在一个俄国艺术家的工作室找到马尔特。她穿着一件罗马束腰长袍，额上戴着一个金色的头饰，赤脚穿了一双凉鞋，一看见里尔克就向他冲过去。她想去跳舞，跳舞！两人乘车前往内城。里尔克这次是突然来访，马尔特眼睛里闪着光，她花了

① 赖内·马利亚·里尔克：1912年12月17日与侯爵夫人的通信，引自《赖内·马利亚·里尔克与玛利·冯·图恩·塔克西丝通信集》第一卷，第246、247页。

整整一天的时间洗澡、梳头、穿衣服、换衣服，反复梳妆打扮。她似乎已经有预感，今天会有一次特别的惊喜。她现在是一个陷入爱情中的小姑娘，愿意委身于他。但他们最后也没有去跳舞。里尔克会写绝妙的关于跳舞的诗歌，特别是关于弗拉明戈舞《西班牙女舞者》，但是他本人始终无法放松下来，更不用说舞蹈了。马尔特很失望，之后他们又错过了最后一班市郊班车。

里尔克的住处虽然就在附近，但是他不敢带马尔特进去。于是他们一直在“冷酷的郊区”四处游荡，这个孤独的爱人之夜对马尔特影响至深。那个俄国艺术家将马尔特关在大门外，马尔特别无他法，只能在一个姐姐家暂时栖身，随后又染病在身，她感觉自己被里尔克抛弃了。于是她做了一个决定，她一大早就从病床上爬起来，走到里尔克的住所外，不停地敲门。里尔克当时正在写信给侯爵夫人，讲述与马尔特度过的忧伤的夜晚，听到敲门声只好放下笔，打开门，然后沉默不语。

他送了一本书给马尔特，是法国外交官兼作家保罗·克劳德（Paul Claudel）写的《马利亚福音》。克劳德与画家路易斯·扬莫特（Lois Janmot）以及里尔克非常欣赏的圣徒传记作家恩斯特·荷洛（Ernst Hello），都属于法国天主教革新运动的参与者。他的戏剧赞美圣母玛利亚的牺牲精神与谦恭。在马尔特接受克劳特作品的影响的时候，里尔克继续向侯爵夫人报告近期经历。他对她说那些他不敢当面告诉马尔特的话：他没有爱的能力，尽管他被如此深爱着。一如既往，只要里尔克谈到他的界限与性格弱点，他总是同时在无声指责他的母亲：

“我从来不是一个可以爱别人的人，爱只能从外界侵袭我，因为从来没有人可以彻底动摇我，可能，因为我甚至都不爱我的母亲吧。我在这个小小的、富有的造物面前显得如此贫乏不幸，在这样一个更大胆、并未受到伤害的人，自然身边本应该无限地心醉神迷。但所有的爱对我来说都是辛苦、偿还、过度疲劳，只有在上帝面前我才无忧无虑，因为爱上帝意味着进入、行走、停止、休息，并且万物都沐浴在上帝的爱中。”①

面对诱惑与自我怀疑让里尔克的人际交往变得非常艰难，但是这些也使得他坚持追求欲望的满足。这一点直到里尔克最后完成哀歌才得以实现。但是要等到那时实在太久了。里尔克先在黑森林的巴特里坡德索疗养。随后应海琳娜·冯·诺斯蒂斯（Helene von Nostitz）之邀，前往波罗的海继续疗养。她既是未来的帝国首相保罗·冯·兴登堡（Paul von Hindenburg）的外甥女，也是外交官格奥尔格·赫尔伯特·明斯特·冯·德纳伯格（Georg Herbert Münster von Derneburg）的外孙女，里尔克与她在罗丹的工作室有过一面之缘，罗丹在给这位美丽的女作家兼沙龙达人画肖像。海琳娜·冯·诺斯蒂斯来到海利根达姆的“格兰特旅馆”消夏，附近就是著名的梅克伦堡。里尔克被这里的风景迷住了，想要连续数周都在海边与山毛榉林宁静幽雅的环境中消遣。然而当他入住海利根达姆的时候，一切都和他想象的完全不同：到处一片喧嚣。人们在沙龙聚会跳舞，香槟酒的木塞砰砰响个不停，旅馆门外车鸣马嘶，车子一辆接着一辆开进来。海利根达姆盛大的赛马比赛已经开始。里尔克非常吃惊并打算离开。海琳娜·冯·诺斯蒂斯试图安抚这位受惊的诗人，将他带到了山毛榉林：“这就是我跟您提过的安宁之所，其他的喧闹只要几

①赖内·马利亚·里尔克：1913年3月21日与侯爵夫人的通信，引自《赖内·马利亚·里尔克与玛利·冯·图恩·塔克西丝通信集》第一卷，第279、280页。

个小时而已，请您留在这儿吧。”[①]

里尔克停留的比预定的还要久。在与他的女资助人一起散步的时候他喜欢掏出笔记本或者倚靠在树边朗读弗朗茨·韦尔弗（Franz Werfel）的诗歌。一场海琳娜·冯·诺斯蒂斯在疗养院大厅举办的音乐会之后，她与一位年长的骑兵上尉谈天，里尔克有些疏远地站在一边。这些天到处都在谈论迫在眉睫的战争。骑兵上尉的目光略过瘦削的诗人，问这位钢琴家："当战争与死亡威胁到我们的时候，他能用他的诗歌抵挡吗？"海琳娜·冯·诺斯蒂斯回答道："我相信他能坚持。"[②]

夜晚里尔克总是独自度过。他翻译了露易丝·拉贝（Louise Labé）在法国备受欢迎的24首十四行诗并大量地写信。他请求侯爵夫人将占卜板邮寄给他，因为他想要与那位无名人士重新建立联系。玛利·冯·图恩·塔克西丝整个夏天都待在劳特辛的城堡里，她的儿子帕沙始终处于抑郁状态，并在隔壁的房间以郁郁不乐的方式消遣时光。

"这些天是这样的，我为大多数人穿上的快乐的、认同生活的盔甲，现在一下子破碎了，但是我们必须重新修好它。"[③]

能够帮助里尔克重新与无名人士联系起来的占卜板，被侯爵夫人远渡重洋地邮寄到里尔克身边。她还感谢里尔克给她送过去的露易丝·拉贝的十四行诗，同时催促里尔克不要被琐碎小事分散注意力，他什么时候才能继续创作哀歌？她恳求他：

①海琳娜·冯·诺斯蒂斯：《古老的欧洲》，第164页。

②同上，第166页。

③玛利·冯·图恩·塔克西丝：1913年8月10日：与里尔克的通信，引自《赖内·马利亚·里尔克与玛利·冯·图恩·塔克西丝通信集》第一卷，第306页。

> 但是，哦，希拉费科博士(dottor serafico)，什么时候能收到第三首哀歌？它必须来——它必须来！它必须来！①

里尔克并没有继续开始这项工作。侯爵夫人在此期间也有别的烦恼。牙疼始终困扰着她。她对维也纳的牙医非常失望，里尔克则热情洋溢地推荐他在柏林的牙医查理·博德克(Charlie Bödecker)。里尔克从海利根达姆出发，经由库尔福尔斯特达姆路线前往柏林治疗。现在诗人又开始舌灿莲花了，他的医生博德克也可以帮助侯爵夫人治疗牙疼，这样她就可以在秋天的时候，在杜伊诺城堡着手翻译《杜伊诺哀歌》了。陪伴她的是一位文化造诣很高的神职人员帕特尔·吉尼奥尼(Pater Ghignoni)，她还与他一起研究保罗斯的信。他不认同通行的拉丁文《圣经》，因为这个版本的翻译完全没有质量可言。于是他与侯爵夫人一起直接从希腊文原本进行私人《圣经》研究。

里尔克的生活仍然处于不安状态。为了女儿露特的入学问题，里尔克前往慕尼黑与克拉拉见面，二人讨论离婚的问题。然后他继续前往巴黎，尽管他也不知道他究竟来这里干什么。里尔克考虑自己是否可以在巴黎大学办理入学，研究埃及学或者阿拉伯学。侯爵夫人认为这完全不是一个好主意。之后里尔克就开始全身心投入克莱斯特作品研究中，并且非常兴奋。他将这位诗人比喻成鼹鼠，他们同样在一片漆黑中寻找自己的道路，并且永远不知道他们会在什么地方将鼻子再次探出土壤。侯爵夫人又找回了过去的状态。她自30年来再次弹起钢琴：贝多芬的奏鸣曲。“我们什么时候能见一面

① 玛利·冯·图恩·塔克西丝：1913年8月10日：与里尔克的通信，引自《赖内·马利亚·里尔克与玛利·冯·图恩·塔克西丝通信集》第一卷，第305页。

呢？您这个鼻子上满是土的鼹鼠？”[①]她写信给里尔克并告诉他自己将要到达巴黎。但里尔克拒绝她的来访，侯爵夫人无论如何也不应该来。他感觉自己处于纯粹的孤独当中，像一只正在换羽的鸟。

“我彻彻底底受够了巴黎，我早就知道，这是一个诅咒之地，但是那时有一个天使给我阐释了那该死的痛苦。”[②]

现在那个可以消除生活中的一切矛盾与死亡的天使又在何处呢？

玛格达·冯·哈廷根

音乐，音乐：它本该如此。

1914年1月，里尔克收到一封未署名的来信。这是来自那位通灵活动中的无名人士吗？是那个指引他前往西班牙的幽灵吗？钢琴家玛格达·冯·哈廷根读过里尔克的《亲爱的上帝的历史》之后想要用最美妙的词语感谢诗人。因为她不知道里尔克的具体地址，所以她将收信地址写到了岛屿出版社，但是没有留下任何寄信人的信息，因为她根本没有指望会得到任何回应。一周之后，她却收到了一封内容丰富的回信，里尔克被感动了，他相信这是命运的安排。

音乐！对，音乐的语言可以让他回归自我！他一再考虑心理治疗的问题，却始终不敢迈出最后一步。但音乐中同样蕴含着治愈的力量！难道大卫的琉特琴演奏没有偶尔帮助扫罗王吗？里尔克在诗歌《大卫为扫罗王歌唱》中歌颂了音乐的治愈力量，并表达了治愈自

---

①玛利·冯·图恩·塔克西丝：1912年12月21日与里尔克的通信，引自《赖内·马利亚·里尔克与玛利·冯·图恩·塔克西丝通信集》第一卷，第338页。

②赖内·马利亚·里尔克：1913年12月27日与侯爵夫人的通信，引自《赖内·马利亚·里尔克与玛利·冯·图恩·塔克西丝通信集》第一卷，第344页。

玛格达·冯·哈廷根，里尔克的缪斯：本弗努塔，1914年2月，里尔克在柏林认识了这位钢琴家。

己思想与感性生活的渴望：

你了解的少女正在绽放
她们现在成为少妇，引诱着我
你可以感觉到处女的气息。[①]

---

①《里尔克作品全集》第一卷，第488页。

他利用在西班牙的龙达停留的唯一一天写下这首诗，并且坚信：只要这位年轻的女音乐家出现，他就会得到救赎。“音乐，音乐：它本该如此。”[①]玛格达的信引发了里尔克强烈的倾诉欲望。又是关于他的生活的老故事：童年的情景、学校时期的经历、关于俄国的回忆、巴黎、对过于虔诚的母亲的抱怨，其间穿插着呼喊：“美丽的心，我的心是怎样，怎样涌向您的啊。”[②]之后他又开始描述巴黎、他的家庭、街角的邮局——对里尔克来说那个邮局比任何饭店都要重要——以及那条不被允许进屋的狗，它的头奇怪地下垂着，在门前等待主人的归来。

里尔克称这位新女友为本弗努塔（Benvennuta），意为受欢迎的人。但是很快他又开始用习惯的方式抱怨失眠的夜晚、创作障碍、需要被表达出来但是却无法找到准确语言的感情。他用这种方式编织出依赖的大网，将本弗努塔缠绕到自己身边，为他承担责任。她开始关心里尔克的身体健康、感觉她对他负有责任、有罪恶感。里尔克恳求她，并将他们刚刚开始的远距离关系提升到更大的领域。他们从永恒的过去就已经注定为彼此而生，上天的使者围绕着她就像围绕着圣母一样：“哦，本弗努塔，在你的音乐中有天使围绕着你，在你的喜悦之中有天使围绕着你，在你情感的纯洁中有天使围绕着你！”[③]随后二人决定在柏林第一次见面。

从永恒的过去就已经注定为彼此而生的一个男人和一个女人，

---

① 赖内·马利亚·里尔克：1914年1月26日与玛格达·冯·哈廷博格通信，引自玛格达·冯·哈廷博格：《里尔克与本弗努塔》，第16页。

② 赖内·马利亚·里尔克：与玛格达·冯·哈廷博格通信，日期不明，引自玛格达·冯·哈廷博格：《里尔克与本弗努塔》，第18页。

③ 同上，第41页。

他们的约会是什么样的呢？里尔克再次重复过去的论调，感情几乎无法从现实中得到。但他还是提高了女友对他的期待值，他用一个漂亮的银碗装满紫罗兰送给她，并写了一封信，表达他想象中约会前一晚会怎样度过：那一晚相爱的人都是怎样度过的呢？其他人可能要为即将到来的与爱人的相会养精蓄锐。但里尔克不会，他清醒着并且祈祷，沉浸在与儿时圣诞节的情绪相似的感觉中。"我就想要这一件事：在我见你之前那一晚，本弗努塔，保持清醒、祈祷，跪在地上，忍受饥饿，就像我从来都不需要进食一样——通过我的期待，你的存在，我可以从任何地方得到饮食的补偿……赖内。"[①]见习修士与修女们也是这样全心全意度过他们宣誓入教的前一夜的。

里尔克下榻在柏林的"西方旅店"。在这个位于马尔伯格大街23号的旅店里，他们就要第一次面对面接触了。本弗努塔敲响了4楼24号房门，走进房间。朦胧的光线下看到挂着的绿色小台灯。"本弗努塔——终于，你终于来了"[②]，里尔克说。之后两人肩挨着肩坐在狭窄的绿色双人沙发上。他们手拉着手、眼睛望着眼睛、笑着、哭着。之后便是沉默，沉默持续了很久。里尔克并没有期待得到其他。他献给本弗努塔一首新诗，之后他们互相告别。

之后的日子都花在找房子上。里尔克需要在柏林找一间工作室。在俾斯麦广场的一个林荫路上他找到了一个合适的居所，将其命名为安徒生室。里尔克非常喜爱这位丹麦作家的童话，和他的故事中无法得到救赎的主角们。他到柏林欣赏本弗努塔的钢琴表演。他们在伊巴赫琴房预订了一台三角钢琴，并将其运到家里，玛格达

---

①赖内·马利亚·里尔克：与玛格达·冯·哈廷博格通信，日期不明，引自玛格达·冯·哈廷博格：《里尔克与本弗努塔》，第44页。

②同上，第48页。

弹奏亨德尔的音乐，里尔克深受感动："这是可能的吗？你的音乐能像我一直梦想的那样重构我的内心世界吗？"[①]这一切看起来似乎预兆着他的生命都将改变。本弗努塔演奏了巴赫的咏叹调、舒伯特的一支小曲、斯卡拉蒂的一支田园曲。之后钢琴也沉默了。本弗努塔闭上双眼，里尔克轻轻地走到她身后，她感到他的双手抚上她的头发，他的滚烫的、满是泪水的脸贴上她的面颊。二人都沉默不语。当里尔克站在她的门外与她告别，宁静的花园中再次飘散着眼泪，里尔克温柔地用双手捧起她的脸庞，亲吻了她的额头。

本弗努塔对里尔克的矜持克制非常满意。她的直觉告诉她：这个男人不能用逼迫的态度对待。她知道他已经结婚，还是一个女孩的父亲。本弗努塔既不把里尔克当成父亲，也不把他看成情人，对她来说里尔克就像是来自另一个世界，与其说他是人，不如说他是天使。之后的日子非常宁静，里尔克重新找回了孩童般的幽默天真，女人们最爱他的这一点。本弗努塔请求他为那本《旗手》签字，里尔克同意了。之后他想要再跟她散会步。但是下雨了！里尔克望向窗外笑道："不，不，已经不下了，看外面那条狗没打伞！"[②]那是一个允许狗独自出门的时代，人们让狗自己在门外溜达。本弗努塔向下看去，在湿漉漉的街上一只小小的狮子狗小跑着，认真地奔向对面房子的花园，然后抬起了它的右后腿。里尔克在《旗手》中记下："一只狗没打伞。"[③]本弗努塔在这一刻怦然心动。里尔克当时正处于情绪高涨的时期，简直可以说是纵情欢乐。于是二人决定，共同出游。

喜悦的心情一直持续到因斯布鲁克。到那之后天气骤变，热风

①赖内·马利亚·里尔克：与玛格达·冯·哈廷博格通信，日期不明，引自玛格达·冯·哈廷博格：《里尔克与本弗努塔》，第57页。

②同上，第74页。

③同上。

让空气厚重潮湿，日光又明亮刺目。两人逃进大厅，那里也闷热到让里尔克几乎不能呼吸。本弗努塔震惊地望着里尔克。她从未经历过里尔克现在这个样子：筋疲力尽、痛苦不堪、苍白脆弱。回到房间后，里尔克直接穿着衣服倒在沙发上，闭上了眼睛。他的脸呈死灰色，因为痛苦而扭曲着。本弗努塔感觉像是有人正在她面前死去。里尔克用法语呻吟着："啊上帝，怜悯我吧！"[①]本弗努塔想请一个医生过来，却被里尔克阻止了。他了解自己现在的状况，他只需要一块冷毛巾放在额头上，再来点冰块和缬草滴剂就可以了。本弗努塔连续几个小时始终握着他的手。不知何时里尔克已经入睡了。

他这段时间做了太多事情，神经绷得过紧，于是突然间虚弱的问题爆发了。原本他想要再次回到孤单一个人的状态，但是他不敢对本弗努塔说。他不想待在因斯布鲁克，也不想回柏林。究竟应该去哪呢？里尔克建议本弗努塔，跟他一起去巴黎。本弗努塔在巴黎租了一间房子，里尔克则回到自己的居所。他相信这种保持距离的爱可以继续。

事实上，随后的日子也确实轻松快乐。他们手拉着手游览巴黎。一次本弗努塔突然预感到，里尔克可能有什么特别的计划。她在散步结束后合上眼睛，任由自己被里尔克引领着直到停止。里尔克给玛格达展示他在巴黎的住所：罗丹的写字台、工作台、绿色的吊灯、镶嵌在镜框内的里尔克的纹章、里尔克的父亲已经褪色的年轻时的画像、银制的小小的俄国圣像。然后里尔克将双手搭在她肩上推着她来到窗边。他的灵魂已经重新平静下来，他感觉自己被守护着，就像曾经在母亲身边一样。他想到了圣母玛利亚和小耶稣的画

① 赖内・马利亚・里尔克：与玛格达・冯・哈廷博格通信，日期不明。引自玛格达・冯・哈廷博格：《里尔克与本弗努塔》，第95页。

面。随后他用他在圣诞节写给母亲的信中，那种请求母亲亲近的真诚语调告白：

你感觉到了吗？我现在是怎样活着的，在你之中活着，在你奇妙的到来之中迎来了灵魂的新生，在你之中被包容。无论你身处何方，你将会、你必然会感受到我对你的感情的纯粹高贵，我的本性的虔诚，别的什么都不可能，不许有别的可能。[①]

日子在欢乐与轻松中飞快地滑过。他们逛卢森堡公园，参观凡尔赛宫。里尔克的眼睛闪着光，一切重负都被抛在脑后。玛格达给他的爱人取了一个昵称：弗拉·安吉利科（Fra Angelico），意为天使。里尔克讲述杜伊诺城堡的一切。她一定要和他一起去那里！二人一起回到里尔克的住处，天色已晚，该是去饭店的时候了。里尔克总是不在家，但是这一次他不想离开房间，只想要留住此刻的浪漫氛围。于是本弗努塔下楼去购买必需用品。里尔克给自己沏了药茶。晚饭过后，他起身站在桌边开始朗诵他翻译的米开朗琪罗的十四行诗，作为告别礼物，他将歌德与贝蒂纳·阿尔尼姆的通信集送给本弗努塔，供她保存纪念。但是紧跟着里尔克又在歌剧院遇到了马尔特，于是罪恶感又找上了他。在与本弗努塔一起参加正教的礼拜仪式之后，里尔克泪流满面。玛格达回忆起因斯布鲁克的那一晚里尔克灰白的脸。里尔克睁大灼热闪亮的眼睛，用狂热的语气，像是处于死亡的恐惧中一样反复说着："本弗努塔，不要留下我一个人！"[②]此时母亲又以无形的状态

①赖内·马利亚·里尔克：与玛格达·冯·哈廷博格通信，日期不明，引自玛格达·冯·哈廷博格：《里尔克与本弗努塔》，第100页。

②同上，第142页。

出现了，那种在寄宿学校时期被永远遗弃的感觉。

在类似这样的时刻，本弗努塔总是自问，他们的关系究竟有没有未来。里尔克再次开始抱怨他减弱的工作能力，并在下一刻就向她提出求婚。他吻着她的手。他哭着。他脸色像死人一样白。他请求她现在不要说，只要安静地听从她的心，什么是她从遥远的过去就注定要做的？她也应该知道，他每天苦苦哀求上帝，让他可以这样爱她，因为这让她快乐。当里尔克从这种狂热的情绪中重新冷静下来的时候，本弗努塔再次问自己：

> 我是爱他吗？像一个女人爱一个男人那样爱，那种一辈子都愿意属于他那种爱——我这样爱他吗？爱到我愿意做他的孩子的母亲？这样一想我得说，不。他对我来说是上帝的声音，不灭的灵魂，弗拉·安吉利科，是一切非尘俗的美好，崇高而神圣的存在——但不是人！[①]谁能像她一样处于这种情况仍然可以诚实地对待自我呢？她对里尔克的这种过高神化还有另一个真实原因：里尔克已经结婚并且有一个孩子了！侯爵夫人邀请这对情侣前来杜伊诺旅行。里尔克先是非常兴奋，随后又很绝望。他担心伊恩布鲁克的崩溃事件有可能会再次发生，更担心杜伊诺这个原本的灵感之地，很可能已经失去了对他以及他在哀歌方面的进一步工作的影响。本弗努塔对此非常生气，大吵大闹。就像小孩子沉浸在自己的感觉世界一样，里尔克也完全被内心所束缚。有时候一个清楚的词会起到一点作用。本弗努塔的喊叫与怒火让里尔克平静下来。他在泪眼中感激地说：

---

①赖内·马利亚·里尔克：与玛格达·冯·哈廷博格通信，日期不明，引自玛格达·冯·哈廷博格：《里尔克与本弗努塔》，第145页。

"本弗努塔，亲爱的、亲爱的心——难道你实际上不是我的处女的母亲，我的孩子，我的亲爱的亲爱的小姑娘吗？你穿着你的金色盔甲，一切虚假与腐败都必然在上面撞得粉碎！你没看到吗？只要你用你的被赐福的双手触摸我，伤口就可以愈合？你是一切明亮生命的象征！"[①]

他们乘坐夜间特别快车途经日内瓦、米兰、威尼斯最终到达蒙法尔科内，那里有侯爵夫人的车等着他们，将他们送到城堡。白色大厅里放置着巨大的贝森朵夫三角钢琴，弗朗茨·李斯特也曾经用过它。玛格达用它弹奏了贝多芬的109号奏鸣曲。最终侯爵夫人走向他们，她拥抱了玛格达并感激地吻了她的手。她相信自己被接受了。白天在各种富有创造力的消遣中度过。里尔克阅读荷尔德林，玛格达弹钢琴。侯爵夫人再次邀请"第里雅斯特迪诺弦乐四重奏"来到城堡，钢琴被推到露台上，上面是盛开的玫瑰和紫藤在支架上形成的屋顶。伴随着鸟的鸣叫，音乐声响起。微风轻轻吹过枝叶，花瓣洒落在钢琴的侧翼。里尔克得到安宁。侯爵夫人觉得他太过安宁了，甚至不再工作。于是终于到了这一天，侯爵夫人要与本弗努塔开诚布公地谈谈。

他们一起从杜伊诺出发，前往威尼斯，住在瓦尔马拉纳宫。一开始侯爵夫人询问本弗努塔未来的生活规划。钢琴家谈到将在汉堡、莱比锡、柯尼斯堡、里加、华沙召开音乐会。侯爵夫人不耐烦并严肃地盯着她：这种带着代理人和经理人四处举办音乐会的生活，只是在逃避她真正的使命。本弗努塔愣住了。侯爵夫人又说，她的天职只有在爱情中才能完全发挥。她需要一个男人，在他的爱情中

①赖内·马利亚·里尔克：与玛格达·冯·哈廷博格通信，日期不明，引自玛格达·冯·哈廷博格：《里尔克与本弗努塔》，第160页。

她将得到安宁并成长，一个带她走进光明而不是痛苦的人。现在本弗努塔明白了，侯爵夫人想要谈的是里尔克。她上前跪下，将头埋在侯爵夫人的怀中。“我相信这对您来说非常艰难”，侯爵夫人说，“但是他不会是那个人。您必须看清这一点。他想要做到那些，带着一颗满怀渴望的、热情的心，这正是让他更加不幸的原因。”[①]本弗努塔问，如果到时候她还爱里尔克并想要留在他身边呢？侯爵夫人的回应非常坚决，并且禁止他们进一步接触。

“不，您不会这么做的，您完全不被允许这么做，因为那样会毁掉您自己的人生，并且完全帮不上他的忙。他的职责就是孤独一人，他的牺牲就是痛苦。那将他带向全新的、伟大的创作的任务，您一定要相信我！您的使命就是那道光，您明白吗？”[②]

与里尔克分别的时刻到来了。他们第一次也是最后一次接吻。里尔克说：“无论如何这一切都很好，我已经深入你的灵魂，你的心，就像孩子之于母亲一样。”[③]她最终筋疲力尽地来到博岑的姐姐家，像昏死一般陷入睡眠，三天两夜。1914年10月末，他们在慕尼黑再次相遇。他们在英国花园散步，坐在长椅上望着周围的孩子们和狗。有一群狗在互相撕咬。一只小小的猎狐犬被撞倒，掉进喷泉池中，前腿还卡在排水口的栅栏中间，狂叫不止。里尔克跳进水中救了那条狗。

里尔克曾经在观看罗丹的雕塑品时得到新的思路。他认为他可以通过玛格达的音乐再次复活。这一期待成为泡影。现在他转向他的另一个缪斯。但是侯爵夫人却无法忘记本弗努塔。她认为本弗努塔有错，她让他们在杜伊诺的最后一段时光过得非常不幸福。里尔

---

①赖内·马利亚·里尔克：与玛格达·冯·哈廷博格通信，日期不明，引自玛格达·冯·哈廷博格：《里尔克与本弗努塔》，第240页。

②同上。

③同上，第245页。

克为本弗努塔辩护，他认为是自己释放了错误的信号：

我想要帮忙并且期待我能得到帮助，这是一个无尽的错误，因为人们认为我是一个可以帮助别人的人，而我将他们引诱到我表面的帮助中来，以此给自己赢来帮助。[①]

现在侯爵夫人开始赞美事实与真诚的声音了。但随后她又长篇大论地谈到诗人的天职与任务方面来了：

但是希拉费科博士！每个人都是孤独的，必须始终孤独，必须忍受孤独，不许退后，不许向别人求助，只能求助于我们在自身感觉到的，不认识、不理解的神秘的存在。而谁能像您这样感受呢？您这个天赋奇才，您这个不知感恩的人！您根本不需要想要拯救那些蠢货，她们应该自救……。我觉得，希拉费科博士，极乐的唐璜在您身边就像什么都不懂的小孩子——您总是找遍那些看起来忧心忡忡的人，但实际上他们根本就没有那么忧愁，相信我——您，您在这些眼睛中看到的都是您自己。[②]

在给他指点迷津之后侯爵夫人又将视线投到哀歌上。诗人希望可以在杜伊诺城堡天使们纯洁庄严的圣歌中做好准备写作。“欢呼着颂扬着赞同的天使们。”这是祈祷的方式与规定。一切阴影鬼魂都会

①赖内・马利亚・里尔克：1915年2月24日与侯爵夫人的通信，引自《赖内・马利亚・里尔克与玛利・冯・图恩・塔克西丝通信集》第一卷，第399、400页。

②玛利・冯・图恩・塔克西丝：1915年3月6日与里尔克的通信，引自《赖内・马利亚・里尔克与玛利・冯・图恩・塔克西丝通信集》第一卷，第404页。

消逝，唯有一件可以永恒——欢乐！

> 对，希拉费科博士，您相信有一个女人，她知道上帝曾经生活艰苦？有一种让人心醉神迷的欢呼的感觉，它漂浮的所有人性之上，呼唤着我们。您听那个声音——对您来说——无论如何——都比对别人的声音更大一些。而且，不是我抱怨难听的话——您为什么还要心满意足地在她们的小水塘里游来游去呢？！[①]

对里尔克来说，这些理智的论据是可以理解的，但是他就是那种相信神秘命运安排相遇的人，有的时候这就是与一切理智对立的。一个全新的陌生人已经准备好要进入他的生命了。

①玛利·冯·图恩·塔克西丝：1915年3月6日与里尔克的通信，引自《赖内·马利亚·里尔克与玛利·冯·图恩·塔克西丝通信集》第一卷，第404页。

露露·阿尔伯特-拉萨德，瑞吉娜·乌曼，艾丽娅·马利亚·内娃
——灵魂的冒险

露露·阿尔伯特-拉萨德

你终于来了！

这段时间世界形势发生了翻天覆地的变化。侯爵夫人在过去的两年里一再谈及的战争爆发了。里尔克再也不能回到自己巴黎的寓所了。他面对的是将持续10年的创作危机。里尔克的生命里看起来再也没有什么是可以确定的：他的母亲与他保持距离，与克拉拉和露特完全没有联系，他可以忍受；但是面对恐惧，他全部用文字表述出来。他曾经在杜伊诺城堡得到大量灵感，但现在他还是没有完成《杜伊诺哀歌》。他面前的这部未完成的作品，是无法单靠意志就能完成的。在他著名的诗歌《远古时代阿波罗雕塑残像》中，里尔克描述了一个艺术作品，即使仅仅是残片，也能够对人产生怎样的影响。这个片段包含着一种有力的提醒："你必须改变你的生活。"[1]恰

①《里尔克作品全集》第一卷，第557页。

恰这一点里尔克就做不到。因此他就一直坐在通向他的未来的候车室，所有在他人生旅途中有过交集的女性都通往痛苦。

里尔克在通过远距离通信与结识新人的方式逃避现实。他遇见的很多女性，后来都公开过他们的友谊。阅读这些回忆录的人，很容易发现这都是无尽的重复。她们都没有很好地塑造里尔克的形象，因为里尔克与女友们的相处永远是同一个模式。人们公认里尔克的爱情诗非常伟大，然而他的爱情则不然。他只与那些母亲一样的女性保持长久的、友好的关系，他期待她们可以推动他的创作。因此里尔克与玛利・冯・图恩・塔克西丝侯爵夫人、卡塔琳娜・基彭博格以及南妮・翁德利-伏尔卡特都保持长久的关系。

在侯爵夫人以坚定的语气下命令之后，里尔克前往慕尼黑接受医学博士威廉・弗兰茨・申科・弗莱海尔・冯・史陶芬伯格（Wilhelm Franz Schenk Freiherr von Stauffenberg）的治疗。这位精神病医生要在分析病情之前了解病人的恐惧究竟源自何处。关于他的著名的童年故事，里尔克已经讲得足够多了。二人都知道，那并不是问题的核心所在。里尔克被回忆的茧死死缠住，而他并不想挣脱。善解人意的史陶芬伯格医生尊重他的防御心态，同时发现，他的患者需要和一切保持距离。里尔克很快得到一个他可以接受的诊断，排除了原本的问题。

史陶芬伯格医生在里尔克的肺部发现了一个小小的阴影，他向里尔克保证，那绝对无害，但那个异常给里尔克提供了一个去山区呼吸新鲜空气的好理由。弗里德里希・尼采在山顶的锡尔斯马利亚故居中创造出超人理论，并向莎乐美求婚。而对里尔克来说，因为战争爆发的原因，他的瑞士之行显然已经不能实现。于是他在1914年8月24日前往巴伐利亚州的伊尔申豪森。他在那里的“乡间美景”膳食公寓住了三周。之后他打包行李，在那儿吃最后一顿饭。在餐桌上里尔克与人谈起了俄国和托尔斯泰，显然是从刚到达公寓的一位女士那里得到的灵感。她一度因为里尔克的小小演讲以为他是俄国人，并且很惊讶在战争时期他是怎么从俄国来到德国的。当她抬起手想要拿一个玻璃水瓶的时候，里尔克充满绅士风度地抢先行动，拿到了瓶子，他着迷地看着她的眼睛，并把水倒在了她杯子旁边的碟子里。

"尊贵的女士，我在巴黎见过您。"

"这有可能——那您是——里尔克？"

"您从何得知？"

"我不知道，您是吗？"

"啊，您怎么知道的呢？"

"我不知道。"①

晚餐结束了。客人们纷纷起身，与里尔克道别。但是里尔克说：

不，我不走了。让他们把我的行李再拿回去。②

露露·阿尔伯特-拉萨德——也被称为露或者露露——此时已经走到房间的露台上了。她刚度过了一段激动人心的时光。她于1885年出生在梅茨，是富有的犹太银行家利奥波德·拉萨德（Leopold Lasard）的女儿。梅茨直到1919年都属于德国。她在慕尼黑学习艺术，并于1909年嫁给年长的企业家尤金·阿尔伯特（Eugene Albert）。尤金是巴伐利亚王室著名的御用摄影师约瑟夫·阿尔伯特（Joseph

①对话来自露露·阿尔伯特-拉萨德：《与里尔克同行》，第12页。

②同上。

Albert）的儿子，父子二人都是企业家与发明家。尤金·阿尔伯特发展了摄影术中的影印程序，并借此积累大笔财富，也可以给年轻的妻子提供优渥的生活条件。他们有一个3岁的女儿，露露·阿尔伯特-拉萨德，一直在亲戚家抚养。

露露始终生活独立，战争爆发的时候她住在法国列布塔尼著名的艺术家村，埃米尔·伯纳德（Émile Bernard）、保罗·塞律西埃（Paul Serusier）、保罗·高更（Paul Gauguin）都曾在那里找到过创作的灵感。现在她在伊尔申豪森休养，如同当时很多女性一样，她记忆中也有许多里尔克的诗。她曾在伊萨塔尔见到过诗人，所以这让她一开始有点糊涂了。她正打算与过去的生活保持距离，也并没有想要新的冒险的需求，尤其是她的丈夫告诉她，由于现在剧变的世界形势，他现在的资本储备已经不能够支撑她像过去一样做自由艺术家和肖像画家，并享受奢侈的生活了。餐后露露在露台躲清静。随后里尔克也跟过去，对话继续。

> “此刻能遇见一个从巴黎来的老朋友，我真是太幸运了。我可以坐在您身边，跟您聊聊天吗？”
>
> “不，我再也不想和任何人说话。”
>
> “我能坐在您身边——不说话吗”
>
> “可以。”[①]

露露·阿尔伯特-拉萨德非常清楚，她为何如此抗拒里尔克的出现。她在自己的回忆录《与里尔克同行》中，以女性性高潮的比喻描

① 对话来自露露·阿尔伯特-拉萨德著《与里尔克同行》，第13页。

述里尔克的魅力："里尔克、里尔克、里尔克——一波又一波。"①里尔克在沉默的时候非常强大，并且他有足够耐心等待。毕竟他在与女性交往方面是一位拖延高手。他克制了3天。随后他开始讲述他的著名的童年以及青年时期的故事，倾诉他的孤独，他的自我拘禁，从来没有人理解他。里尔克讲述他的生活有同样的趋势，一切过去流向现在，此时此刻他的命运实现了。过去的一切苦难在此刻都有了意义。因为此刻就是解脱：

"因为你终于来了！我运用了多么奥妙的策略。而现在，必须发生的真的发生了！难道我不是一直以来都在走向你吗？"②

里尔克将第一首情诗献给露露。露露，里尔克这样称呼她，对他敞开心扉，开始允许里尔克窥见自己的生活。孤独的童年与青年时光，父母对自己的不理解，一个和她父亲差不多大的丈夫，虽然无限度给予她自由与金钱，但是却将她的艺术家身份看作游戏，努力想要坚持作为画家的自我实现，之后是战争以及她丈夫令人沮丧的断言：

> 我可怜的孩子，属于艺术的时间已经过去，这个世界上没有位置留给你这样特别的人。③

在伊尔申豪森以外的相遇让两位艺术家重新燃起创作的动力。里尔克和露露决定前往施瓦宾。露露在那里租了一间工作室，他们在一家膳食公寓租下了一整个楼层，确保了距离的近与远的分寸。

---

①对话来自露露·阿尔伯特-拉萨德：《与里尔克同行》，第9页。

②同上，第14页。

③露露·阿尔伯特-拉萨德：《与里尔克同行》，第23页。露露·阿尔伯特-拉萨德的作品在1983年因为一次回顾纪念而在德国广受赞誉。2003年有价值超过25000欧元的赝品流入市场。其中史蒂芬·寇德霍夫撰写相关报道：《艺术教师的艺术》。这位艺术教师伪造了露露·阿尔伯特-拉萨德的作品。报道引自《法兰克福日报》，2013年11月21日。

里尔克相信，自己现在像一只鸟一样自由：

像一只鸟，居住在巨钟的架子上
突然一阵巨大的轰鸣
在清晨的空气中传来
它以飞行对抗这巨大的震颤
绕着塔留下
它的美丽的恐惧的
签名
我们能在这钟声中
保留在心里吗——①

露露在她订婚期间就知道芬肯街2号有一家膳食公寓，她在求学期间曾居住在这儿，也是在这里与她未来的丈夫度过第一个爱情之夜。里尔克先行抵达慕尼黑并为搬家做好准备。之后他去火车站接露露。车里饰满鲜花，房间里也满是鲜花，露露如同波希米亚花瓶中的仙客来一样燃起了爱的激情。之后她引用记忆中里尔克的诗歌表白，里尔克为之神魂颠倒："如果诗歌可以这样保存，那它们为何还需要被印刷出来呢？"②

他们在施瓦宾公寓度过了一小段远离尘世喧嚣的生活。里尔克经常背诵他的诗歌。他经常被自己诗歌中的激昂和情欲所打动，乃至跪倒在地。这个跪倒的动作，过去他与母亲在一起时经常发生，它来自于宗教仪式：去教堂的时候，晚餐的时候，晚祷的时候，母亲

①露露・阿尔伯特–拉萨德：《与里尔克同行》，第36页。
②同上，第27页。

带着儿子跪倒在地。直到20世纪初期，面对更高级别的主教与规则的时候，下跪仍然是通行的礼节。里尔克将这一表示奉献的姿态表现得极其虔诚，当里尔克如同求爱者一样跪倒在她面前的时候，她感到他的真诚：

> 我从未见过哪一个男人以如此自然质朴的方式下跪而不显得可笑，这是他本质的需要。[①]

在共同度过几周幸福生活之后，露露决定要与她丈夫谈谈，她向他解释自己与身边的年轻诗人的关系。尤金·阿尔伯特表现出胸襟宽广的一面，甚至邀请里尔克一起吃素食。唯一让他觉得不符合好品位并且完全没有任何格调可言的，是他们的公寓。露露偏偏要选这个和自己的丈夫度过初夜的地方与里尔克一起工作吗？尤金·阿尔伯特以他独特的方式夸奖里尔克，在他看来这个穿38码鞋子的小男人只是一个无害的纸上谈兵的情人而已。只消看一眼这个小他20岁的年轻诗人，老奸巨猾的商人就已经明白：这并不是一个奸夫，而是一个小男孩。然而当里尔克以一个被宠坏的孩子的放肆，开始跟他要求经济支援的时候，尤金·阿尔伯特也有些无言以对。里尔克声称，他需要一个资助者：

> 在这个外在世界彻底崩坏的时代，对我来说最重要的事情，就是与女朋友一起工作，我们互相帮助，互相让对方更加强大。我知道，我的请求有些不同寻常，但是我也很清楚露

① 露露·阿尔伯特–拉萨德：《与里尔克同行》，第33页。

露，她求助的对象决非常人，也许她对您的爱是一种孩子对父亲的爱，就如同人们面对上帝的爱一样。因此我们对您充满信任，一切交由您决定。[①]

收信人几乎无法呼吸。这个年轻人是在愚弄他吗？里尔克现在神志清醒吗？尤金·阿尔伯特对这种压抑的宗教激情也只能报之以一笑了。他既不想做这个小男孩的上帝，也不想做他的仁爱的父亲。现在他要费很大的力气才能继续扮演一个宽宏大量的、成熟的丈夫。他了解他的年轻妻子。她感觉自己受到艺术使命的召唤，必须在她感受到的那个声音的命令下，顺从地担负起职责。尤金·阿尔伯特不想失去妻子，但是暴力手段是肯定行不通的，他将希望寄托于时间和里尔克的不安定性格上，他很快就会再次独自走自己的路了。但是他估计错误了。

露露与里尔克开始过艺术家生活，随着他们对彼此的认识加深，他们的关系也更认真、更有约束力。露露成为里尔克最重要的女朋友之一，因为她在无论如何亲密的情况下，也努力保持一定的距离。她也开始学会面对里尔克的求爱，哪怕他虔诚地下跪，也不要全盘接受。里尔克能说出绝妙的词语，并将之动情地表演出来，但是他的充满情欲的语言的外衣，适合任何一位女性的身体。他的诗歌的成功很大程度上源于此。里尔克创作的爱情诗句，在无数女性心中筑下了温暖的巢穴。露露越是客观地观察里尔克，就越能正确地评价他。她这样描述他的话语对女性的影响力：

①露露·阿尔伯特–拉萨德：《与里尔克同行》，第42页。

想要迷惑一个女孩，甚至都不需要他说那些善良的、少有的词语，那将人淹没的迷人的名望，像飞溅的雨水一般倾泻到别人身上。人们感觉他无与伦比的热情的话语如同一件外衣披在自己身上，但这件衣服很多人都或多或少穿着挺合身。我穿着这件衣服却总觉得不太舒服。这真的是给我的吗？他没给过别人吗？这其中难道不是充满了上一段逐渐减弱的爱情的回音吗？……但是我不想，我不能怀疑他此刻的绝对真诚、他的全心投入。他总说："你不觉得，像我们现在这样的奇迹，像我们现在这样的幸福，一生里只能发生唯一一次吗？"[①]

侯爵夫人一次开玩笑地说，唐璜与里尔克一比，就像个什么都不懂得孩子。里尔克的求爱目的并不是身体上的结合。他是一个"灵魂的冒险者"，露露这样评价道。她也经历了里尔克从求爱到最后退出的全部过程。"他必须一直追寻新的东西，逃避任何与人长久结合的关系，他将这种关系与激情和献身结合在一起。"[②]露露认为里尔克的文学创作以诱骗者为主题。在《新诗集》中有两篇1907年创作的诗歌，《唐璜的童年》和《唐璜的选择》。在后者中描述了关于女性诱骗者的主题：

于是天使走近他：
把你准备好，全部交给我。这是我的命令。
因为有人逾越了
使他们身边最甜的

① 露露·阿尔伯特-拉萨德：《与里尔克同行》，第45页。
② 同上，第178页。

变苦，我觉得很有必要。
虽然即使你也不能爱得更好
（别打断我，你错了）
但是你燃烧着，写着
你将许多人导向
孤独，它通往
深邃的入口。让我分配给你的人们
进入
她们会在成长中
战胜埃罗伊斯
比她更大声地叫喊。[①]

瑞吉娜·乌曼

我们要不要一起读点什么？

资助里尔克的女人们大部分都嫁给了超级富豪。对里尔克来说，没有什么比和那些丈夫保持良好关系更理所当然的了。这一点在与图恩·塔克西丝侯爵夫人的丈夫和儿子的相处上表现得格外成功。但在他想要赢得露露的丈夫成为赞助者的时候，却失败了，因为在这一段关系中，涉及的不仅是关怀的爱，还包括决定性因素：情欲。一份来自维也纳的金钱赞助，让里尔克免去继续寻找下一个资助者的烦恼。在路德维希·冯·费科（Ludwig von Ficker）的联系

①《里尔克作品全集》第一卷，第617页。

下，里尔克得到了一笔高达20000奥地利金币的赞助，来自哲学家路德维希·维特根斯坦（Ludwig Wittgenstein）的慷慨解囊，里尔克和露露也得以全无后顾之忧地在施瓦宾生活。他们参加各种集会和展览，与其说是为了专心搜集创作灵感，不如说更多地是为了消遣娱乐。尤其让里尔克觉得与他最紧密相关的，是阿尔弗雷德·舒勒（Alfred Schuler）的一场神秘主义演讲。

里尔克认为舒勒很有可能是那个经常在侯爵夫人城堡出现的幽灵"无名人士"的男性化身。这个男人以神秘主义的风格，自称为来自远古的罗马人的转世。他试图通过激烈又放纵的仪式拯救已经发疯的弗里德里希·尼采。这一引起轰动的策划虽然未能将哲学家以及上帝死亡的宣告者治愈，却使舒勒本人扬名天下。

露露很少在工作室接待过度兴奋的客人。比如里尔克的疯狂崇拜者、女作家瑞吉娜·乌曼。1911年她在巴伐利亚的圣地阿尔特廷加入天主教。瑞吉娜·乌曼在童年时期就表现出了远超于常人的敏感度与智商，还是因为语言障碍无法入学。现在她是两个非婚生子的母亲：盖尔达（Gerda），她的父亲是一家女性杂志的出版商之一，汉斯·多恩（Hans Dorn）；另一个孩子卡米拉（Camilla），她的父亲是天赋奇高、但是吸毒的精神分析专家奥托·格罗斯（Otto Gross）。两个孩子都被安置在保育院，慕尼黑工业大学的历史学教授理查德·格拉芙·杜·穆林-艾卡特（Richard Graf Du Moulin-Eckart）是她们的监护人。

对瑞吉娜·乌曼来说，阅读里尔克的早期作品如《祈祷书》《图像集》《新诗集》，是她生命中非常重要的经历。她读那些诗歌的时候，就好像里尔克本人直接与她对话一样。因此她感觉到与里尔克在精神上的亲密，一种灵魂上的共鸣。她相信有更高的命运的安排，认为里尔克的呼喊是他接收到的来自远方的声音，并且肯定：

如果这个世界上有一个人，能够向她点明身为一个女作家的使命，那就应该是这个男人。因此她将自己的处女作《荒野布道》寄给里尔克，并请求他的点评和前言。里尔克立刻回信，表示他认为《荒野布道》让他非常振奋，并且真的为她写了序言。

1912年，他们终于见面了。里尔克并没有在自己的工作室接待瑞吉娜·乌曼，而是选择了马里恩巴德旅馆这样一个相对中立的地点。在见到尊敬的诗人的第一眼时，瑞吉娜·乌曼就在刹那间失去了言语的能力。面对诗人的问题她只能用“是”或者“不是”来回答。她这种羞怯拘谨的态度反而取悦了里尔克，于是他更加体贴关照地招待她。里尔克对于接待女作家的仪式早已烂熟于心，共同阅读，被证明是非常行之有效的手段。于是他说：

> “我们要不要一起读点什么，瑞吉娜·乌曼？克劳德怎么样？——您不知道他？我觉得您应该读一点……您愿意明天下午三点再过来吗？”
>
> “好。”[①]

他们在宾馆宁静的小会客室再次见面。里尔克朗读了保罗·克劳德的作品，瑞吉娜·乌曼专心地听。她没有问任何问题，也没有给出任何评价。当里尔克朗读自己的或者别人的作品的时候，他最喜欢安静的女人了。在朗诵的时候听到别人自发的反应，对里尔克来说反而不是好事。他的话语应该在听众的灵魂中回响，如同神甫布道的经文在教徒心中回响一样。瑞吉娜·乌曼是这一行为最完美

---

①瑞吉娜·乌曼：《回忆里尔克》，第19页。

的听众。直到晚间她独自待在房间里的时候，她的全部感情和思绪才终于回转，然后她写了一首诗。就如同里尔克当年将他的诗歌呈送给德语老师和图恩·冯·塔克西丝侯爵一样，她胆怯地将自己在诗歌领域的首次尝试献给里尔克。她也提及自己撕毁的许多诗歌作品，因为她觉得没有价值。里尔克阅读之后，批评了年轻女作家对自己诗歌质量的自我怀疑：

有可能在其中就有一个诗节，一行诗，或者仅仅是一个词，对我们是有用的，其中包含了对我们的一种挑战。只要有这一点，这首失败的诗就有存在的意义。而当我们在某一个赐福的时刻，真的可以将那些曾经向我们预兆过，但是我们却无法留住的一切完成。您不能再撕掉您的任何一首诗了，瑞吉娜。①

生活在一个伟大的精神笼罩下也有危机存在。这样一个偶像会让人压力过大并且丧失自我的力量或者被引诱模仿他。里尔克是一个被多次模仿的作家，瑞吉娜·乌曼也开始模仿他的风格。有一天她将自己的新诗拿给里尔克看，这位大师只看了一眼手里的东西就立刻晴转多云了。他先是不安地在房间里来回走动，最后说道：

“这是一首贫瘠的诗，瑞吉娜！”

她从未料到会得到这样一句评语。正相反！她非常骄傲，自己终于开始接近他的风格。

“这很好！我想要学习你的风格！”

①瑞吉娜·乌曼：《回忆里尔克》，第21页。

“我已经想到了！我已经想到了！”

里尔克重复这句话。这通常是他开始思考的表现。他的脸变得更加悲伤了。他走到废纸篓，请求瑞吉娜看着他。然后他将那首诗撕成了细小的碎片，然后说：

永远不要再这样做，明白吗？永远不要！[①]

里尔克也有偶像，他赞美对方的名誉，但从未试图模仿对方。他尊重的同时代德语作家中就包括医生兼作家汉斯·卡洛撒（Hans Carossa），但二人并未真的见过彼此，瑞吉娜·乌曼希望能促成他们相识，于是她在露露的工作室里安排了计划。一切就好像是偶然一样，两位诗人在房门外相遇了。里尔克疲倦、呆滞的目光并没能逃脱医生训练有素的双眼。卡洛撒走向里尔克，摘下帽子行礼。里尔克吓了一跳，并摆出一个恐惧又抗拒的姿态。卡洛撒介绍了自己之后，里尔克的目光改变了，显出孩子气的轻松与柔和。里尔克说了他最爱的一句话，他觉得他好像已经认识卡洛撒一辈子那么久了。当他们两人走进工作室的时候，露露并不在场。空气中弥漫着松节油的香气。墙上挂满了完成品与半成品画像。里尔克沉默了，卡洛撒请求他朗诵些什么。里尔克毫不犹豫地取出他的黑皮笔记本，朗读起来。他一动不动地一直读下去，直到一位黑衣女子穿着白色围裙走进工作室，并滑倒在地板上。托盘、杯子、勺子、咖啡壶叮当作响摔落在地。里尔克毫不动摇一直将文章读到结束，女仆把地面也收拾好了。

①瑞吉娜·乌曼：《回忆里尔克》，第23页。

随后瑞吉娜和露露走进工作室，她们身后还有里尔克邀请来的老朋友莎乐美。瑞吉娜拿着一大束用白色薄纸包裹着的沙棘枝，几颗沙棘果落下来弄脏了她的衣服。瑞吉娜一边清理衣服，一边讲起了一个生病的孩子的事。她带那个孩子到汉斯·卡洛撒医生那里治疗。里尔克忽然兴奋起来，仔细追问孩子的病情，各种细节都要了解，并在倾听过程中态度极为"肃穆、虔诚，好像在听诗歌一样。他越来越严肃、静穆，脸上的笑容彻底消失了，他突然说，医疗工作是最清楚、美丽、谨慎、细致的工作了，他本人在年轻时也曾想过学医，并希望现在开始也不算晚。"[①]卡洛撒这会儿又有了新病人，要告辞了。里尔克究竟有多推崇他的诗人身份，现在他算是明白了。在告别之前里尔克打开壁柜，取出一本卡洛撒的诗集，走到窗边光线明亮的地方，大声朗诵起来。

里尔克请求莎乐美前来，是因为尤金·阿尔伯特提出离婚。里尔克对露露说，一切都会清楚的，你将会在那位俄国女友那里体会到母亲的温暖。莎乐美带着她新养的一条狗一起过来了。这条白色的小狗叫德鲁斯霍克(意为小朋友),俄国最受欢迎的狗名。汉斯·卡洛撒医生在工作室做客的时候就惊叹于这三位女士，她们是如此地各有千秋，却钟情于同一个男人。露露也在心里奇怪，到底是什么将里尔克与露联系在一起的。在她看来那位女友早已经是一个老妇人了。她认为莎乐美太过理智冷静，几乎像个男人，性格又好热闹，头脑极其敏锐。她的外表给人一种不修边幅的感觉，因为她穿了一件完全没有女人味的制服，看起来像个面口袋。她看起来也不像是对天使之类的话题有所了解的人。在里尔克和莎乐美一起

①汉斯·卡洛撒:《引导与随行》,第76页。

离开慕尼黑之后，露露成功让尤金·阿尔伯特将离婚的日期推迟到战争结束。随后她就跟着里尔克的脚步也出游了。

里尔克需要一个新的住处。巧的是他在柏林结识了米莉·安托尼·冯·弗里特兰德-福特（Milly Antonie von Friedländer-Fuld）。她是阿姆斯特丹著名的银行家之女，嫁给门当户对的犹太煤炭大王，育有一女玛利-安妮（Marie-Anne），在年初的时候刚与约翰·米特福特勋爵结婚，战争爆发后，他们便分开了，于是他们共同居住的那所位于本德勒大街的房子就闲置下来。里尔克12月的时候搬了进去，还可以与露露一起在那里度过1914年的圣诞节。对露露来说这是她一生中度过的最美的平安夜了。

里尔克是策划的专家，尤其擅长圣诞节安排。她刚到就收到里尔克赠送的一个蓝色的玻璃碗，上面印有青铜龙纹和白色、紫色、金色的兰花。圣诞树下露露得到了一个皮包，上面刻着纯金的里尔克手书“1914圣诞”几个字。里面有一本里尔克《一个年轻诗人》的手稿，黑色的书皮上用金字印着她的名字，里尔克在圣诞树下为她朗诵了这本书。圣诞节之后他们一起参观了柏林的埃及博物馆，那里正在展览不久前发现的阿门诺菲思三世的雕像，里尔克还说服了文物保管官员将雕像从展柜中取出，供露露临摹。

但里尔克还是很快又陷入了情绪波动期，尤其是当他对埃及的兴趣开始消退之后。侯爵夫人慷慨地提议，与他们一起前往埃及旅行，却被里尔克拒绝了。很多人都被帝王谷的轰动发现而震撼，但里尔克并不想在他的哀歌中提及古老世界的皇帝，他更感兴趣的反而是“尼罗河畔的陶工”（哀歌第四首）[①]。于是露露独自回到慕尼黑

①《里尔克作品全集》第一卷，第719页。

的芬肯大街。

赫尔塔·科内希

毕加索的看守者。

里尔克又与老朋友取得联系：赫尔塔·科内希：女作家、大庄园主、艺术品收藏家。家族巨大的财富积累始于她的祖父利奥波德·科内希，他在俄国垄断了国家的糖类生意。利奥波德在伯恩购买了一栋别墅，在"二战"之后以"汉默施密特别墅"之名，专门招待联邦政府的客人。赫尔塔·科内希在威斯特法伦有一处名为波克尔的庄园，里尔克在之后数年中多次在那里做客。此外科内希家族在慕尼黑的威登迈耶大街32号还有一所房子，里尔克打算接下来的夏天在那里度过，不过赫尔塔·科内希暂时对此毫不知情。

1910年里尔克与赫尔塔·科内希在出版商塞缪尔·费舍（Samuel Fischer）的家中结识，众人在柏林的格吕内瓦尔德欢聚一堂，赫尔塔与雨果·冯·霍夫曼斯塔尔（Hugo von Hofmannsthal）一起跳华尔兹，洛维斯·科林特（Lovis Corinth）拿着粗雪茄站在梵高的一幅画前，并将烟喷到画上。里尔克与妻子克拉拉一起出席，但是他很快就受不了华尔兹的音乐和烟雾缭绕的空气，找了一间偏僻的屋子躲清静了。此外夫妻二人之间也有一些分歧、矛盾。随后出版商夫人将赫尔塔介绍给里尔克夫妇。

3年后二人再次会面。里尔克的医疗顾问威廉·申科·冯·史陶芬伯格是贵族出身，还是一位私人讲师，他告诉里尔克，赫尔塔·科内希拥有毕加索的很多幅画。这让里尔克得以提醒女庄园主，在慕尼黑的唐豪瑟画廊正在展出毕加索的名画《杂耍艺人》，画上描绘了一个六口之家的杂耍艺人团。里尔克很快辨认出这些流浪者，并认为这幅1905年绘制的画是现代派的重要代表作。里尔克说，毕加索的作品广受关注，会很快升值，因此必须尽快抓住时机，赶在价格变成天文数字之前将它买下。赫尔塔·科内希几乎没有犹豫就立刻买下这幅画，并将威登迈耶大街32号的房子彻底改装，就为了让这幅画在一个更合适的环境中摆放。

里尔克能够连续数小时一动不动地坐在一幅画像前安静地观察，如同一个俄国老太太坐在圣像前一样。在慕尼黑的住所，里尔克站在赫尔塔身边定定地观看毕加索的画，之后坐着观赏的房间换成了一间现代化的私人祈祷室。二人不断发现一些新的细节并互相低语着交流。瑞吉娜·乌曼是赫尔塔这间私人博物馆的第一批客人。里尔克抓着她的手，像孩子一样带她去看画。乌曼穿了一件旧式的夏季裙装，戴了一顶大帽子。赫尔塔想着，一个牧羊女，像是从画里走出来的一样，又羞怯得像一只狍子。1915年的夏天到来了。赫尔塔打算带里尔克到自己的庄园度假，但里尔克请求搬进这所慕尼黑的住处，作“毕加索的看守者”①，同住的还有他的女管家阿诺德夫人。他认为毕加索的画可以为他的哀歌创作重新带来灵感。当然，他补充道，要是隔壁有人弹钢琴，那他肯定不可能在这待着了。

里尔克和他的女管家搬入这间毕加索私人博物馆。然而很快一个问题凸现出来，阿诺德夫人竟然不会做饭。于是里尔克只好在塞勒斯饭店吃他的素食餐点，对他来说，沉思中观察毕加索的画作远比用餐更重要，而阿诺德夫人在这一点上展现出了恰如其分的敏感

①赖内·马利亚·里尔克：1915年6月11日与赫尔塔·科内希的通信，引自赫尔塔·科内希：《回忆里尔克》，第19页。

赫尔塔·科内希，富有的艺术品收藏家。她在里尔克的指导下购买了毕加索的名画《杂耍艺人》，并让诗人住在她的寓所——做“毕加索的守卫者”。

度。因为里尔克对女管家最主要的要求就是：让他安安静静一个人待着。一整个夏天都在静默观摩画作中过去了，念兹在兹的创作性动力竟然全无踪迹。里尔克当然也可以退回，重新锤炼诗歌。但是现在面对的是诗歌的最高峰，是关于“一切造物的顶峰，晨曦映红的山脊”（哀歌第二首）[①]，他绝不退让。直到七年之后里尔克才完成第五首哀歌，那首诗献给了赫尔塔·科内希，并随诗歌吐露真情：

“但是他们是谁，请告诉我，这些江湖艺人，比我们自己还要仓促的，从早年起就紧迫地被一个从来对爱不知满意的欲望绞干？”[②]

①《里尔克作品全集》第一卷，第689页。

②同上，第701页。

只看一眼这些诗句就会发现它非常难以理解。如同艺术家轻盈地越过一切尘世的沉重一样，爱人们也期待可以得到满足，“欲望之塔”和“卖艺人的微笑”——微笑的幸福，舞动着的微笑或者舞者的微笑，如同花瓶上拉丁文的铭文所宣称的那样。

天使，哦，拿吧，采摘吧，这小小的盛开的药草
用一个花瓶保存它！把它放进还未
向我们开放的欢悦之中，在美丽的骨灰坛中
赞颂它，满是花朵，热情洋溢的碑文“卖艺人的微笑”
然后你，亲爱的，
你，被最热烈的欢愉
无声地掠过。可能是
你的流苏为你而幸福
又或者年轻
丰满的胸部上绿色金属般的丝绸
令人感觉无比考究，什么都不缺
(……)
天使！如果有一个我们不知道的所在
那里，在无可名状的地毯上，爱人们展现了他们在这儿
无法做到的一切，展现他们内心激昂的活力形象
他们的欲望之塔
(……)
那么他们会把最后的、总是积攒起来、隐藏起来、
我们所不知道的一切，永远有效的幸福的硬币
丢在无声的地毯上那对终于

真的微笑起来的情侣面前？[1]

里尔克也曾经将露露引到图画之前。但是他清楚一点，那就是他和露露永远不会成为在停止爱的渴望之后，站在地毯上真的微笑起来的那对情侣。他们是“在这里做不到的爱人”。只有在里尔克的诗中才存在欲望之塔。露露让这一切变简单了。这一次既不需要侯爵夫人，也不需要莎乐美为诗人说话。露露带着沉重的心情与里尔克分开了，因为她明白，他永远不能献身于她。里尔克无法将自己送给别人。里尔克的女人们将他的信搜集起来，以后反复阅读，回忆过去。露露则想要向前看。她带着女儿一起进行了多次亚洲与非洲的冒险之旅。1940年5月，她被抓进戈尔斯集中营。她在那里用画记载了集中营的生活，现在这些画在以色列的“犹太区斗士之所”展出。和里尔克分手之后，她焚烧了所有里尔克的信件，只保留了一本小书，里面包括里尔克献给她的诗歌和其他的文章。下面的诗句，本该是一首哀歌的开头：

被放逐到心灵的山上。
看，那里多渺小；看，话语最后的地方，更高，
但是感情最后的田园之地也多么狭小
你认出来了吗？[2]

被放逐到山上的是里尔克本人。在这段诗节中还有一处献词，那是为露露写的。其中讲述了他们共度的时光：

①《里尔克作品全集》第一卷，第703页。
②露露·阿尔伯特–拉萨德：《与里尔克同行》，第49页。

山谷的芬芳笼罩着被放逐者
他在心灵的山丘上漫游
他饮下最后一口气
如同夜晚饮下一口风
站在那饮下一口气，
饮下，再次跪倒。
在他的多石的区域之上
是自天空跌落的窒息的山谷
星辰并不采摘
人类双手承托的丰盛
它们无声地尖叫着，如同穿过道听途说
一般穿过一张流泪的脸。[①]

在侯爵夫人的庇护之下

什么，你竟然叫马利亚？我还叫米奇（MizziI）[②]呢。

那一天终于还是来了，即使他是赖内·马利亚·里尔克，也无法逃避部队服役。他多次试图利用自己的医生证明免除服役，但入伍通知还是在1915年11月到达，上面规定了报名时间，这让里尔克彻底恐慌起来。他要在1916年1月4日，前往波希米亚北部的图尔瑙军营接受基础军训。没有人可以帮他了——除了一个人，在他每次

① 露露·阿尔伯特-拉萨德：《与里尔克同行》，第50页。
② Mizzi是Maria的昵称。——译者注

走进死胡同的时候拉着他的手带他出去的那个人。里尔克身边的很多女人都能从里尔克的目光中判断出他的所求，但是只有一个人拥有极高的政治影响力，可以在将军那里替里尔克说情，帮助他摆脱军队服役的苦难，乃至于逃脱东西两线战争的阴影：玛利·图恩·塔克西丝侯爵夫人。

虽然里尔克在军校求学期间，室内步枪射击得了优秀的分数，但他的所有女友都认为，在枪林弹雨中，里尔克甚至挺不过一秒。里尔克描写战争的诗歌都只是内心的经历，实际上却是行动上的矮子。他虽然有坚定的自卫信念，却并没有一个强韧的神经系统，可以帮他在边境战壕坚持下来。在1914年完成的战争组诗《诗歌五首》中，里尔克歌颂了战场上的痛苦、危险与死亡。

赞美着：因为这永远值得赞美，
并不是在一个个的担忧中小心翼翼，
而是在一种体会得到的危险之中，共同而神圣
阵地之上无数的士兵们的生命同样高贵
而在每个人中间
一个提升了的死亡进入勇敢的阵营
但是在赞美中，哦，朋友，也要赞美痛苦，
没有疼痛地赞美痛苦，我们并不是未来
而是一切过去的亲人
赞美它，哀叹它。[1]
（组诗第四首）

①《里尔克作品全集》第一卷，第90页。

里尔克一边在诗歌中赞颂战场上处于危险中的英雄，另一边则在现实中动用一切可能的力量让自己得以逃脱军队服役。侯爵夫人的家人都参加了战争，当里尔克在战争初期设法搞到疾病证明的时候，侯爵夫人的儿子们已经在前线浴血奋战了。帕沙在波斯尼亚服役——埃里希在加利西亚。1915年11月末，里尔克接受入伍前体检，结果是合格，里尔克对此提出抗议，于是又进行了第二次体检。现在里尔克不仅得到了又一次合格的结果，还被当作逃兵役者。然而别人怎么看并不重要，侯爵夫人就像圣母一样将诗人纳入自己的保护之下。一个在战壕的烂泥里或坦克的履带下死去的诗人有什么意义呢？她还期待着里尔克的哀歌的完结！这是他的使命，她会为此付出最大努力。

在第二次体检之后，里尔克向总参谋部的军官菲利普·弗莱海尔·谢伊-罗特席尔德（Philipp Freiherr Schey-Rothschild）求助，但是里尔克提供的疾病证明并未产生效果，对方是一个讲求实际的军人。只要里尔克体检通过了，那他就再也不能逃脱兵役，但他可以给里尔克一个特殊待遇，让他在办公室从事文书工作。里尔克虽然可以不在前线真枪实弹参战，也要用文字作武器为国效力。他为里尔克向国防部的利奥波德·冯·施莱尔（Leopold von Schleyer）将军阁下说情，阐明诗人在宣传部可以起到的作用。此外里尔克还委托侯爵夫人向亚历山大亲王写求情信。为了得到帮助他采取了双管齐下的策略：一方面，他向侯爵夫人呈献了最新的第四首哀歌。这一首诗对侯爵夫人来说比任何疾病证明都有效。里尔克必须作诗——而不是被拉上战场！另一方面，是一个施压性的证明：倾诉他在军校受到的心灵创伤。与他诗歌中体现出的英雄主义相反，里尔克在这里体现出来的主基调是哭泣，而这一杀手锏在充满母性关爱的侯爵夫人那里从未失效：

> 前往图尔瑙入伍并在那里接受数日训练，对我来说就如同重新回到了军校。夫人，您很清楚这对我内心的经历来说意味着什么，生命中恐惧的初级教材。①

军队服役将会终结他的诗人生涯。里尔克大量阅读关于第一次世界大战的作品，尤其是他的旗手的小故事。为了成功逃避兵役，里尔克努力避免任何和平主义的行为思想。如果说有人认为他可以一方面展示自己的军队信仰；另一方面又能够要求得到特权待遇的话，那这个人就是里尔克了。因此即使在面对母亲一样的女友的时候，里尔克也隐藏了自己的真实意图：

> 这种推脱与抗拒的行为也让我深受其苦。因为我的体内还残留着古老的战士血脉，我这样小题大做抗拒入伍也伤害到了我的血统——但是我这么做并不是出于我个人的意愿，而是为了我的工作与使命。②

侯爵夫人在努力运作之后最终联系上了维也纳的战争档案局。里尔克则“几乎没有什么更多可以做的了”。她小心地问他：“这个地

---

①赖内·马利亚·里尔克：1915年12月2日与侯爵夫人的通信，引自《赖内·马利亚·里尔克与玛利·冯·图恩·塔克西丝通信集》第一卷，第461页。

②同上，第461页。

方有可能适合你吗？”[①]在图尔瑙再次进行体检是无论如何也绕不过去了。他在那里被判定为“不能完全服兵役”的状态，因此他最终被派遣进行办公室工作。体检过程中双方的情绪都非常敏感紧张。一位中士嘲笑里尔克的名字：

“什么，你叫马利亚？我还叫米奇[②]呢！”

另一位正在服役的少尉补充道：

“您是万福马利亚，我妈说过，我得好好对待她，您肯定是个大人物吧。”

里尔克认为这位少尉是来救他的，松了一口气。

然后这位少尉就继续道：

“幸亏我从来都不在乎我老妈对我说的话。”[③]

战争档案馆的工作对里尔克来说就是六个小时在岗时间的无所事事以及工作之外的完全自由。他住在侯爵夫人位于维也纳的一处宫殿，并可以在城内随意游荡。他与露露一起拜访住在罗道恩的胡戈·冯·霍夫曼斯塔尔。露露在初夏田园风景的包围下，给诗人画了一幅画像，但后来里尔克以贬低的态度对这幅画像发表了不太满意的评价。他认为这与他本人几乎只有一点点相似之处，并且这幅画也仅仅是一个即兴创作。露露缺少一种“身体里的力量，她无法彻底表现她的意图，然而当一切看起来并没有一种快乐的热情在内的

①玛利·冯·图恩·塔克西丝：1915年12月2日与里尔克的通信，引自《赖内·马利亚·里尔克与玛利·冯·图恩·塔克西丝通信集》，第一卷，第463页。

②米奇就是马利亚的昵称，女人的名字——译者注

③露露·阿尔伯特-拉萨德：《与里尔克同行》，第128页。

时候，能力也不能完全发挥作用。”①

半年后里尔克才在侯爵夫人的干涉下终于结束部队服役，返回慕尼黑。随后里尔克向侯爵夫人呈上了第六首哀歌的片段，题目是《英雄》。这首诗的大部分是战争爆发前在龙达完成的。1922年2月，里尔克终于完成了这首颂扬一位《圣经》时期的英雄的诗歌：英雄参孙（Simson/Samson）的哀歌。如同古代世界许多虚构的神话故事一样，参孙的诞生也得到了天使的预示。这位被神选中的人在很多场战役中证明了自己，面对腓力斯上千人的优势他也毫不畏惧，用一块驴子的下颌骨杀死了他们。直到腓力斯人使出了美人计让他失败。美丽的达丽拉（Delila/Deleila）诱使参孙在与她发生性行为时吐露自己的秘密，他的力量来自于他的长发。因此达丽拉在做爱之后偷偷剪去了他的头发，腓力斯人也得以俘虏他。参孙被挖去眼睛并绑在两个柱子中间，他呼唤上帝，请求再给他一次机会，让他得到力量。他的愿望得到了满足，参孙重获力量。他拖倒绑着他的两根柱子，让整栋建筑彻底崩塌，三千名腓力斯男女全部死亡。这一《圣经》故事是里尔克颂扬英雄的榜样；然而即使是战士，但也是女人生产出来的。因此里尔克以他惯用的方式，将英雄颂歌与母亲的颂歌联系在一起：

哦母亲，难道他在你体内的时候不是已经开始
他的统帅的选择了吗？
上千人在你的怀中酝酿，想要成为他
但是看：他夺取并放弃——选择并完成。
而当他打碎石柱，那是他从

①赖内·马利亚·里尔克：1920年2月27日信件，引自《里尔克与南妮·翁德利-伏尔卡特通信集》第一卷，第166页。

你的肉体世界里迸出，来到更狭窄的世界的时候
他在那里得以继续并完成。哦，英雄的母亲们
哦，奔腾河流的源头！你们就是峡谷
少女们已经高高地从心灵的边缘，悲泣着
冲了进去，将来为儿子牺牲
因为英雄一旦冲过爱的留念
每个为他而跳的心都会使他成功，
这时他转过身，站在微笑的终点，脱胎换骨。

艾丽娅·马利亚·内娃

我觉得这完全是命运的安排，让我找到了自己的路……

当前线炮火连天，无数将士在血与火中丧命的时候，里尔克正在专心研究他已经写过无数次的主题，如他的诗歌《圣乔治》：骑士乔治的形象以及拯救公主的故事。再次研究这一方向的诱因，是里尔克1918年夏季观看了一场《奥格斯堡乔治故事》，这一故事1486年诞生，此次是由慕尼黑的演员和教徒共同出演的。饰演皇帝女儿艾丽娅的演员是年轻的汉诺威女学生埃尔泽·马利亚·胡托普（Else Maria Hotop）。她的父亲容许女儿搬到慕尼黑，是因为她保证会在亨利希·沃尔夫林（Heinrich Wölfflin）门下学习艺术史，而这位瑞典学者沃尔夫林是学界非常杰出的专家。跟他学习艺术史对父亲来说，意味着女儿站在了联姻的贵宾室。但是马利亚实际上却想成为一个演员。于是她参加了乔治故事的公主的演出，她在剧中要向巨龙“牺牲”自己的理智。马利亚希望能够过自己想要的生活，听从艺术使命

的召唤，成为一名艺术家。里尔克的诗歌加强了她对自己选择的坚定决心。她也能够凭记忆背诵里尔克《祈祷书》与《图像集》中的大部分诗篇。因为她的中间名“马利亚”，她感觉自己与里尔克之间有一种特殊的联系。现在她以艾丽娅公主的身份，登上舞台并经历了一次与里尔克奇迹般的相遇，而这样的相遇在里尔克的生命中，早已经如恒河沙数。

在第一场演出时她的搭档突然说：“里尔克也来了。”在最后一场演出之前马利亚被告知：“里尔克会在表演结束之后上台。他想认识一下你。”然而当幕布降落的时候，里尔克并未出现。玛利亚非常失望，但不至于沮丧。她坐下来开始写信。很多女人都做过类似的事情——敬重地、谦恭地、小心翼翼地探问。但是这位年轻的女演员却打破了陌生的距离感，又不至于失礼。她在第一封信的末尾签名写下了公主艾丽娅的名字，并从此之后自称为艾丽娅·玛利亚·内娃。她不用其他客套的称呼，而是直接用“你”来称呼里尔克，并在信中表现出惊人的直截了当：

赖内·马利亚——

我爱你的灵魂就像人们爱上帝。这从我第一次读你的《祈祷书》就开始了。但是当我偶尔遇见你的时候，我却为你的灵魂而悲伤，因为他被外在的墙牢牢困在后面。为什么总是这样呢？难道灵魂在这日常的，向下的生活中不能成长得更大、更内在化一些？①

① 艾丽娅·马利亚·内娃：1918年9月写给里尔克的信，具体日期不明，引自艾丽娅·马利亚·内娃：《与里尔克的友谊》，第21页。

被外在的围墙牢牢束缚的灵魂：这一句话直接打动了里尔克。马利亚看透了里尔克，他自己的内心也是一个被困的公主。马利亚并不想与里尔克发生什么风流韵事，因为她已经有一个认真的恋爱对象了，对方是慕尼黑皇家国家剧院的演艺学校负责人，他们计划1920年结婚。马利亚希望里尔克解放灵魂，成为他自己。里尔克立刻回信并邀请她来他爱因米勒的新居做客。1918年10月2日，她来到里尔克位于5楼的工作室，里尔克打开房门并和信中一样用“你”招呼她：“多美啊，你来了！”[①]那一晚是马利亚24岁生日前一天。

里尔克住在工作室里，走过一道玻璃门外面就是一个雨棚，里尔克可以在那里一览无余地观赏施瓦宾的屋顶和烟囱。房间里有一个又大又宽敞的沙发椅，旁边还放着一只脚凳。人们在这里摆满书，旁边还堆着很多没拆封的书籍包裹。另一个小房间放满家用器具。鲜花装饰着整个屋子，墙壁上没有挂一幅画。他们经常在朦胧的光线或者在烛光中朗读。

年轻姑娘的拜访给里尔克留下深刻印象，他被深深吸引的同时又非常不安，不知道马利亚在他生命中究竟会扮演怎样的角色。他本人倾向于将每一次与女性的相遇，都看作命运的安排。上天将这位姑娘送到他身边！可能她就是他一直渴望见到的“无名人士”？为了探究马利亚的秘密，他决定继续与她见面。但是将来他们应该在怎样的情境下约会呢？里尔克从童年回忆中的画面找到了灵感。因为自那时起里尔克就热爱与女性一起跪倒在一个更高的存在面前：

---

① 艾丽娅·马利亚·内娃：1918年9月写给里尔克的信，具体日期不明，引自艾丽娅·马利亚·内娃：《与里尔克的友谊》，第25页。

当我想起你，我就看到一个梦中的画面，我们肩并肩跪倒在地。而这也将是我们一起进行的活动。你什么时候再来我这里？这个周三可以吗？写信给我。[①]

于是就有了周三的祈祷时间，他们共同献身于一个更高层次的爱，这种爱情从未降低到肉体层面。当一个人跪倒在一位女性身边的时候，他想要的就是另一种形式的结合。它必然更加充满期待、更纯粹并且比起单纯的肉体游戏要更动人、更有约束力、有更高的追求。它要求的是绝对的纯粹。里尔克本该明白，他的共同下跪祈祷的建议能够点燃艾丽娅的激情，而这种激情的后果让里尔克很快开始恐惧。她开始称他为“你，诗人”，并特别强调：

我跪下了。并且我明白，我们都必须跪下——并祈祷。但是当我们跪下的时候——你和我——我们会看到。一切都会歌唱。[②]

这位年轻的女演员现在是在做什么样的角色扮演？这是她的真实情绪吗？孤立来看这句话没有人了解，也没人想要了解，实际上他们是在扮演古老的乔治故事。但是在这一切表达与庄严的表情之后，隐藏着双方生活经历带来的言外之意。眼下这种生活不应该继续下去了。

马利亚谈到了他们灵魂的交融，并追溯到里尔克诗歌中的情境。她引用里尔克《祈祷书》中的诗句“上帝，你是如此伟大！”暗指

①赖内·马利亚·里尔克：1918年10月4日与艾丽娅·马利亚·内娃的通信，引自艾丽娅·马利亚·内娃：《与里尔克的友谊》，第27页。

②艾丽娅·马利亚·内娃：1918年10月6日与里尔克额的通信，引自艾丽娅·马利亚·内娃：《与里尔克的友谊》，第31页。

里尔克。她称他为“你这永生不死者”与“赖内·马利亚，充满美德的人。”面对这将他过度神化的态度，里尔克感到非常恐惧，但是他基本上并没有拒绝这些过度的称呼。他是一个未完成品，因此艾丽娅不应该期待从他那里得到任何完满的回应。很快二人的关系已经有点过于超过平均限度了。里尔克建议周三的约会可以共同阅读，这是他习惯的方式，将过高的感情圈在一个信赖的范围内。

当窗外慕尼黑大街上革命即将爆发的时候，马利亚坐在宽大舒适的沙发椅上，里尔克则坐在她脚边的小凳子上，为她朗读诗歌。艾丽娅始终生活在里尔克迄今为止发表过的书里，她从中得到了关于里尔克母亲的印象，一个亲切温柔的妈妈，但是当与里尔克亲自交流，并且关系亲密的时候，里尔克所描绘出的母亲形象则截然不同。马利亚与自己的母亲关系非常紧张，因此她将自己渴望的画面投射到这对母子身上。索菲亚·里尔克是“一个美丽亲切的女性”，而里尔克是“一个温柔的、渴望爱的孩子”，母亲与儿子融为一个相爱的整体，她将自己代入其中：“当我想到你，我有时候会觉得你就像一个母亲一样温柔地环抱着我，赖内·马利亚！”[①]

在这段时间，汉斯·卡洛撒从战场上返回[②]，并在慕尼黑开了一家新诊所。一天他走进一家商店，感觉身后有人轻轻地但是确定地拽了他的袖子一下，他回头看到了里尔克的脸。里尔克笑得有些勉强，看起来让人担忧。里尔克谈论他的不确定的病痛，认为这是因为不适应饮食引起的。卡洛撒很清楚，里尔克将禁食视为万灵药，能用它对付所有的疾病，但这一次他做得太过了。他的纯素饮食导

---

①艾丽娅·马利亚·内娃：1918年10月23日与里尔克的通信，引自艾丽娅·马利亚·内娃：《与里尔克的友谊》，第31页。

②汉斯·卡洛撒：《引导与随行》，第124页。

致他缺少很多重要食物摄取，如牛奶、面粉、鸡蛋、黄油和他曾经最爱的粗粮。于是二人约好第二天去诊所检查病情。里尔克成为卡洛撒回归后的第一个病人。这位医生兼诗人与里尔克的见面，当然与那些在战争时期，想要得到他的爱情的女人们不一样。于是里尔克脱掉衣服，医生敲击他的胸口、后背。这一过程中医生注意到里尔克脖颈上戴了一个小小的俄国银质十字架[1]。卡洛撒没有发现他身体上有任何疾病。他很清楚，为什么他的病人总觉得不舒服，因为他正处于精神低潮期。这一年他只写了一首诗《致音乐》：

音乐：雕像的呼吸。可能：
图画的静默。你在语言尽头
的语言。你垂直立于心灵流逝方向处
的时间。
对谁的感情？哦，你是感情
向什么的转化？——向听得见的风景。
你，陌生人：音乐。你从我们身上长出来的心灵空间。我们内心最深处
超越我们，向外探寻——
神圣的告别：
内心的一切环绕着我们
作为最熟悉的远方，作为空气的另一边
纯净，
浩大，

①汉斯·卡洛撒：《不同的世界》，第21页。

不再适于居住。[①]

里尔克前所未有的怀疑，自己是否真的可以完成哀歌。因此他将自己近期的文稿分为完成版和未完成版两部分，并分别邮寄给他的出版商安东·基彭贝格和莎乐美保管。政治问题对里尔克来说只有在涉及他的个人利益时才会受到关注，现在情况就是这样：随着维特斯巴赫家族的垮台，国王路德维希三世在1918年11月7日被废黜，里尔克那些极富影响力的赞助者们势力全毁。里尔克明白，他没有办法继续在德国过他习惯的那种奢侈生活了。但是他应该去哪呢？杜伊诺在战争炮火中已经毁于一旦。通过出版商基彭贝格的介绍，里尔克与瑞士方面取得联系。他收到了一个读书会的邀请，却没能得到瑞士当局的入境批准。

在慕尼黑11月革命那一天，里尔克与艾丽娅一起去听音乐会“古老以及更古老之时的曲调”。这一晚是古老欧洲的终曲。11月17日在国家剧院举行革命庆祝会。里尔克最终下定决心：他在德国已经没有未来了。

里尔克始终对时代的信号高度敏感，当克莱尔·斯图德尔（Claire Studer）出现在他的生命里的时候，他坚信这是命运的再一次安排。克莱尔从瑞士来到慕尼黑，这位里尔克的狂热读者与伊凡·戈尔（Yvan Goll）发生过桃色纠葛，因此与她的丈夫，瑞士出版商亨利希·斯图德尔（Heinrich Studer）分居。对里尔克而言，她就像是来自他正要去的国家的使者。他们见过一次面之后开始通信。里尔克称这位古怪的女作家为莉莉安娜（Liliane）。克莱尔要与她的情人伊凡·戈

①《里尔克作品全集》第二卷，第111页。

1918年到1925年间里尔克与女作家克莱尔·斯图德尔通信60封左右，探讨他们对彼此作品的看法。

尔结婚并冠上夫姓。她对待丈夫的作品的态度与对待她与里尔克回忆的态度一样随心所欲。在后来的一次采访中她说道：

> 我与里尔克有过暧昧关系，尽管我很难忍受他的黑人嘴唇上的大胡子。当我怀孕的时候，我选择了堕胎。因为那孩子有可能和他女儿一样是个傻子，整天吃掼奶油。[1]

①对克莱尔·戈尔的采访，1973年7月31日刊登在《慕尼黑晚报》。

丑闻迭出的克莱尔·戈尔的这一表述最让人感到尴尬的结果是，真的有一部分传记作家选择相信她的胡说八道，并毫无批判之意地肆意传播她与里尔克的肉体关系和她的怀孕故事，言之凿凿，宛如亲见。里尔克并不是一个热心与人上床的人。他与一个女性最具情欲意味的会面之地，就是他那个阅读专用沙发椅了。女士正襟危坐在那里，里尔克则坐在她脚边，就像他和艾丽娅在周三的仪式中那样。里尔克愿意服侍女人，就像母亲教导他的那样。他和帕尔齐法尔一样，都是不染尘俗的人。只不过里尔克是一个知道自己是帕尔齐法尔的傻瓜。

慕尼黑的街上红旗招展。里尔克这一天送给马利亚白色的丁香，好像有意要与政治颜色做一个对比一样。“王国这个概念的消逝，通常会让我非常痛苦。看来还是到了这一天。红旗在王宫城堡上面迎风飘扬的场景几乎刺痛了我。”[①]马利亚写道。当旧世界彻底破灭时，她应该怎么做呢？未来一片灰暗，让她心情沉重。于是马利亚只能回首过去，从自己曾经的经历中找到力量，这打动了里尔克。里尔克曾经在一个城堡里做客，当他独自走进城堡祈祷室的时候，他发现阅读架上摆着的并不是《圣经》，而是他的《祈祷书》的读本。里尔克被这一对他作品的价值的肯定深深感动了，他翻阅这本书并大声朗读：

我们以颤抖的双手在你身上建造
我们把微粒堆积于微粒之上。
但谁能把你完成，

① 艾丽娅·马利亚·内娃：1918年11月17日与里尔克的通信，引自艾丽娅·马利亚·内娃：《与里尔克的友谊》，第41、42页。

你主教的教堂
什么是罗马？
它已崩塌。
什么是世界？
它将破碎，
在你的钟楼联结之前
在你发光的额头
从几里远的马赛克升起之前。

他继续读：

我相信尚未说出的一切
我要放纵自己最虔诚的感情
还没有人胆敢希求的一切
我无意识就做到了
如果这是傲慢，我的上帝，请宽恕我
但是我只想对你说：
我最好的力量应该如嫩枝
不会发怒也不会畏缩
孩子们就这样爱你
随着这阵退潮，随着一股洪流注入
广阔大海
随着不断扩大的回流
我要将你信奉，我要将你宣扬
前所未有。

当里尔克大声诵读自己的诗歌的时候，城堡的主人悄悄走进来，认真聆听。他将这一经历告诉马利亚，并以一句代表他性格的话结束："这就是我觉得最值得感恩的一点，我可以做这些。"[①]

里尔克并不认为自己是新的美学宗教的宣告者。其他人如果将他描述成一个圣人，那无论如何都不适合他。古老的欧洲在世界大战中彻底崩塌。当时的政治、经济、文化、宗教领域都在寻求一个救世主形象。马尔堡的神学家鲁道夫・奥托（Rudolf Otto）发现《圣徒》是一切宗教的基础。意大利阿西尼城的弗兰茨就是圣徒的完美典范。作家阿尔丰斯・佩措尔德（Alphons Petzold）甚至认为，在里尔克身上看到了天使般纯洁的圣人归来。他的书《阿西尼的弗朗西斯》的献词中写道，"向我们时代的弗朗西斯兄弟：赖内・马利亚・里尔克致以最忠诚的追随"。

甚至连马利亚都赞同这种宗教上的过分抬高，并坦率地对里尔克说："有一种伟大的神圣存在于你体内和身边。"作为里尔克《祈祷书》的忠诚读者，她非常期待里尔克完成他的使命："唤醒这种神圣。"[②]里尔克对此反应恼火，并说道："如果我们的时代真的有一个人能像阿西尼的弗兰茨那样，那我们的时代就不会是现在这个样子了。"[③]里尔克非常清楚：阿西尼的弗兰茨对很多人来说，是基督教界最伟大的圣徒，一些人甚至称他为归来的耶稣基督。里尔克认为，这位圣人身上有两点堪称典范：全心全意奉献于更高的意志，以及他

---

①艾丽娅・马利亚・内娃：1918年11月17日与里尔克的通信，引自艾丽娅・马利亚・内娃：《与里尔克的友谊》，第48、49页。

②艾丽娅・马利亚・内娃：1919年3月17日与里尔克的通信。引自艾丽娅・马利亚・内娃：《与里尔克的友谊》，第86页。

③同上，第87页。

的诗人身份。因为弗兰茨创作了一首永恒的圣歌《阳光之歌》。

阿西尼的弗兰茨与天使一样属于超脱凡俗的领域。里尔克并未将这一天主教的传说与他唯灵论的经验混为一谈。天使与圣徒绝非幽灵，也并非人类可以通过通灵术召唤而来的存在。1918年12月14日，马利亚再次坐到沙发椅上，将她的脚放在里尔克身边，里尔克也同样坐在她身前的小凳子上。他朗诵了他的短篇故事《经历》（第一部）。他在文中讲述了一个幽灵归来的神秘经历。这个故事与《我们有一个幽灵》《经历》（第二部）、《回忆》一样全部取材于他第一次在杜伊诺城堡居住期间的经历。里尔克描述了杜伊诺的幽灵，死去多年的两个姑娘雷蒙蒂娜（Raymondine）与保利克纳（Polyxène）。于是对话不可避免地回到了1911—1912年，第一部哀歌诞生的时期。里尔克突然开始不再说“我”，而是自称为“他”。马利亚明白，如果这位男友开始用第三人称讲话，那他将给出最私人的评价了。里尔克谈到那个促使哀歌第一句产生的时刻：“如果我哭喊，各级天使中间有谁听得见我？”之后他评价这一现象：“这是我透露的天机；如果这种状态能够一再提升的话，人们就会理解怎样正确地生活了。”[①]

虽然马利亚邀请里尔克一起庆祝圣诞节，但是里尔克还是在习惯的孤独中度过了他的“六点钟时刻”，新年过后，里尔克让女管家洛萨·施密特（Rosa Schmis）重新布置他的工作室。里尔克将空间腾出来，这样他就可以在工作期间按老习惯走来走去了。里尔克讲述他在施玛根多夫的生活和《祈祷书》的诞生，讲他与俄国诗人多罗森的相遇。他朗读比利时作家埃米尔·维尔哈伦（Emile Verhaeren）的作品，并感觉他又得到了创作的动力。但是失败了，里尔克又生病

① 艾丽娅·马利亚·内娃：1919年3月17日与里尔克的通信。引自艾丽娅·马利亚·内娃：《与里尔克的友谊》，第51页。

了，他突然开始对光线极其敏感。

马利亚的日子也开始难过起来。她的父亲找到她，并打算重新规划她的生活。奥博斯特·霍特普（Oberst Hotop）坚持要认识一下里尔克，请他喝茶。里尔克拒绝了邀请，声称自己处于闭关工作状态。这在马利亚的父亲听来完全不可信，尤其里尔克每周三都还有时间与他女儿约会。里尔克对周三约会的解释是，这并未偏离他的工作，谈话与阅读始终对他的工作有利，并且有助于他集中注意力。于是这个约见女友父亲的苦差事被他躲了过去。

早春的风吹过慕尼黑，带来了觉醒的空气。马利亚摆脱了父母的控制，她将在来年结婚，生小孩，在德国不同城市从事演员工作。1924年，她迁居瑞士，并在多诺赫成为鲁道夫·斯坦纳（Rudolf Steiner）神秘剧中著名的女演员。里尔克终于得到瑞士的入境许可，并于1919年6月11日离开慕尼黑。从林道出发，他乘轮船横穿博登湖，到达罗曼斯霍恩，再转乘火车。到苏黎世站的时候，霍廷根读书会主席汉斯·博德默（Hans Bodmer）已经在车站欢迎他了。

再也没有什么比在读书会的招牌下，被围在一群读者中间，或者盯着一页纸思索更让人不自在的了，感觉像是在医生的候诊室又或者在理发店。在苏黎世的城区霍廷根居住的人，全部非富即贵，他们都出身于具有强大政治影响力和丰厚经济实力的瑞士老牌贵族家庭。里尔克在这里遇见的绅士淑女，都可以轻而易举搞定他的瑞士居留许可，也能给他未来的生活带来经济保障。马克西米里安·奥斯卡·比尔歇-班纳（Maximilian Oska Bircher-Benner）医生与其他医生，一起为里尔克提供了必要的疾病证明，确诊里尔克具有不稳定的身体状况，需要延长在瑞士的时间。

里尔克的穿越瑞士读书之旅与今天我们常说的“诗人读书会”

并不相同，它并不涉及订购名单、大量出版、发书宣传以及采访等商业活动。它只是提供了一个名单，上面的人都将在霍廷根的读书会上朗诵：雨果·冯·霍夫曼斯塔尔（Hugo von Hofmannstahl）、盖尔哈特·豪普特曼（Gerhart Hauptmann）、赫尔曼·黑塞（Hermann Hesse）、鲁道夫·亚历山大·施罗德（Rudolf Alexander Schröder）、托马斯·曼（Thomas Mann）、卡尔·克劳斯（Karl Kraus）的作品。里尔克的瑞士读书之旅让他与文化界的权威人士结识，这些人也都在私下给予里尔克很多帮助。他始终住在当地最好的旅馆，如伯尔尼的贝耶乌尔宫酒店、日内瓦的里什蒙德酒店、苏黎世的鲍尔酒店，后来又住进一个小城堡，那曾经是索利奥/拜耳盖尔地区的撒里斯旧宫殿。这个城堡位于格劳宾登州，是瑞士古老家族撒里斯的发源地。里尔克住在其中一个装有木质护墙板的房间，他在那里写信给马利亚，讲述他的瑞士之旅：

"伯尔尼总是这一类的安排，那里有两个女士，一个年轻的和一个80多岁的，希望我能始终对此保持感激之心，希望到时候他们觉得值得。最让我高兴的是，那些来自瑞士古老家族的人们——因为如果我没有处于一个合适的位置，接近这个国家本土的人的话，那么这个我本来就不太了解的国家肯定会完全超出我的理解范围：命运已经将这一切奇迹般地呈现在我面前；从伯尔尼的城堡向外看去，可以一直看到很远的风景，在这里发生的一切，都变得更加清晰可辨。"①里尔克信中提到的两位女士，是他在伯尔尼最早的资助者伊冯娜·冯·瓦腾威尔-弗洛登海希（Yvonne von Wattenwyl-Freudenreich）以及伯尔尼州郊区木里的大庄园主伊丽莎白·埃米

---

① 赖内·马利亚·里尔克：1919年7月30日与艾丽娅·马利亚·内娃的通信，引自艾丽娅·马利亚·内娃：《与里尔克的友谊》，第120页。

尔·冯·古岑巴赫（Elisabeth Emile von Gunzenbach）。里尔克直到1919年秋季，都住在索格里奥的那个旧宫殿里。之后就是一场不得安宁的旅行生活。里尔克试图逃离他自己，这当然进行得不顺利。因为无论他下一个月前往何处，他总是要带着同样的烦恼同行。同年12月，他搬到了德欣州的洛迦诺。1920年复活节的时候他开始抱怨各种身体和精神上的问题，他当时的新住所位于巴塞尔州普拉特恩附近的舍纳伯格庄园：

在这种糟糕的状况下我从几周前就开始，你要是愿意就说是生病了吧——在我的个人情绪如此迫切又不耐烦的情况下，我一整个冬天都找不到一个安宁的庇护之所，这让我的压力越来越大。[①]

对意大利深切的渴望突然浮上心头。他在哪里可能找到工作的专注力呢？于是里尔克决定前往威尼斯，当然还是住在豪华的瓦尔马拉纳宫。

亲爱的艾丽娅，那个“钟摆”尽管刚刚就要摆回来，现在又要大幅度地摆到范围之外了，看看去哪：我现在在意大利，14天前就已经来了，而从昨天开始，我就坐在塔克西丝侯爵夫人古老的包厢里，一天又一天地到处旅行了。[②]

---

①赖内·马利亚·里尔克：1920年濯足节与艾丽娅·马利亚·内娃的通信。引自艾丽娅·马利亚·内娃：《与里尔克的友谊》，第149页。

②赖内·马利亚·里尔克：1920年6月23日与艾丽娅·马利亚·内娃的通信。引自艾丽娅·马利亚·内娃：《与里尔克的友谊》，第158页。

里尔克非常现实地评估他自己的状况，他期待钟摆能够摆回去。当马利亚告诉里尔克她的第一个儿子西奥菲勒斯诞生的消息时，里尔克正在绕路经过巴黎之后回到瑞士居住，他当时住在耶荷的博格城堡：

> 我现在写信的地方，是一个古老的小城堡，地处偏僻，我在几周之前带了一个女管家,她能够沉默安静（哦，完全与洛萨不同）地照管我，一起搬了进来。这里真的完全，马利亚，完全是我需要的样子：你知道的，当我们住在爱因米勒大街，最艰难孤独的时候，曾经多么想要有这样的城堡啊。我确定现在我真的非常需要它，我再也不能没有了——但是现在我感觉责任也同时变得非常大，因为我必须得充分利用这一奇迹般的保障。[1]

侯爵夫人也特地远道而来陪同里尔克。她因为无名人士的召唤，在劳特辛的城堡重新举办了通灵集会，在场的还有一个荷兰客人和她的儿子帕沙。这次他们试图通过倒转玻璃游戏[2]连接幽灵世界。帕沙开始提问，一开始玻璃很犹豫，但是突然猛地一动，显示了一条信息：

> 命运——
> 扬风起帆，高高的塔楼

①赖内·马利亚·里尔克：1920年6月23日与艾丽娅·马利亚·内娃的通信。引自艾丽娅·马利亚·内娃：《与里尔克的友谊》，第165页。

②Gläserrücken，一种通灵方式，具体方法是准备一个玻璃杯和写着字母的纸片，将字母摆成一圈，也有的还包括0—9的数字，然后将玻璃杯倒扣在中间位置，几人手指点在上面，之后就可以问问题了。——译者注

夹竹桃花在夜晚死去——
玛利应该读

侯爵夫人仍然觉得困惑，之后她又问了一个问题："我应该怎么做？"玻璃的回答是：

无名人士。
诗人——
他不需要搜集沙子
荒芜的沙丘——
他的智慧？
歌唱——
超脱尘世——
太过不集中注意力——
集中心思——[①]

玛利·冯·图恩·塔克西丝侯爵夫人认为，里尔克可以从这些信息中得窥天机，于是将集会记录邮寄到博格城堡。已经又有一位女士在等待与他的相遇了，她愿意以完全忘我的、无私的爱，陪伴里尔克从整理内心思绪到重新创作的全部过程。她是那个里尔克自西班牙之旅就始终在期待的无名人士吗？

---

①玛利·冯·图恩·塔克西丝：1920年8月18日与里尔克的通信，引自《赖内·马利亚·里尔克与玛利·冯·图恩·塔克西丝通信集》第一卷，第617页。

南妮·翁德利-伏尔卡特
——伟大的母亲

妮可·冯·齐歇尔泽

请您保护我。

随着古老欧洲贵族阶层的沦陷，里尔克的金钱供应体系也随之崩溃，于是他搬到了瑞士。玛利·多布罗森斯基侯爵夫人（Mary Dobrzensky）及时用法郎帮助里尔克度过经济危机，这位侯爵夫人住在日内瓦湖畔，是一位波希米亚贵族。她在尼永有一处山间别墅，专门用来接待流亡艺术家与知识分子。1919年6月，里尔克也在那个好客之所中住过几天。里尔克在苏黎世湖附近的迈伦、温特图尔、巴斯勒和瓦莱州都发现了被瑞吉娜·乌曼称为“伟大诗人天然的补充”的：“贵族阶级。他们因为自己的慷慨大方以及高雅作风而出类拔萃。”[①]里尔克很快在瑞士建立起可靠的资助者圈子，随后他开始将自己得到的坚挺的瑞士法郎，派送给瑞吉娜·乌曼、露露·阿尔伯特-拉萨德以及新的女友们，就连克拉拉和露特也包括在内。里尔克还将所有的亲人、朋友和熟人全部做成名单列表，大方地按列表

①瑞吉娜·乌曼：《回忆里尔克》，第29页。

南妮·翁德利-伏尔卡特，里尔克最后的时光中最信任的人以及资助者。（匈牙利画家约瑟夫·阿尔帕德·科贝尔画）。里尔克1926年12月29日逝世于瓦尔蒙特时她陪在他身边。

购买礼物，账单当然由最新的施主支付。

里尔克的瑞士资助者都出身博德默尔最古老的家族，如撒里斯-泽维斯（Salis-Seewis）家族、布尔克哈特（Burckhardt）家族以及极其富有的大商人兼赞助人莱因哈特和伏尔卡特所在的温特图尔（Winterthur）家族。伏尔卡特家族拥有瑞士最大的公司。伏尔卡特兄弟公司的合伙人维尔纳·莱因哈特（Werner Reinhart）与南妮·翁德利-伏尔卡特以史无前例的慷慨，确保了里尔克奢侈的生活方式。这种赞助作家的习惯从古至今始终延续下来。

南妮·翁德利-伏尔卡特是里尔克在瑞士读书会旅行时结识的，他称南妮为妮可（Nike），这是胜利女神维多利亚（Victoria）的希腊文名字，在古代人们大量制作关于她的雕塑，其中最著名的是萨莫特拉斯的胜利女神，她身后两翼高高张开，如同一个强有力的守护神。里尔克最早在卢浮宫和慕尼黑、柏林的凯旋碑上认识这位女神。每当里尔克给他的女友取一个特别的名字的时候，也意味着这位女友被工具化了。妮可住在苏黎世湖畔迈伦的一个豪宅内，身边仆从如云，她每天派人从自己的花园采摘新鲜的玫瑰和其他花朵，再带着这些花乘火车经由洛茨堡山底隧道前往瑞士南部，送到里尔克手中。在她与里尔克初相识的时候，她就谈起过资助的责任问题。她乐于满足这些要求，但是有时候这对她来说也有点太过了。为什么妮可要任由这些过分的要求折磨自己呢？里尔克可能觉得，集中精力只资助一个人对温柔的赞助者来说是一种减负吧。于是他直截了当地提出各种要求并且承认：

“我需要您。我说的是不是太多了？我是否因此和您心里那些向您提要求的人一样了——那种您曾经在车上以一种些微疲倦提及的必须付出太多的负担？我成为那些人中的一员了吗？”[①]他其实并不是想要的太多，他只是期待得到一种平衡的公平而已。

> 如果单只是从您那里一再地赠予我，那些多年前曾属于我的东西，那些自然的气息，那纯净的、丰富的、您的鲜花与源泉。[②]

除了鲜花之外，妮可还给里尔克送过信件的封漆、热水袋、给诗人铺床用的羊皮和厚实的羊毛毯、伦敦定制的不同款式的西服、燕麦饼干、蜡烛、邮票、信笺、绣着字母的手帕等等。他的所有家具都是付过款的，房屋租金直接付账单，赞助他的家庭开支，负责亲朋好友的礼物、旅行费用、疗养院开支、购买书籍以及所有的一切。

妮可一直在搜集所有关于太阳的诗歌，里尔克从她的第一封信开始就表现出了相当的热情。他打开她的信，将它放在阳光下，然后他用心感受，用眼睛去读，最后他意识到，他完全可以不需要感伤的、感动的风格，而只需要敞开心扉，坦率地谈话：“我给您写的信真的

---

①赖内·马利亚·里尔克：1919年12月9日信件，引自《赖内·马利亚·里尔克与南妮·翁德利–伏尔卡特通信集》第一卷，第22、23页。

②同上，第23页。

太糟糕了，我最信任的人，因为这其中掺杂了太多附加目的了。”[①]里尔克住在洛迦诺的格兰特饭店。他要搬到穆拉尔托别墅长期住宿，并需要瑞士法郎和很多贵重家具，用来装点他的两个房间。

“一个纯粹的愿望清单”经过迈伦邮到了目的地。妮可称自己的闺房为斯度布里（Stübli），[②]很快里尔克也称自己在穆拉尔托的别墅房间为斯度布里。他在信中写道，现在他称信为布里夫里（Briefli）[③]。里尔克用灵活的应变能力迎合当地瑞士人的发音与习惯，他在这方面很快就表现出相当的老练。此外还有里尔克的卧室，他总要开着窗子睡觉的那个房间，需要床品。妮可从自己的私人斯度布里的存货中，找出里尔克需要的东西，一包连着一包地邮寄给他，供他用来装修自己的工作室和卧室。维尔纳·莱因哈特某次去穆拉尔托别墅拜访的时候，满心惊疑，因为他非常清楚这些布置的物品来源于谁。

穆拉尔托别墅的主人是一对夫妇，妻子是一位金发的瑞士人，丈夫彼得先生是一位德国人，他曾经在部队服役5年，3次受伤，最终提前退役，他现在很满意自己的新职业：房东。房东彼得先生有一双巧手和高超的技艺，他帮助他的房客做了一个站着使用的斜面桌和一个大书架。里尔克要在房间里吃晚餐，所以妮可贡献了一套家用餐具，包括纯金勺子和昂贵的瓷器。在沙龙吃的午餐让里尔克感到有些难以忍受，不过晚餐时房东太太高超技艺烹饪的燕麦粥，又足以抚慰里尔克的胃了。

---

①赖内·马利亚·里尔克：1919年12月9日信件，引自《赖内·马利亚·里尔克与南妮·翁德利-伏尔卡特通信集》第一卷，第25页。

②Stube，意为房间，寝室，Stübli是这个词的变形，类似瑞士当地发音的特色，也是指房间，文中采用音译，以示区别。——译者注

③Brief，意为信件，里尔克这里采用上文相同的尾音，Briefli，聊以玩笑，此处也同样音译，以示区别。

里尔克没有向妮可抱怨其他的事情。只有一次他提到了自己的军校时光，他与女儿通信带来的精神负担，以及女儿露特对他的要求给他的压力。但是没有再抱怨母亲。毫无疑问他仍然激起了南妮的一颗母爱之心。南妮是一位伟大的母亲，一个“无以言表的爱人”、一个天使一样的女人。里尔克待在她身边就又变回了小孩子，专心致志地解开圣诞礼品的包装丝带，对她每一次出现都满怀感激地赞颂，作为对此的回报，里尔克贡献出他的天赋所在：诗歌。1919年的圣诞礼物就是里尔克手抄的三首哀歌。这既是他的感激，也是他自己的职责。一切来自妮可的昂贵礼物，都是为这些作品服务的。里尔克从未与任何女人有这样诚实的关系，他在1919年12月23日写给妮可的信中，开诚布公地描述了自己的状况：

就让这，无以言表的爱人，就让这成为我们的圣诞节吧，它[①]现在就握在您的手里；小妮可，握在您的虔诚的双手中的这一切，就是我必须活下去的目的。我的轻率的爱人，您把我与它相比，我不可能是它（谁配与它相比呢？但是有时候它会拉扯着我去向哪里，去向那个“光明中的黑暗”之处，在心灵的星空之下，进入纯粹的超越，那就是天使的生活）。

我也明白，被这些决心落在后面并不值得羞耻，但是，随着时间的推移，我必须住在一个明显离它们越来越近的地方；请您不要过来安慰我，妮可，您应该也赞同吧：我经常外出，并且是一整年都这样。（您看看年份数字吧）生活就这样过下去。

但是它走向那里了。作为人类我得到了安慰，爱情，但是

①指的是里尔克送给她的圣诞礼物，三首哀歌。——译者注

作为艺术家我却为此担忧，因为我必须将它塑造，无止境地塑造，直到我离开此世。请您耐心帮助我，让我有机会完成它。请您保护我。请您允许我跪下并渴望进入您的鲜花盛开的心灵中的乐园。[①]

妮可并不抗拒这种对她的形象的神圣化表达风格。她已经是一个成年的儿子的母亲了，查尔斯（Charles），昵称品特（Pind）。她是否愿意有更多的孩子，我们不得而知。但是她需要确保自己写给里尔克的信件不能公开，这一点背后必然隐藏着非常私人的原因。里尔克前往苏黎世湖畔妮可所在的伊甸园，在那里度过了宁静的时光：上午在花园的吊椅中阅读或者观赏风景，中间有一个小时在斯度布里消磨，之后再回到花园，夜晚则都待在湖畔阳台。他还为妮可生活的方方面面做顾问，包括管理员工与教育她的狗。妮可曾经在里尔克的建议下买了一条狼狗，取名劳德（Lord），但是养了它之后发现，这只狗并不服从管教，他经常向客人、附近居民、散步路过的人狂吠。里尔克一开始的反应很冷静：

我很确定，您如果向富有经验的教育者请教一下的话，您很快就会帮劳德这个小淘气鬼戒掉他的这个坏习惯，那只是因为过度责任感与无聊二者共同作用的结果。[②]

劳德的这个“示警的爱好”只允许两个结果，教育成功或者舍

① 赖内・马利亚・里尔克：1919年12月23日通信，引自《赖内・马利亚・里尔克与南妮・翁德利–伏尔卡特通信集》第一卷，第55页。

② 赖内・马利亚・里尔克：1921年7月4日通信，引自《赖内・马利亚・里尔克与南妮・翁德利–伏尔卡特通信集》第一卷，第492、493页。

弃。劳德则用事实证明自己的冥顽不灵，而里尔克本人不但是一个与人建立关系的大师，更加擅长终结关系，与人分手。他认为，既然现在任何教育手段都证明不起作用，那么就在《苏黎世日报》上面登一则广告吧：

> 您越快把它送走越好。不要再过多与它待在一起了，让它安安静静地走。尽管有些风波，但是这一小段插曲也很可爱，并且一定在它生命中留下美好的回忆。既然事已至此，我们就必须果断、快速地执行。请表现得大方、洒脱一些吧，这样一切就都圆满了！①

妮可本可以把她的经济支援通过一次性付清的方式，或者每月支付的方式来处理，但是她却甘愿按照里尔克的要求为他提供私人化的、无时无刻的关爱。妮可偏爱田园的宁静生活，在花园里静静地工作、在自己的工作间做工艺美术作品、与信任的朋友单独谈话，以及偶尔溜出去：一起去疗养、去某一个城市一起漫游，又或者开车在近郊兜风。里尔克察觉到，妮可正深受睡眠障碍之苦，并且情绪非常不稳定。除了和他在一起之外，哪还有更好的方式能够改善她的心理状态呢？同时她还有耳鼻喉方面的慢性发炎的问题。苏黎世大学的耳鼻喉专业教授菲利克斯·罗伯特·纳戈尔（Felix Robert Nager），也是一位虔诚的天主教徒，受聘为妮可缓解痛苦。在病情严重的时候，妮可越发沉迷于宗教信仰。里尔克指出这种倾向是正面的、积极的，因为“上帝会出现在你身边，往往就是在你最坚强与

①赖内·马利亚·里尔克：1921年7月20日通信，引自《赖内·马利亚·里尔克与南妮·翁德利-伏尔卡特通信集》第一卷，第514页。

最脆弱的时候，这样上帝就能从同一点上听到你的颂扬与悲叹。”[①]他还推荐妮可在开着窗户的情况下做床上静置的疗养方式。任何阅读都被强令禁止，因为它只会刺激她的想象，这是里尔克的经验之谈。“静养，也许就有困意能入睡了——那这一切可多美啊！”[②]这种充满关怀的语气就像是成年的儿子在与母亲对话，里尔克一贯用这种腔调和自己的母亲说话。

里尔克带给妮可的那种关怀体贴，毫无疑问是她那位在事业上极其成功的丈夫不能给的。反正原本汉斯·翁德利也总是在工作。他的激情都投到打猎上了。妮可和里尔克同样喜欢素食、不含酒精的酒、装饰着鲜花的宁静的房间，甚至是烤燕麦饼、柑橘香波、科尼努尔和百特索克丽牌子的铅笔。她经常感到心烦意乱，以至于不得不放弃午餐，晚上又不能入睡，之后她就开始被恐惧折磨。

里尔克因为自己母亲的关系，对这种症状了如指掌。当妮可晚上躺在床上的时候，里尔克告诉她，他会在窗外的星空下散步，为她唱催眠曲，他要像晃动摇篮一样晃动她的心，让她像婴儿一样入眠。他们要像孩子一样充满信任地共度时光。里尔克像对待孩子一样为她讲睡美人的故事，来对抗她的恐惧。人们怎样才能战胜恐惧？里尔克认为，并不是靠否认它的存在或者压制它。恐惧就是生活的一部分，但是生活却以它的深不可测的丰饶，远不止由恐惧组成。如果妮可在床上，却无法入睡的时候，她应该这样想：

不要让您对那与人类相似的声音的惧怕放大，您应该立刻

---

①赖内·马利亚·里尔克：1922年4月21日通信，引自《赖内·马利亚·里尔克与南妮·翁德利–伏尔卡特通信集》第二卷，第740页。

②同上。

忽略它，转向比它更广大，连那些恐惧都包容在内，看起来无边无际的方向。[①]

睡眠障碍偶尔还伴随着嗅觉幻觉，有时候像是同时闻到了尸体和鲜花的味道。这个问题里尔克也能通过自身经验为女友解惑。幽灵有时候能以可见的形体出现，有时候则以嗅觉的形态显示自己的存在。他曾经经历过更恐怖、更阴森的嗅觉幻觉，完全清楚如何解释夜晚的味道。他明白，他的资助人需要的是一个女伴长久的陪伴。但是幽灵的味道并不因为心理因素而减少。里尔克有另一种解释：只有对神经的过度刺激，才会让感知对看不见的存在更加敏锐。

迈伦的幽灵想要通过他们独特的方式加强并刺激使他们产生的根源，这一根源在您的白天与夜晚，您的每次谈话中潜伏；这种心绪也会作用于器物与房子的墙壁；器物得到热量；于是内部的震荡次数开始上升，看起来像是它们陷入其中，没有出路，但随后它们又随机显现出来：就是说它们脱离了时间层面的束缚，当然也遵循它们存在的法则，之后这些器物与房间的墙壁成为反射镜面，可能反射的是过去，也可能是未来，这种最偶然的情况（可见的或者可以闻到的）在空间中发散开来。[②]

里尔克当时刚刚55岁。这些年他在与自己的身体和灵魂的天性

①赖内·马利亚·里尔克：1920年1月15日通信，引自《赖内·马利亚·里尔克与南妮·翁德利-伏尔卡特通信集》第一卷，第110、111页。

②赖内·马利亚·里尔克：1922年3月8日通信，引自《赖内·马利亚·里尔克与南妮·翁德利-伏尔卡特通信集》第二卷，第698、699页。

相调节的过程中，也增加了一定程度的冷静、沉着。粥和用金色草药泡制的茶，可以帮助他舒缓神经问题。然而有时就只靠禁食解决病痛。在禁食的日子里，里尔克经常会经历一些不寻常的事件，他也会把这些奇闻怪事讲给妮可听。他谈到有一次自己竟然可以悬浮，离地大概20厘米。这种类似的事件人们通常都自己记在心里，不与别人说。人们不告诉任何人，只告诉智者。在空中悬浮，飘动甚至飞翔是梦境以及童话中常见的主题。里尔克谈论自己的悬浮经历"就像整个身体都轻如鸿羽"[①]。里尔克还公开了自己的两个童年的秘密回忆。第一个经历发生在树林中，他当时空着肚子去寻找刺柏果：

> 在我小时候，当时是秋天，有那么一天我就去树林里闲逛，赤足、空腹，并非刻意苦修或者忏悔那种——就只是时不时地采摘几颗没有光泽的、蓝色的刺柏果吃掉，并且感觉它们已经顺着我的血液进入我身体内部的温暖之中。小鹿们跑到我身边，当我们向彼此散发气味的时候，我们互相将对方当做森林，并且彼此信任。[②]

这个故事的叙述，采取的是圣徒传说和宗教乌托邦的语言。里尔克逐渐模糊了文学创作与现实之间的界限。这一点在第二段故事上体现得更明显：

---

①赖内·马利亚·里尔克：1920年1月9日通信，引自《赖内·马利亚·里尔克与南妮·翁德利-伏尔卡特通信集》第一卷，第94页。

②同上。

我记得在我还是孩子的时候，我就曾经经历过一次那个高度的悬浮了，这次没有光脚，我还看见了房间，当我完全一个人在家的时候，我总是一再地试试——虽然还有一点小小的疑虑，但是成功了！（要让我说，我究竟是依照什么标志判断这不是梦的呢。）在我悬浮的房间里，我也好好地尝试了一下，悬浮着前进，垂直上下移动，以及在房间内斜着前进，这些都非常自然；当我在外面的时候，虽然我有能力这么做，也非常沉迷这一活动，但是我总有许多顾虑，只敢笔直地悬浮，不敢超过20厘米的高度，生怕引人注意，青草从我的脚下滑过，被压弯一点点（我的回忆是多么的精准啊），我的全身都充满了这种可能性，可以飞得更高、更好，这种可能的幸福必须被压制下来，但我仍因为占有这样美妙的经历而满足。[①]

里尔克所讲述的这样异乎寻常的经历，在阿西斯的弗朗西斯身上也发生过。这位天使一样的圣徒，曾经在阿尔弗纳山上悬浮。他向小鸟布道，一只被追猎的兔子奔向他寻求庇佑。这个圣徒故事以诗意的笔触讲述了人们对和平、宁静的生活的向往。伟大的西班牙神秘主义大师特蕾莎·冯·阿维拉（Teresa von Àvila），纯洁的圣人约瑟夫·冯·科波提诺（Josef von Copertino）或者威斯特法伦的先知安娜·卡塔琳娜·艾梅里克（Anna Katharina Emmerick）也有类似报道，他们应该也可以悬浮。里尔克非常熟悉这些传说，并早在1912年的《杜伊诺哀歌》中采取了这一主题，关于圣人让人心醉神迷的经历：

①赖内·马利亚·里尔克：1920年1月9日通信，引自《赖内·马利亚·里尔克与南妮·翁德利-伏尔卡特通信集》第一卷，第94、95页。

声音，声音。听我的心，就像只有
圣人听过那样：巨大的呼唤将他们
从地面升起；而他们却一再跪拜，
但是不可能，继续跪拜，毫不关心其他。[①]
（哀歌第一首）

里尔克向南妮袒露了许多秘密。6点钟时刻宁静的庆祝和神秘的圣诞节仪式，但是这些只有母亲索菲亚·里尔克才有资格做。即使在瑞士的时候，他也还是坚持独自一人过平安夜。由于里尔克这位引人注目的客人不肯离开他的斯度布里，甚至惹恼了女房东。于是房东彼得太太就让女服务员索菲穿着浆过的白色节庆衬衫敲他的门，手上还拿着一根枞树枝，上面有一盏圣诞小彩灯，然后跟里尔克说："我为里尔克先生带来圣诞的祝福。"[②]

当外面钟声响起，所有人涌入教堂庆祝耶稣的诞生时，里尔克在看他女儿露特的照片。他没必要在妮可面前掩盖任何事，露特对他来说更生疏一些。他没有任何做父亲的感觉，甚至在面对她的时候有些抗拒，于是他就与那些更倾向于将他看作诗人的人越发泛滥的通信，借此逃避这一切。节日过后又一个现实问题摆在面前。里尔克收到了寄宿处、服务以及许多其他项目的账单。他向妮可请求一笔"借款"，日后用诗歌偿还。"这种催债可以一直追溯到在英国时期的经历，那时候经济还没崩溃呢"，里尔克洒脱地解释了之后，将1914年创作的哀歌未完结稿，寄给妮可作为偿还借款的第一期。

---

①《里尔克作品全集》第一卷，第687页。

②赖内·马利亚·里尔克：1919年12月24日通信，引自《赖内·马利亚·里尔克与南妮·翁德利-伏尔卡特通信集》第一卷，第58页。

格拉·古特曼

来自俄国的迷娘。

世界大战让很多人的生活脱离正轨，有些人从此只能在最低生活水平线上挣扎。他们中的一员就是安格拉·古特曼。这位离异的年轻妈妈，后来还在斯大林发起的动乱风潮中活了下来，现在独自住在洛迦诺一家旧旅馆“卡斯特罗迪费罗”。里尔克在洛迦诺一家旧书店邂逅这位贫穷的女作家，这也是诗人与读者之间的见面，因为后者手里还拿着里尔克的《祈祷书》，她尤其喜欢第三部分《关于贫穷与死亡》，里尔克在诗歌中赞美了方济会无家无财产的理想主义：

因为贫穷是内心发出的伟大的光芒……
你是穷人，你身无分文，
你是石头，无处栖身
你是被鄙弃的麻风病人，
手持响板在城外逡巡。
你身无长物，清贫如风
名誉几乎遮不住你的赤裸；
古尔德日常衣裳与你的相比，
也更华丽，像一份财产。①

①《里尔克作品全集》第一卷，第356页。

里尔克一开始以为安格拉是俄国人，她对俄国总是反应很强烈。安格拉曾经在巴黎学习过几个学期的医学。她是里尔克心中女诗人的完美形象，因为她只遵从自己的诗人使命并为此忍受物质的贫乏与窘迫。里尔克邀请安格拉去他的斯度布里，并请她讲述她的动人经历：她出生在摩拉维亚的兹诺伊莫城，原名安格拉·米尔纳（Angela Müllner），父亲是虔诚的天主教徒。后来全家迁往维也纳，她结识了贫穷的表现主义作家利奥波德·胡博曼（Leopold Hubermann），于是她中断了学业并离开家，与爱人一起前往特里斯特。1909年2月，女儿丽姬娅出生，一年后她与利奥波德·胡博曼结婚，并得到俄国国籍。胡博曼是波兰人，因为当时他的故乡被俄国占领，所以他被莫斯科官方认为是俄国人。

她的第二个孩子出生在特里斯特一个为无家可归者准备的收容站里。她的丈夫、她的1岁的女儿和她与21名无家可归者，共同住在一个房间里。在她分娩几天之后一个犹太人来到收容所避难。这个盲人摸索着穿过整个房间，走过其他的住户，直接来到最后面的角落，那里正是产妇躺着的地方。随后他站在她面前，弯下腰，摸索着找到她的脸，抚摸她的脸颊，然后说："你生了一个儿子。"他放下一枚银币在破旧的被子上然后离开了。在里尔克看来这简直就是一个圣母玛利亚一般的经历，与圣母在贫穷与脏乱中生下耶稣基督一样动人。

儿子生下没多久就夭折了。夫妻俩自1913年起，就在巴黎城区一个破损的房子里寄宿。安格拉在《表现主义报刊》上发表小说，但是单靠这个并不够支撑生活。战争爆发之后她的丈夫被征召加入俄国军队。她则搬到苏黎世，与西蒙·古特曼（Simon Guttman）结婚。西蒙·古特曼是乔治·海默斯（Georg Heyms）的出版商，并且很快加入了胡戈·巴尔(Hugo Ball)的达达主义者圈子。1917年4月9日，她与许多社会主义者在车站送别了列宁同志，他将横跨德国重返俄国。列宁与同志们用俄语和德语交谈。他紧紧握住安格拉的手，看着她的眼睛，向所有在场的人保证，他会在他的家乡打破所有牢狱的大门。

里尔克在写给妮可的信中也提到了自己与安格拉·古特曼的相识，并讲述了她艰难的生活状况："当她因为我的马尔特的故事，将我当成与她一样的人的时候，我觉得自己有点像个装成不幸的人的那种骗子，因为这位年轻的女士亲身经历了如此多的苦难，现在仍然深受其苦，贫苦就像她房中的空气一样与她越来越近。"[①]里尔克跟自己的资助者描述了她的故事和她现在受损的健康问题。她患有胸膜炎和心肌功能不全。里尔克将她介绍给赫尔曼·博德默医生，请求他帮助这位年轻的女士。赫尔曼是赫尔曼·黑塞的亲人，在拉卡尔诺工作。里尔克和赫尔曼医生都决定帮助安格拉。博德默负责医疗上的照顾，里尔克则负责为她寻求经济援助。为此他写信给维尔纳·莱因哈特(Werner Reinhart)，并再次向妮可求助：

> 何处才是安歇之地？何处才有宁静之所？不，您想想，永远没有一刻是安全的。而在这一切背后，对此的追求与向往(这如何不能在一位女士的内心扎根)，尚且根本再不能够、再不可能——对幸福的追求。啊，妮可，这简直无法描述。作为补偿，里尔克的意思是，必须对此给予补偿，"天国所有的天使都必须

①赖内·马利亚·里尔克：1920年1月11日通信，引自《赖内·马利亚·里尔克与南妮·翁德利-伏尔卡特通信集》第一卷，第92页。

为此努力！”[①]

里尔克已经下定决心，要给安格拉一个补偿的公道。一个生日庆祝会提供了最佳机会。多年前，他为他的巴黎女友马尔特·亨内贝特庆祝18岁生日的时候，曾委托侯爵夫人订购了合适的生日礼物。这次为了庆祝1920年2月5日安格拉的30岁生日，里尔克将准备礼物的任务交给妮可。她慷慨地订购了白玫瑰并赠送安格拉一笔资金，这为安格拉之后几个月的生活提供了保障。很快妮可又从里尔克处得知，安格拉债台高筑，非常需要另一笔资助。里尔克同时还指出，他要在安格拉生日之前离开罗卡尔诺，前往坎顿巴塞尔。他以熟练的方式准备脱离一切束缚。

领先于一切别离吧，恰似那别离
就在你身后，如同刚刚过去的冬季。[②]

这句诗来自于1922年刚出版的《致俄耳甫斯的十四行诗》（第二部，第十三首），读起来如同告别罗卡尔诺的回音。安格拉尊重里尔克的过多苛求与他的退却。她是一位聪慧的女性，希望能让他的离别轻松一点。在里尔克打包行李之前，她说：

爱你的不是一个人，而是一个世界。[③]

---

①赖内·马利亚·里尔克：1919年12月23日通信，引自《赖内·马利亚·里尔克与南妮·翁德利-伏尔卡特通信集》第一卷，第55页。

②《里尔克作品全集》第一卷，第759页。

③赖内·马利亚·里尔克：1920年1月30日通信，引自《赖内·马利亚·里尔克与南妮·翁德利-伏尔卡特通信集》第一卷，第136页。

里尔克逃走了，同时还在考虑“收养她，这样这种孤独的恐怖就不会不间断地加入到她的孤独的能力中，她早已无力承担这一切。您想想看”，他写信给妮可，“她应该再次拥有一个父亲，一个爱她、了解她、支持她、关怀她的父亲：我相信，这样她的心中将会发生奇迹——因为她就像是迷娘，只是并非来自南方，而是来自桃金娘和神像的故乡，一个斯拉夫的、俄国的迷娘，血统中充满童话与对失落的、隐藏起来的存在无法用言语描述的回忆，她们的上帝在俄国故事中居住在人的腋窝里”①。

我们无法想象，里尔克的女儿露特对他收养别人的养女的打算有何反应，可能摇着头读这些话。我们也不需要心理学分析就能够判断，里尔克这种对俄国迷娘的神化，其实就是他的罪恶感的一种补偿心理。没有人比里尔克本人更清楚他矛盾的本质了。

里尔克送给安格拉一个纯真丝的日本窗帘做告别礼物。这个昂贵的刺绣品是妮可送给里尔克庆祝乔迁之喜的，上面绣着歌唱的鸟儿。安格拉从未体会过这种感觉。她以一首诗回应这份礼物：

丝绸的底色上一只歌唱的鸟
在这里它感受到它最后的脚步
在这里它在一片光明中飞离，
如同春日告别它的冬天
从背景上反射出它传播的所有光明
只能理解它的匆忙离去

①赖内·马利亚·里尔克：1920年2月1日通信，引自《赖内·马利亚·里尔克与南妮·翁德利-伏尔卡特通信集》第一卷，第142页。

从飞翔的动人中
复活一幅图画的光芒——在它丝绸的行走中。[①]

尽管安格拉还处于高烧状态，她仍然和里尔克进行了恳切的谈话。安格拉再次谈及她的生活。她对待过去的方式，即使是最黑暗的那段经历，也都让里尔克清楚感觉到与他对待自己的方式的鲜明不同：

“当我以此对比我对军校生活的回忆的时候：我是多么排斥它啊，因为那段回忆完全无法让人振奋起来，我是如何一次又一次的努力阐释那段过去，才能让自己经受住那一切，安格拉则完全不同”，他这样对南妮说。她自童年起，身边的同胞兄弟们就用最冷酷无情的方式对待她，但是她却完全忍受了这一切，一步一步地，向着上帝的公理，别的什么都不要，在这些人的影响下走到今天。这是何等的谦恭，何等的纯粹顺从。[②]

之后面临的就是搬家的问题，里尔克要迁到邻近巴塞尔的坎顿州，那里的普拉特恩附近有一个舍恩博格庄园。里尔克将妮可送给他的羊皮和温暖的厚被子留给安格拉，并将在罗卡尔诺抱病在床的安格拉独自丢下。与里尔克这一行为相比，只有贝尔托特·布莱希特（Bertolt Brecht）才能更冷酷无情了，因为他1941年6月将垂死的爱人玛格丽特·史蒂芬（Margarete Steffin）留在莫斯科，不闻不问。里

①赖内·马利亚·里尔克：1920年2月11日通信，引自《赖内·马利亚·里尔克与南妮·翁德利-伏尔卡特通信集》第一卷，第150页。

②赖内·马利亚·里尔克：1920年2月16日通信，引自《赖内·马利亚·里尔克与南妮·翁德利-伏尔卡特通信集》第一卷，第153页。

尔克在日记中写道:“诀别的圣礼。”[1]但是他的良知始终无法得到安宁。尽管远隔万里，越过阿尔卑斯山，里尔克仍然感觉安格拉就在身边。

不过在此期间，他呼吁资助的事情倒是有了成功的回应。安格拉得到了经济援助。这让里尔克反倒开始担心，他害怕安格拉会用得到的钱追随他而来。于是他只有逃跑一个选择。安格拉将得到的一部分钱赠送给一个犹太人，他是个精通犹太法典的学者。里尔克一直害怕的事情还是发生了。安格拉发给他一份电报，通知她已经到达，住在巴塞尔的三个国王豪华酒店。里尔克很快也得知为何他的女友要横跨瑞士来找他。里尔克还没有离开罗卡尔诺的时候，安格拉就因为他们的谈话而非常不安。里尔克写信给翁德利-伏尔卡特解释道“这可能是我一贯的方式吧，总是对人特别好，与她们建立过度的联系，就为了一下子与她们分开，再不相认。”[2]

这确实是真相。“我们的生命在变化中流逝”,《杜伊诺哀歌》中第七首如此说道:“世界每次麻木地回首都有被剥夺继承权的人，刚刚过去的不属于他们，即将来临的也不属于他们。”这就是安格拉从里尔克的作品中感受到的。里尔克和他的部分传记作家都认为，安格拉·古特曼1922年就开始疾病缠身了，事实上她当时正在柏林跟随马克斯·艾丁根(Max Eitingon)和卡尔·亚伯拉罕(Karl Abraham)学习精神分析。她也在那里认识了她的第三任丈夫威廉·洛尔(Wilhelm Rohr),并在1925年追随他一起回到苏联。在斯大林的统治下她和里尔克的朋友亨利希·福格勒(Heinrich Vogeler)一样都成为政治犯。但

①赖内·马利亚·里尔克:1920年2月16日通信，引自《赖内·马利亚·里尔克与南妮·翁德利-伏尔卡特通信集》第一卷，第153页。

②赖内·马利亚·里尔克:1920年4月16日通信，引自《赖内·马利亚·里尔克与南妮·翁德利-伏尔卡特通信集》第一卷，第212页。

是与福格勒不同的是，她在集中营中活了下来。1957年，她得以返回莫斯科。在1961年的一封信中，她用如下词语描述自己的性格：

我是？一个小女人，既不特别难看，也不特别漂亮，我的勇气是完全看不见的存在，它深藏于我的内心，直到最终时间与时机都彻底成熟。可能这就可以用来描述我的性格吧。这并不是自我吹嘘，我并不是为我自己坚持下来的，我要活着，为了献出生命。①

莫琪为里尔克找到一个城堡

穆佐还是其他。

在安格拉·古特曼开始她的精神分析专业学习的时候，里尔克已经于1920年夏季前往威尼斯。他住在瓦尔马拉纳宫，还是熟悉的老地方，还是熟悉的主人，一切和过去的旧时光一样，威尼斯的沙龙直到午夜都对所有朋友和熟人敞开大门。但是在表面的活跃下另一种情绪也浮上心头。里尔克在一次小型集会上与始终妩媚动人的路易莎·希塔德拉（Luisa Cittadella）侯爵夫人和严肃端庄的孔泰熙纳·迪·法尔马拉娜（Contessina di Valmarana）进行交谈。在4年的战争时期，孔泰熙纳以她的坚毅果敢、无私奉献照料大量伤员。这位护士小姐说道，一个月内有120名病人和伤员死亡。这些普通士兵在死亡的时候身边没有医生陪伴，只有她。里尔克被这种人道主义的

① 安格拉·洛尔：1961年10月27日与布雷德尔同志的通信，引自安格拉·洛尔：《鸟》，第9页。

责任心深深触动，并开始对自己产生质疑。自10年前开始，他就好像处于冬眠状态，如果他像孔泰熙纳一样顺应时代需求，积极投入到工作中去，他的生活会发生怎样的变化呢？

里尔克的生活继续在圈子内部转来转去。莱比锡的卡塔琳娜·基彭贝格和劳特辛的侯爵夫人都寄来邀请函。但里尔克对妮可写道，不，他不想要重复自我，不要再去索格里奥。他想要过妮可那样的生活：在一个漂亮的房子里有自己的斯度布里，还有一个美丽的花园。“但是我永远也没办法为自己完成这个愿望。”[①]这他倒是完全没说错。他没有钱可以购买苏黎世湖畔的别墅或者瑞士山中的城堡。但是妮可领会了这其中的信息。里尔克需要一个自己的房子！这样他就能从冬眠中清醒过来，继续作诗了。

比起这个看起来无解的问题：“诗人究竟想在瑞士的什么地方定居？”租用或者购进一个合适的房产都显得无关紧要了。从里尔克个人的观点出发，他比较偏好有着意大利式优雅风情的瑞士南部或者北部各州。苏黎世、伯尔尼、巴塞尔都受到理性改革派影响太深。如果某个地区的精神生活中，如果没有神迹和烟火、没有圣人和马利亚、没有祭坛和定时祈祷、在基督圣体节和马利亚升天纪念日上也没有下跪的人群和形形色色的宗教仪式行列，那么里尔克在这里就完全体会不到家的感觉。虽然他有时候也会大肆批判基督和神职人员，但他的灵魂仍然是天主教的信徒。当里尔克与小他11岁的女画家伊丽莎白·多罗泰·科洛索夫斯卡（Elisabeth Dorothee Kolsowska）结伴同游瓦莱州的时候，他自己发现了这一点。谢尔镇、圣莫丽斯、隐修院、大教堂、雷金根以及罗讷河的大峡谷、法

① 赖内·马利亚·里尔克：1920年7月6日通信，引自《赖内·马利亚·里尔克与南妮·翁德利-伏尔卡特通信集》第一卷，第265页。

语——里尔克被这一切的风景、人民、教堂深深打动了。

> 是因为天主教的缘故吗？18世纪的魅力竟然在这个地区如此多样化地保留下来？①

一年之后，1921年，里尔克与莫琪（Mouky），即里尔克给伊丽莎白·科洛索夫斯卡取的昵称，重游瓦莱州。他们到达谢尔镇的时候，正赶上耶稣使徒彼得和保罗的纪念日。他认为教堂的钟声在这个天主教地区听起来比德欣州更洪亮、严肃、有召唤力。莫琪和里尔克参加了一场教堂弥撒，之后他们一起拜访房产经纪人皮埃尔·德·拉姆（Pierre de Rahm），找一个合适的住所。拉姆在洛桑拥有一家房产公司，也是谢尔镇葡萄园那座古班塔楼的所有者。里尔克非常喜欢这座砖石结构的塔楼，可惜它是非卖品。拉姆展示给里尔克看的，却是一个已经衰败的建筑，目前并未出租，里面住着无家可归者和打季节性短工的人，这些人靠收葡萄赚几个法郎过活。里尔克和莫琪非常失望地走向车站，随后他们竟然在理发店的橱窗上发现了一则房产广告：一座建自13世纪的城堡塔楼，内有独立的祈祷室，是为圣女安妮而建造的。

里尔克与莫琪很快开始联系城堡塔楼的女主人。他们与塞西尔·罗尼耶-凯勒（Cecile Raunier-Keller）一起进行实地考察。里尔克有喜有忧。他打算先租三个月，之后按月续签合同。这种优越的条件只有里尔克的资助人才能同意，塞西尔·罗尼耶则不同，她自己也在受苦，并没有精力接受里尔克的特殊要求。

---

①赖内·马利亚·里尔克：1920年10月14日通信，引自《赖内·马利亚·里尔克与南妮·翁德利-伏尔卡特通信集》第一卷，第330页。

里尔克和他的女伴仍然留在当地，下榻在豪华的贝尔维尤酒店。之后的几天里他们又去参观穆佐塔楼，楼内没有自来水管道，二楼有一个小祈祷室，门框上刻着印度教的卍符号。附近的农民对这里的情况了如指掌，只有里尔克是在重新检查的时候才发现问题。这个城堡只从外表来看是没人住的。但实际上在这古老的城墙中间游荡着一个幽灵，一位年轻的女士，1500年她在这里举行婚礼。她的名字也家喻户晓，伊莎贝拉·德·谢芙龙(Isabelle de Chevron)，里尔克在遗言中还特意提到她。

现在里尔克即将开始关于租约的第一轮谈判。他希望在即将到来的冬天独自在穆佐度过，就像10年前的冬天在杜伊诺城堡一样。就在城堡女主人的女儿们努力为城堡搞大扫除的时候，里尔克正在制作城堡的装饰画。他制作了一份普兰丽(Plänli)[①]寄给妮可，而对方也以一贯的忠诚关爱全权包揽了装修布置、饮食、女管家以及其他服务人员的配备。她委托自己的堂兄弟负责完成里尔克迁居的一切条件。莱因哈特在之前来瓦莱州的时候，已经对这座塔楼有所了解，他打算租下这个城堡，同时给予里尔克绝对的自由使用这里，或去或留都看他自己的心情。前提条件只有一个：里尔克必须完成他的《杜伊诺哀歌》。只有在这里，也只有没有压力的情况下，里尔克才有可能完成那一杰作。

一开始莫琪也搬了进来，并且接管了城堡的装修工作，与此同时里尔克就每天在阳光明媚的露台观景处修身养性。他写信给妮可，现在他也有自己的斯度布里了。里尔克在那间印有卍字符的祈祷室里竖起了一个祈祷架。现在就差上面印有“穆佐城堡/西耶尔，

①Plänli，原型为Plan，意为计划，此处仍然是根据瑞士口音做了变形，但是意思不变，里尔克在写信给瑞士的南妮时经常使用这种语言游戏迎合她的口音。——译者注

瓦莱州”印记的信纸了。于是一个问题接一个问题、一个愿望清单接一个愿望清单：目前的写字台让他无法写字，兔子和老鼠钻进墙缝里，必须雇佣女仆，一个要年轻一点的，早上负责准备牛奶，另一个负责劈木头和去附近镇上购买食材。妮可完成了所有要求，甚至包括里尔克要的科隆香水盒，里尔克将这些香水一瓶一瓶分布在房间各个角落。

莱因哈特预付了半年房租，但随后邮递员罢工了。每天像潮水一样涌来的信件、小包裹、大邮包让他不堪重负，因此他将包裹全部存放在村子里。里尔克不得不自己考虑城堡的运输问题。这位城堡的新主人打算寻找一个车夫，但是失败了。最终贝尔维尤酒店的一位侍者承担了运输工作。里尔克此时已经疲倦到连妮可的包裹都不愿意打开的地步了。一杯酒就已经让不适应酒精的里尔克头晕目眩。莫琪建议，如果在这里居住让他过分疲累，那他可以离开。但里尔克还是留下了，他想要认真试一试在穆佐的生活，他对妮可解释道：

> 我现在必须只明白一件事，我能够，我可以每一刻都继续；不是我真的能够，真的可以——这是否会伤害维尔纳·莱因哈特？①

妮可对他从未失去耐心。她为莫琪从柏林订购油画颜料，之后里尔克又要求不同类型的金属片做装饰：“金属片是完全私人选择的物品，就像帽子一样，因此我很想要莫琪自己选择它们。

①赖内·马利亚·里尔克：1921年7月30日通信，引自《赖内·马利亚·里尔克与南妮·翁德利-伏尔卡特通信集》第一卷，第528页。

就这样吧。那些没有被选中的类型随后再退回去。”[①]里尔克感觉自己被这些过多的要求弄得有些力不从心，但是这也让他在女画家身上找到了自我。莫琪，也被他称为巴拉迪那(Baladine)或者梅琳(Merline)，已经与艺术史专家埃里希·克洛索夫斯基(Erich Klossowski)结婚，并育有两个儿子：皮埃尔(Pierre)和亚森·大维奇奥·巴尔蒂(Arsene Davitcho Baltusz)。两个孩子都很有天分，尤其是巴尔蒂，他的名字来源于著名画家巴尔蒂斯(Balthus)，这个孩子注定将会成为一名画家。里尔克请求他的瑞士资助者，赞助孩子们昂贵的学习费用。

在与莫琪一起生活之后，里尔克关于缔结一个艺术家婚姻的梦想再次复苏，因此妮可则充满担忧地关注着这一对住在穆佐城堡的同居人的关系进展。里尔克试着想要她分散一点注意力。莫琪按照计划在1921年10月7日搬出去，之后就是里尔克独自生活和写作的时光了。妮可沉默不语地关注着一切的进展。谁曾经在这样的环境中工作，那他必然也能再次回归这种环境。

另一方面，让人完全不确定的一点是，里尔克究竟会不会一直在穆佐居住。“穆佐还是其他”[②]，这一点突然成了问题。莫琪在穆佐城堡的时候，里尔克几乎不得安宁，她必须搬出去，并且腾出空间给一位规矩的女管家。有许多姑娘过来面试，但是总有一些不尽如人意的地方：她们要么不会做饭，要么就提供一些不合里尔克胃口的食物。她们也都只是来这边打短工，过了这个冬天就要再回到大酒店或者自家农庄工作了。里尔克认为，考虑到特别的瓦莱州方

①赖内·马利亚·里尔克：1921年8月4日通信，引自《赖内·马利亚·里尔克与南妮·翁德利-伏尔卡特通信集》第一卷，第534页。

②赖内·马利亚·里尔克：1921年9月17日通信，引自《赖内·马利亚·里尔克与南妮·翁德利-伏尔卡特通信集》第一卷，第551页。

言，最好来的是本地人，还得掌握双语技能。此外这位理想中的女管家，还必须具备恭顺的全部美德：要微薄的收入，要全心全意为诗人的所有要求忘我服务，要精通所有技能，要始终在场，但是当主人需要的时候，她还要适当隐身。

> 她必须是一个非常独立又伶俐的人，如果要我概括一下我对她的特质的所有要求的话，那么她得抵得上两个天使和三个村姑。[①]

里尔克的精神非常焦虑，于是南妮送给他一大包具有舒缓神经作用的食物：烤面包干和巧克力。

弗里达·鲍姆加特纳

> 让她高兴一下——我给她留了一个包装精美的书籍包裹……

一个抵得上两个天使和三个村姑的姑娘终于还是找到了。她并不是瓦莱州本地人，但是也说法语，还是一个天主教徒。她的故乡是坎顿的索洛图恩小镇。这个名叫弗里达·鲍姆加特纳的姑娘从小在父母身边深受天主教影响。她性格独立、沉默寡言又勤劳肯干。里尔克总是写错他的女管家的姓。弗里达，或者她自称的“小精灵”总是能完成不可能的任务。她来到穆佐之后几十年的时间几乎没有中断，一直负责侍女和护理员工作，直到1957年——远超过里尔克死亡的时间。

适应过于敏感的城堡主人的过程并非一帆风顺。尽管她是土生

① 赖内·马利亚·里尔克：1921年9月24日通信，引自《赖内·马利亚·里尔克与南妮·翁德利-伏尔卡特通信集》第一卷，第554页。

土长的本地人，健康状况良好，工作也勤劳努力，但是要彻底协调二人的相处也绝非易事。她一点也不害怕老鼠和兔子，能驯化到处乱跑的野猫并让它们习惯在城堡里生活。一只强壮、胃口极大的黑猫被委以重任，因为它能抓野兔和老鼠，所以弗里达经常给它特殊优待。在里尔克工作室上方的阁楼里面储藏着苹果，弗里达竟然将猫也送到那去抓老鼠。弗里达的问题也不在于城堡中大量的工人，他们像服侍王侯一般照顾里尔克：园丁马克·舒勒（Marcle Scheurer）、有着典型瓦莱州名字的木工加布里·因姆波顿（Gabriel Imboden）、木材供货商皮埃尔·庞特（Pierre Pont）以及许多其他方面的专属人才。对弗里达来说单单城堡里神秘莫测的男主人，就已经是全部的奇迹了。她摇着头将他的信件送到邮局。他一天写了46页信，12月的第一周他就写了184页信。多么强烈的倾诉欲望！

弗里达在一周之内就已经适应了穆佐城堡的一切。里尔克对她非常满意，甚至开始教这个小天才读书。他赠送她贝蒂纳·冯·阿尔尼姆与老年歌德的通信集，并允许她负责分发妮可的捐赠品。很快弗里达也成功弄清楚那些里尔克从未说出口的对她的要求。她迂回地从迈伦那里得到了指示，妮可为她解密里尔克的肢体语言。当他安静地在花园游荡或者坐在写字台旁边的时候，不要跟他讲话，甚至打招呼都不行，哪怕是友好地谈论一下天气也不允许，只能讲最必要的问题，并且只在里尔克先开口之后才可以。之后的圣诞节期间里尔克将要开始他的最重要的作品创作，必须保证绝对的沉默，完全不允许有任何例外，即使在平安夜也不可以。里尔克向他的肢体语言翻译大师妮可这样解释：

“希望您可以理解，爱人，我并不是在抱怨，她现在已经熟练掌握了她的所有工作，烹饪水平值得赞叹，善解人意，从不会硬要插手我的任何事务——只是，有时候，对我来说，别人要和我讲话有些太过了，不是因为这会严重干扰到我，更让我感到困扰的是那种恐惧，它可能会发生在任何一次目光中。”①

在穆佐度过第一个平安夜的时候，里尔克已经与他的小天才相处默契了。二人都从妮可那里收到了圣诞礼物，也都在各自的房间里拆包装盒。里尔克在吃掉他的谷物晚餐之后打开了小包裹。“弗里达非常安静、可爱、懂事。让她高兴一下——我给她留了一个包装精美的书籍包裹。”②

哀歌完成

就是这个，我的无情的上帝，这就是你从我这里要求的……

圣诞节开始了，这也是后来里尔克用宗教词语所形容的“奇迹”与“恩典”：他在激情中完成了《杜伊诺哀歌》。里尔克用了10年的时间，将这一题材在内心反复加工处理，却始终无法倾诉出来。现在一切都发生了——感觉创作就像听写一样顺畅。灵感并不是在最后,10年中逐渐增多的，而是可以一直追溯到他的青年时期乃至童年时期，里尔克回忆他的青年时光、他的崩溃以及随后在医院的生活。

当时里尔克的母亲索菲亚·里尔克决定离开布拉格，他感觉自己被抛弃，孤单一人，就像多年后他的那些女友，在他突然的情绪转变之后就惨遭抛弃一样。现在他明白了，他和他母亲本质上是一样的

---

①赖内·马利亚·里尔克：1921年12月7日通信，引自《赖内·马利亚·里尔克与南妮·翁德利–伏尔卡特通信集》第一卷，第594页。

②赖内·马利亚·里尔克：1921年12月25日通信，引自《赖内·马利亚·里尔克与南妮·翁德利–伏尔卡特通信集》第一卷，第627页。

人，母亲当年也并非出于恶意要抛弃他。里尔克对他的赞助人说，他后来在医院里待了一年。再后来他才得知，团部军医将母亲发来的充满担忧的信件全部截留，并禁止索菲亚·里尔克与里尔克任何通信联系，因为这些信可能会给里尔克带来精神上的异常刺激。

里尔克为妮可写了一篇关于他的军校生活的回忆录，作为1921年的圣诞礼物。他谈到那一场“灾难”，他绝望地想要一个身份的追求，他的渴求寻找在这个世界上的一个使命，因为当他身边的同龄人全都有自己的位置的时候，只有他没有：

> 但是我呢？我难道不是就为了塑造物体、创造物、天使而生的吗？就围绕这一切，这些没有生命的，这些太过博大广阔的，如果必须这样的话：庞然大物。就是这个，我的无情的上帝，这就是你从我这里要求的——远在我未成年之前，就像我呼唤。并且……我绝望地坐在医院的病床上，床边放着小心地折叠好的、寄宿时期的制服，遵照您的指示书写，并且完全不知道自己在写什么。[①]

当他与50个同班同学一起躺在卧室的时候，他已经不指望能得到内心的平静了。命令的语调始终在他脑海中回响，下级军官葛贝克（Gobec）的命令让回响更强大了：“向右侧倒下——主祷文祈祷——入睡！”[②]然而，里尔克还坦言，自己很想要成为一名士兵，最好是著名陆军元帅雷德茨基（Radetzky）的后裔，因为“尽管甚至连

①赖内·马利亚·里尔克：1921年圣诞节通信，引自《赖内·马利亚·里尔克与南妮·翁德利-伏尔卡特通信集》第一卷，第618页。

②同上。

武器对我来说都非常陌生，我仍然希望，很多这样显赫家族的后裔可以参加这样的战争，我最喜欢的是能够把那些非常出众的军人看作是我过去的亲属，又或者想到某个军人，以高贵的忍耐，将一个一半埋在土里的军帽端正地戴到头上，那我就会非常懊恼，这人竟然和我一点关系都没有。”[①]

里尔克始终记得，他童年的伊甸园是如何突然崩塌的，并在之后的亲友圈子里也经常看到类似的分居与离婚的现象。在哪里还存在信赖呢？哪里还有完整无缺的家庭传统呢？里尔克孤独的经历与他的健康状况有所关联，就连时间也彻底紊乱失衡了。“我在哪里出现？我继续做什么？我紧接着做什么，我已经到了吗？”[②]经历过世界大战，贵族阶层彻底崩塌，经历过革命，魏玛共和国的彻底变革，很多人都在研究这些问题。里尔克将传统凋零的经历与转向内心世界互相对立。他提到心脏前室，提到对未来自由的预感，一种不需要用言语表述的轻松无忧：

> 发生了什么——？我曾经有一次站在我内心空间里，但是到处都在拒绝我进入到最中心？现在我有把那当年勾画出来的广阔，一点一点地填满吗？[③]

通过他的这个坦白，妮可最终成为伟大的母亲。因此出现了圣诞礼物的最后一个词：“一个孩子。”在刚完成的哀歌中充满了欢快的孩子气的腔调。一种对大自然的欢呼：

---

①赖内·马利亚·里尔克：1921年圣诞节通信，引自《赖内·马利亚·里尔克与南妮·翁德利-伏尔卡特通信集》第一卷，第618页。

②同上。

③同上。

啊，而春天会理解的——春天里无处
不携带着宣告的乐音。[①]
（哀歌第七首）

从童年桎梏之中解脱了：“不要相信，命运会比童年更厚重”[②]，充满对接下来的夏天的欢乐期待。也包括那些女性的复活图景，那些在过去10年中陪伴过里尔克的女士们。一种对生命的颂扬，就像瑞吉娜·乌曼、艾丽娅·马利亚·内娃和安格里卡·古特曼等人做出的真实生活榜样一样：

在此是极美的。这你们已知道，少女们，即使你们，
显然在放弃、在沉逝的你们——你们，在
城市糟糕至极的小巷、溃烂化脓或者垃圾的
空间里。因为你们每个人拥有一个存在的时刻，
一刻、或许不足一刻，对你们而言，
以时间的标准无法测量的，两个瞬间之间
是一切。是充满存在的血管。
只是，我们就这般轻易地遗忘了嘲笑的邻人
无法接受或者羡慕的一切。可见地，
我们想高高举起最可见的幸运，尽管我们
在内部改变它的时候，它才会显得认出了我们。
无处啊，我的爱人，无处是世界，除却内部。我们的

①《里尔克作品全集》第一卷，第709页。
②同上，第710页。

生命在变化中流逝。[1]

从痛苦的过去转变为现在对完整的生活全面的赞颂，通过接受自己的本性、天赋和弱点，里尔克赢来了一个更高的视角，在那里他可以与天使平等相对。哀歌第一部和第二部是关于天使的失落。在哀歌第七首中已经是天使的回归了。与童年时的圣诞仪式一样，现在只有最纯粹的赞美诗了。里尔克使人们注意到音乐，可能他想到了女钢琴家玛格达·冯·哈廷博格，想到了他选择作为定居地的法国，他曾经和马尔特和其他女性在那里停留。甚至在穆佐的塔楼里，他也找到了他的位置：

这不是奇迹吗？惊叹吧，天使，因为这就是我们，
我，你这巨大者，我们诉说有能力如此，我的气息
为赞誉而无法向外伸展。就这样我们依然
不错过一个个空间，那些满足着的空间，那些
我们的空间。（它们相比何等巨大可怕啊，
我们感觉的数千年也没有将它们盈满。）
但钟楼是巨大的，真不是吗？天使啊，钟楼是巨大
的——
就在你近旁，不也巨大？夏尔特大教堂是巨大
的——音乐
依旧继续向上伸展，将我们超越。即使只是
一位痴恋的姑娘——啊，独立在窗前……

①《里尔克作品全集》第一卷，第710页。

她没有伸展到你的膝前——？[①]

对过去生活的改变与接受是成熟的过程。里尔克的哀歌是一个有年龄要求的作品，因此他在杜伊诺城堡的时候根本无法完成它。当死亡来临，还有什么留下来？而“又有什么可以带过去”？这是第九首哀歌的问题。回答仍然是对生命的赞颂，其中充满了里尔克对罗马和埃及之旅的记忆：

向天使赞美世界吧，而不是那些不可言说之物，对他
你不能炫耀华丽的、感受到的事物；在他更有感受地
感受着的整个宇宙中，你是一个新手。因此向他
展示简朴之物吧，那我们一代又一代塑造的，
作为我辈之物，生活在我们手边，在我们眼中。
向天使言说事物吧。他会惊叹地站着；就像你站在
罗马城的绳匠身边或者尼罗河畔的陶工身边。
向他展示一个事物可能的幸福、无罪、属于我们，
即使是哀叹着的痛苦，也纯洁地决心成为形象，
生为一个事物，或者死成一个事物——，在彼岸
幸福地逃离小提琴。而这些，以逝为生的
事物，它们理解你在将他们赞誉；短暂地，
它们相信我们这些短暂者中的短暂者能够给予一个搭救。
我们意欲，我们应该将它们完整地化为不可见的心，
化为——哦无尽地——化为我们！无论我们最终是谁。[②]

①《里尔克作品全集》第一卷，第712页。
②同上，第719页。

（哀歌第九首）

在里尔克完成哀歌的时候，妮可正在负责处理一个会让索菲亚·里尔克无法平静的问题。每一年基督降临节期间，她都会从儿子那里得到赫尔德出版社发行的最新版圣人日历。1921年的基督降临节，里尔克已经准备好了一份送给亲朋好友的礼物清单，将之委托给妮可负责订购并付钱。难道妮可忘记这个了吗？索菲亚·里尔克非常震惊。新的一年竟然没有赫尔德出版社的圣人日历，这简直不可想象。妮可在苏黎世的书店找了又找，但是失败了。里尔克直接向弗莱堡的出版社订购，却从负责人处得知，1922年的新版日历已经售罄。在里尔克创作新一首哀歌的时候，南妮致电爱恩西德尔恩修道院——仍然无果。最后只好从著名天主教圣地的一家信誉良好的出版社，购买了一本圣母日历作为替代。

里尔克在杜伊诺城堡期间阅读了但丁的作品。在他的《神曲》中这位伟大的意大利中世纪诗人，带领读者们进行了一场地府世界之旅。从地府穿过炼狱到达天堂。神秘主义者狄奥尼修斯·冯·阿里奥帕吉特（Dionysios von Areopagita）曾经说过，天使们重新围绕在神的周围合唱颂歌。这一在无数声音与经历之后的统一的象征也出现在但丁的《神曲——天堂》中。中世纪的诗人如沃夫拉姆·冯·艾申巴赫（Wolfram von Eschenbach）还提到了第10首天使的合唱。在里尔克完成哀歌的时候，他关于十天使合唱的想法意外得到了复活。鲁道夫·斯坦纳（Rudolf Steiner）——艾丽娅·马利亚·内娃曾经是他的合作者——在他的人智学体系中就采用了十天使合唱的设定。在时间的尽头人类将形成十天使合唱。之后人类与天使，可见的与不可见的造物全部会重新合为一体。里尔克在哀歌第五首的第一句中暗示这一整体的象征：

愿我有朝一日，在狂怒洞见的终点，
向嘉许的众天使唱出欢呼与赞誉。[①]

里尔克是爱的伟大歌者。但是在与家人和女友们的日常生活中，他却不能与爱长久共存。心灵的爱超越一切尘世间的真实。因此里尔克的爱情诗歌也是一种对即将来临的、将要兑现的爱情的展望。带着这种对完满的渴望结束了哀歌。第十首也就是最后一首已经与这个世界无关。在天使中间过往的伤痛得到治愈，被母亲抛弃的经历，尽管她非常爱儿子但是还是丢下他，就像她的儿子后来丢弃他的女儿一样。第十首哀歌就是关于痛苦，没有痛苦就没有爱。但是他已经将目光投射向天空中的星辰，那个在《浮士德》的结尾伟大母亲的形象和伟大的爱人现身的地方，在那里能将痛苦与爱合为一体：

更高处，是繁星。崭新的。痛苦国度的星辰。
悲哀缓慢道出它们的名字——这里，
看吧，骑手，权杖，还有那个更完整的星图
她称之为水果桂冠。然后，更远处，向着天极：
摇篮，道路，燃烧的书，玩偶，窗。
而在南方的天空中，恰如在一只被赐福的手
掌心，明亮而闪闪发光的“M”，

①《里尔克作品全集》第一卷，721页。

含义就是母亲们——[1]

赞颂——同样的主题也出现在50首《致俄尔甫斯的十四行诗》中，这个组诗与哀歌一起，在作者的激情中诞生。它们被献给一位年轻早亡的女士，薇拉·奥卡玛·柯诺普（Wera Ouckama Knoop），她代表所有那些生命突然终止的人。如果说哀歌最终将人引导向天堂的圣母，那么这组十四行诗最终导向的是地下世界。里尔克在这里再次面对他的生活图景和他的诗歌：玫瑰与姑娘，动物与龙，孩子与爱人，上帝与天使。十四行诗与哀歌和它的榜样，《旧约》中的诗篇一样，都是一种祷告。它用语言展示了短暂易逝的变化。里尔克在这里也穿插了非常私人的回忆：

但给你，主啊，我拿什么奉献给你，说吧，
教导受造之物学习使用耳朵的你？
我的对一个春日的回忆，
春日的黄昏，俄国——，一匹马……
只为孤独在夜里在草原上，
白驹从村庄里独自奔来，
而前蹄仍拖着拴马的桩……[2]
（十四行诗第一部分，第二十首）

俄国的一匹马——这一描述只有一个读者能够理解：她向里尔克展示了俄国的精神世界。莎乐美对这两部作品的完成都表现出了极

①《里尔克作品全集》第一卷，第725页。
②同上，第743页。

其赞美的态度。她提到了一个“灵魂的最初文本”，并将哀歌的完成比作一个女性产下孩子的过程。对，她甚至毫不顾忌地将诗人与圣母玛利亚相提并论，因为二人都诞生了上帝：

> 很有可能是，因为创造物必须忍受造物主，所以产生的反应，这样你就不会对此太过惊讶恐惧。（就像玛丽在她的木匠丈夫也无法理解的生产之后的感受一样）①

里尔克又以同样的情绪向南妮·翁德利-伏尔卡特、玛利·冯·图恩·塔克西丝侯爵夫人、卡塔琳娜·基彭贝格和前女友莎乐美都报告了这一好消息。他还为母亲索菲亚制作了十四行诗的第一本手抄本。

> 奇迹、恩赐——一切都发生在几天之内。这是一场风暴，就像在杜伊诺那一次一样：我内心蕴藏的一切丝线、网络，边框，全部绽放。完全想不到要进食。②

里尔克在写作期间一直禁食。这一行为也饱含深意，他曾经对妮可说过，当他禁食的时候，会受到幻影的影响。里尔克想要将这首哀歌理解为神启，作为“来自宇宙的信号”。

> 在穆佐这些天受到思想的巨浪推动的时刻，弗里达很勇敢地坚守岗位。现在她真的成为……“小精灵”了——在我从上面

---

①露·安德烈亚斯-莎乐美：1922年2月16日与里尔克的通信，引自《赖内·马利亚·里尔克与露·安德烈亚斯-莎乐美通信集》，第447页。

②赖内·马利亚·里尔克：1922年2月11日与莎乐美的通信，引自《赖内·马利亚·里尔克与露·安德烈亚斯-莎乐美通信集》，第444页。

发号施令并且轰隆隆地用我的礼炮接受来自宇宙空间的信号的时候，她几乎不会恐惧,始终条理分明地工作！——她真是一个有大无畏精神的精灵。[1]

和前女友莎乐美一样，妮可也收到了一个私人的通知。里尔克送给她一份手抄本的《春之歌》(十四行诗第一部，第二十一首)。这首诗同样回溯了里尔克的童年时光，那时的少年为了取悦母亲而朗诵诗歌。这首诗中转化成了另一个经历：

春天回来了。大地，
像一个懂诗的孩子。
许多啊，许多……长久学习
的劳苦使它赢得了赞美。[2]

这种兴奋喜悦的情绪让里尔克直到接下来的春天，仍然非常激动。花园中的雪融化了。新的工作在召唤。

①赖内・马利亚・里尔克：1922年2月15日通信，引自《里尔克与南妮・翁德利–伏尔卡特通信集》第一卷，第672页。

②《里尔克作品全集》第一卷，第744页。

一个诗人的死亡与重生
——“母亲与伟大的母亲的国度的结合”

塔楼中的幽灵

……不要惊扰夜晚四处漫游的伊莎贝拉·德·谢芙龙。

为了缓解他的慢性腹痛，里尔克吃一种由牛奶酵素和乳酸杆菌素制成的益生菌药物，它可以有效稳定肠道菌群，由著名免疫学者、诺贝尔奖获得者伊利亚·伊里奇·梅契尼科夫（Ilja Iljitsch Metschnikow）研发。里尔克在完成哀歌之后写信给赞助人妮可：“亲爱的，你笑我吧，但是我还是要喊——乳酸杆菌素”[①]穆佐的花园召唤他进行一些让人更年轻的休养活动。邻居的两位妇人帮助诗人开辟了一块蔬菜地。里尔克开始与弗里德里希·鲍姆加特一起搞园艺，他们种了浆果树、绣球花、以为是白色的番石竹结果种出来才发现是黄色的法兰西菊花，当然还有玫瑰。他们希望可以用忍冬、铁线莲和粉色攀援玫瑰将城堡环绕在中间，等到枝繁叶茂花开的时候，这个城堡就会变成睡美人城堡了。里尔克非常兴奋：

---

①赖内·马利亚·里尔克：1922年2月18日信，引自《里尔克与南妮·翁德利–伏尔卡特通信集》第一卷，第675页。

妮可！我要有玫瑰花啦。我要有大概50株玫瑰，算上原本就有的三棵，大概有54棵，当然还不算搭成玫瑰拱桥的那些。一个玫瑰军团，一个玫瑰民族。这是玫瑰奇迹。何等的奇迹！①

玫瑰是爱情、圣人、殉道者的古老象征。照料玫瑰需要花费大量的时间和闲情逸致，而玫瑰的成长相对缓慢，恐怕要等到几十年后，这个灰扑扑的旧城堡才能够变成华美壮丽的玫瑰城堡。里尔克把安达尔伯特·史蒂夫特（Adalbert Stifter）的小说《夏日般的初秋》送给弗里达，这本书讲述了两个老去的爱人，为古老的攀援月季溢出的华美花海而开心的故事。弗里达在宁静的晚间阅读这本书。玫瑰奇迹在许多传说中都有提及，甚至连土耳其、波斯、阿拉伯文学也不例外。对里尔克来说玫瑰首先是他的守护神马利亚的象征，在他最爱的圣母连祷文中她以神秘的玫瑰的名义得到赞颂，因为玫瑰将柔美与刺痛融为一体。马利亚既是年轻的母亲，也是年老的妇人，她必须经历她的儿子被折磨致死的过程。玫瑰散发着香气，但是也刺痛她。它装饰花园与房屋，但是它也可以被绑成一顶荆棘皇冠。它就是里尔克本质的“纯粹的对立”②。

早春的温暖既促进植物的生产，也给害虫们的繁殖提供优良条件，里尔克很快发现，园艺活动已经越来越让他精疲力竭了。蜗牛会啃食烟草的嫩叶，里尔克则毫不犹豫地投入化学药剂杀虫。另一项劳动是灌溉作物。刚刚萌芽的灌木和玫瑰必须每天浇水，耶稣升天节那天，里尔克在一边看弗里达给花草浇水，他数了一下，一共

---

①赖内·马利亚·里尔克：1922年3月20日信，引自《里尔克与南妮·翁德利-伏尔卡特通信集》第二卷，第715页。

②《里尔克作品全集》第二卷，第185页。

浇了138壶。期间维尔纳·莱因哈特已经将穆佐城堡永久购买，并成立了一个穆佐基金，用于护理城堡及周边环境，当然也包括雇佣园艺工人。在园丁的精心照料下，玫瑰在6月份初次开放，本地的几棵大玫瑰树更是枝繁叶茂，一树繁花。里尔克将穆佐玫瑰的第一批花朵供到小祈祷室里。有那么一刻他非常开心，甚至找出了一个旧的兔子窝，清理出来打算添置一只兔子，就像他小时候那样，抱着兔子形影不离。但是随后第一只花金龟的出现，让里尔克从亢奋状态冷静了下来。弗里达开始从花朵中抓这种小害虫。开始是几十只，随后上百只。里尔克越发坚定地要与花金龟这种玫瑰害虫决战到底，于是他使用了杀虫剂。

穆佐城堡里也还有很多事要忙。烟囱急需清理，弗里达趁男主人不在抓紧时间组织人手，但是没想到竟然波折不断，工人们纷纷拒绝进入穆佐，哪怕提高酬劳也无法让他们改变主意。夜幕降临的时候突然有3个强壮的，被煤烟熏得黑乎乎的工人进入城堡开始工作，这些人脸上都写满了恐惧。他们为了用最快的速度打扫完工，竟然将清扫出来的垃圾直接扫到了屋子里。事后小精灵弗里达花了整整两天的时间，才把他们留下的脏污彻底清理干净。几天之后弗里达才打探清楚，为什么一开始没有扫烟囱工人愿意来，终于来了之后又结伴同行:他们都被幽灵传说吓到了。附近所有的居民全都知道，穆佐城堡里除了里尔克和女管家弗里达之外，还住着那个不幸的伊莎贝拉·德·谢芙龙。

当弗里达向里尔克报告关于胆怯的扫烟囱工人和幽灵的故事的时候，里尔克不由失笑。幽灵不会住在烟囱里，相信这种传言的人太天真了。幽灵在里尔克看来就是无法被救赎的灵魂，祷告也无法帮助他们解脱。在炼狱中受苦的灵魂，还可以因为生者的祈祷而得到解救，但是幽灵就只能由得他们。这一点上他们和男主人里尔克有点像。里尔克认定这个钟楼和周边环境都属于伊莎贝拉·德·谢芙龙，他究竟有多尊重这位地产的主人，从他的遗言中能看出一二。他要求自己无论如何也不能葬在谢尔或者米格，“不要惊扰夜晚四处漫游的伊莎贝拉·德·谢芙龙。”[①]

当人们在穆佐进行早春大扫除的时候，德国正有人在乡下筹办婚礼。里尔克唯一的女儿即将结婚，并想在仪式之前来瓦莱州拜访父亲。但是里尔克和伊莎贝拉·德·谢芙龙一样，都不希望自己的安宁受到打扰，所以里尔克拒绝接待露特。1922年5月18日，露特与卡尔·西贝尔（Carl Sieber）按照新教程序缔结婚姻，里尔克并未参加婚礼。之后他也从未见过他的女婿。赠送给女儿的新婚礼物也都是由迈伦的妮可代为准备。不过里尔克还是将女儿与女婿结婚的照片挂在他父母结婚的照片旁边，并点上四支蜡烛以资纪念。

里尔克的女儿生产的时候，还是由妮可和卡塔琳娜·基彭贝格负责准备礼物。里尔克从未见过他的外孙女克里斯蒂娜。在收到她诞生的好消息时，里尔克却突然有些浑身无力的症状：

> 我最近过得不太好。我的状况让我有一堆事情要做，而我的神经，它们非常非常焦虑，以至于将一切病情发作和偶然事件全都离奇地放大了。可惜：原本可以这么幸福安宁的！[②]

没错，本来一切都可以很好的。然而里尔克始终拒绝见女儿和

---

①赖内·马利亚·里尔克：1925年10月27日遗言，引自《里尔克与南妮·翁德利-伏尔卡特通信集》第二卷，第1192页。

②赖内·马利亚·里尔克：1923年12月18日信，引自《里尔克与南妮·翁德利-伏尔卡特通信集》第二卷，第942页。

外孙女，这一行为在家族之前的历史和一再重复的失败经历中，全都能找到清楚的原因。太多次燃起希望又失望，太多次好心办坏事了。克里斯蒂娜的出生让他想起孤独的家庭关系，这是他不得不面对的现实，然而他从未真的学会怎样在这种孤寂中好好生活。于是他就像他母亲一样，始终与自己的妻子和孩子保持距离。克拉拉最后一次见他是在1918年，6年后里尔克在穆佐城堡收到她寄来的一个“类似如何成为合格的祖父的初等课程教材”[①]当然完全没用。里尔克和他的母亲一样都被自己困住了。索菲亚·里尔克也从来没有要与自己的第一个重孙女见面的意思。过去积累的失望就是一切的起因：露特11岁的时候，索菲亚·里尔克才第一次与她见面，这也是唯一一次见面。但是她很乐意偶尔与孙女通信。然而露特总是懒于提笔，克拉拉也从未督促她与祖母保持联系。“教育、教育、教育：很遗憾露特缺少教育”，里尔克在多年前就跟索菲亚抱怨过这一点，并同时想要努力为克拉拉说话：

> 我们必须体谅克拉拉的一切。克拉拉所受的教育并未让她有能力将一切纳入正轨，这对她来说已经够可怕了，因为她始终独自承受这一切，而她的一些错综复杂的麻烦也正源自于此：她没有规划安排的能力。规则条理对她来说让她力不从心，她有时候，间歇性地也想要按照计划贯彻实施，但是这远超出她的能力范围了。当我们想起她的时候，就要首先想到，她是一个处于困境中急需帮助的对象，内心的困境，就好像我们期待一个翻了船的人写一封信或者分出一点时间来一样，因为对方

① 赖内·马利亚·里尔克：1924年5月24日与侯爵夫人通信，引自《通信集》第二卷，第806页。

还要和身边的一切作斗争，不是只要写一封信就可以，而她的困境是我们看不到，却永不停息的。我们有必要为此做一些事情。一切日程安排都会让她意外并打扰她：如果要在一点钟和某人一起吃早餐，那么她在一点零五分的时候才开始穿衣服，并且可以确定的是，那些需要她穿的衣服，佩戴的饰物全都完全没准备……

我这之所以详尽地解释这么多，就是为了让你看到，这并不是因为没有爱，也不是因为单单只想墨守成规，而是这样一种在无数阻碍中艰难联结且编织而成的生活，以灾难性的方式失去了艰难赢得的一切，只更增加了艰难，最终积累成山。[①]

里尔克这个做外祖父的一再夸奖外孙女克里斯蒂娜(Christine)的名字好，因为里面有两个元音(i)，而她的曾祖母则很满意她的小名克里斯蒂。没有人敢让索菲亚和里尔克仍然健在的外婆知道，里尔克与露特都不再信仰天主教了。因为在索菲亚・里尔克看来，只有在天主教的神父主持圣礼的见证下，婚姻才是合法有效的。索菲亚在她最看重的这一点上被她的家人集体欺骗了。甚至她的重外孙女克里斯蒂娜洗礼都没有按照传统进行，因为露特和丈夫卡尔・西贝尔并未遵照当时两大信仰团体通常的习俗，在孩子出生后立刻给她洗礼：

亲爱的妈妈，请不要担心小克里斯蒂娜！我们现在得接受年轻一代人有自己的观点；在我们看来不可理喻的事情，对他们来说却是这个世上最自然不过的，而且哪怕你有再好的愿

① 赖内・马利亚・里尔克1913年1月8日与母亲的通信，引自《通信集》第二卷，第196、197、198页。

望，他们也看不见别的。如果他们打算在春天举行洗礼，那也是因为，他们觉得这样很棒，手拉手地过这一年，然后可能在春天这个季节举行洗礼会更幸福。[①]

那些没有洗礼的孩子，他们通往天堂的路是封闭的，教会始终这样教导大家。这样的情况下如果小孩子夭折了，那他们的来生就肯定上不了天堂，要生活在地狱边沿了。索菲亚·里尔克肯定希望自己的重外孙女克里斯蒂能避免这种危机。这已经不是神学问题，而是一个女人对内心深处感受到的信仰的应用，因为在她失去了第一个孩子——还同样是个女孩儿——之后，唯一能给她带来慰藉的只有信仰了。

里尔克也不像他安慰母亲所说的那样冷静。他根本不在乎洗礼日期究竟定在何时，因为他的问题在于与家人没有联系，这种对待孩子如此冷淡的态度带来的罪恶感，再一次狠狠地折磨着他。他很清楚，自己就不适合当丈夫，也不适合当父亲。在他写给母亲的信中总是一再触及这个创伤点：

你说得对——我这一生中都没有什么天分，无论是做儿子、做孙子、还是类似的身份，因此我也只能任由别人指责我，作为一个父亲太过漠不关心，全不在意。因为总是有其他事情在催逼着我担负起来，从而不可避免地要将自己的事情忘记。如果我有更多的精力，我多么希望可以带着这个、那个孩子在我身边，与他们心满意足地共享天伦啊。但是我的精力只

①赖内·马利亚·里尔克：1924年1月24日与母亲的通信，引自《通信集》第二卷，第571页。

够支撑我的工作、任务、使命，而我在艺术的道路上走的越远，它对我的要求就越无情，毫不退让。[①]

侯爵夫人来访穆佐

我沉默地亲吻他的额头，就像一个母亲亲吻他的儿子……

现代社会如果要为图书做宣传，一般都发生在大范围内，并且需要高昂的媒体公关费用，随后在网络、电视、报纸各种媒体途径进行推广。用这种方式可以将读者范围扩展到百万人。里尔克则只需要一个读者。他将《杜伊诺哀歌》献给玛利・冯・图恩・塔克西丝侯爵夫人。她是高贵的贵妇，而他是为她歌唱的骑士，如同中世纪的宫廷抒情诗一样，里尔克将他的诗歌献给了一位地位崇高的女性。沃夫拉姆・冯・埃申巴赫，将他的25000节的《帕尔齐法尔》献给了他尊崇的贵族妇女。为了欣赏哀歌的完整版，侯爵夫人于1922年6月前往瓦莱州，并在里尔克身上看到了10年来为了完成哀歌而努力的结果——一个神化了的抒情诗人：

我看到一个脱胎换骨的人，一个光芒四射，极其幸福的人。我永远也不能忘记他的双眸的神采[②]

侯爵夫人带着她的女仆住在西耶尔的贝尔维尤大酒店。6月7

①赖内・马利亚・里尔克：1919年12月25日与母亲的通信，引自《通信集》第二卷，第445页及第446页。

②玛利・冯・图恩・塔克西丝–霍恩洛厄侯爵夫人：《回忆录》，第93页。

日，她要来穆佐拜访，里尔克礼数周全地安排好了接待事宜：他先是带着花园采摘的玫瑰去别墅迎接她，随后将人从酒店接到穆佐。侯爵夫人也生平第一次进入这个由无数鲜花装饰的塔楼。她的目光在下跪的圣人弗朗西斯上停留了一下，随即与里尔克一起去楼上的学习室了，又顺便看了一眼卧室和上面有卐字符的小祈祷室。

里尔克在斜面桌边站定，第一次诵读全诗，他在上午读了七首，下午读了三首，随后侯爵夫人急切地拿过手稿，此时此刻任何温文有礼的行为反倒不合时宜。泪水滑落她的脸颊，她激动地喊道："希拉费科——我还活着真是太好了！"[①]第二天里尔克在侯爵夫人的房间里为她朗读了50首《致俄尔甫斯的十四行诗》。随后他跪倒在她面前，就像宫廷诗人跪倒在他效忠的贵妇面前一样，并得到母亲般的祝福：

> 他读完十四行诗之后，沉默地望着我，我一句话也说不出，他看着我感动的样子，跪倒在我面前，亲吻我的双手。我沉默地亲吻他的额头，就像一个母亲亲吻她的儿子一样，一个不可思议的儿子。[②]

虽然泪流满面，但侯爵夫人并不是一个多愁善感的听众。她的家族在过去几个世纪都维持着古老欧洲在政治经济方面的活力。过去的世界已经随着世界大战无可挽回地沦落，未来的世界仍然处于一片灰暗之中。与她的诗人不同，侯爵夫人有非常强的家庭观念，并对年轻一代和未来的新生代家族成员抱有很深的责任感。在倾听

①赖内·马利亚·里尔克1922年6月9日写给侯爵夫人的信，《通信集》第二卷，第755页。
②玛利·冯·图恩·塔克西丝-霍恩洛厄侯爵夫人：《回忆录》，第94页。

哀歌和十四行诗的时候，让她的内心最受感动的，是想起这些年经历的痛苦、身份的剧变以及未来的无望。

侯爵夫人听完诗歌朗诵之后就因为家庭事务而立刻离开了。她离开酒店，里尔克却留在了那里。因为已经又有一批老贵族崇拜者出现了。对着这些来自他庞大的替代家庭新成员，里尔克永远都有时间。因为他们就是里尔克新诗的活体广告。他在酒店的露台上与几位显赫人物度过夜晚，其中包括巴滕贝格的弗兰茨·约瑟夫王子殿下（Franz Joseph Prinz von Battenberg），他是英国海军上将蒙巴顿（Mountbatten）的兄弟，他的妻子安娜是门的内哥罗的公主，也是意大利的艾琳娜（Elena）的姐妹。

侯爵夫人则已经在与自己的孙子雷蒙德和路易斯共享天伦之乐了，他们一起度过了好几天美好的时光。在一封写给里尔克的信中，她表示了对他单独为自己朗诵诗歌的感谢，并让里尔克想起了那个“无名人士”的话。那个“无名人士”当年给出的预言应该已经成真了吧：

> 现在他就在那儿，那个“歌唱着的上帝”。在这个德国最艰难的时期里，我一直盼望的那个诗人和他的赞颂的声音超越了所有的悲叹与苦痛，我亲眼见证了这两者，我感谢上帝赐予我机会，让我得以经历这一切——这一对过去的抚慰，对现在的赞颂，对未来的无以言表的希望——
>
> 希拉费科，不必担忧这漫游中的一切阴森可怖会将你们分开。
>
> “在她的怀中你会得到庇护！”[①]

①玛利·冯·图恩·塔克西丝：1922年6月11日与里尔克的通信，引自《通信集》第二卷，第714页。

伴随着对杜伊诺城堡中通灵集会的回忆，侯爵夫人将这个在杜伊诺哀歌产生之时开始的集会，在哀歌结束之时解散。同时她也强调诗人对于时代的更高使命。对，她将里尔克提升到上帝的信使的级别，因为“在她的怀中你会得到庇护”的话就来自于但丁的《神曲》，涉及的就是耶稣基督和圣母玛利亚。在耶稣除掉了邪恶的鬼魂之后，一个女人赞扬他说：“那个生育你的身体，那哺育你的胸部，都是有福的！”再没有比这个更高级的对比了。索菲亚·里尔克成为新的圣母。

逃离莫琪·科洛索夫斯卡

独自一人的时候我无所不能……

玫瑰奇迹发生在里尔克的生命中了。穆佐的玫瑰开花了。然后秋天来临。鲜花与嫩叶全部凋零，植物只剩下尖刺。里尔克让人把攀援玫瑰包起来，防止它们在寒冬中被冻伤。之后落了第一场雪。里尔克冻得浑身发抖。哀歌和十四行诗之后还会有什么出现呢？上天还会再次给他启示，让他完成下一部重要作品吗？里尔克将作品翻译成法语，也用法语写诗，如《穆佐四行诗》。换一个地方，见一些新人可能会给他带来灵感：他花了几个月时间待在巴黎，但是穆佐始终是他最后一段人生的重心。在秘书的帮助下，里尔克在穆佐掌管着他的文学遗产。但他仍然不适应穆佐的生活。

1922年，第一朵玫瑰开放的时候，里尔克想起了莫琪·科洛索夫斯卡。当过去的女友与熟人都开始以一种尊敬的距离感与他相处的时

1922年里尔克与女画家伊丽莎白·莫琪·科洛索夫斯卡。诗人最后一次尝试实现艺术家婚姻。

候，莫琪对他的态度简直可以说是死缠烂打。她又想要扮演大魔法师梅林的女生版了。虽然里尔克对她的感情已经消退，但是他没有勇气用语言明确地拒绝她。但莫琪刚在秋天搬进穆佐，就让里尔克感觉自己的工作进程受到了干扰。莫琪当时身体不太好，她的内脏总是隐隐作痛。里尔克将霍夫曼医生的乙醚滴剂给她，但是这个药剂只有麻醉作用，并不能从根本上解决这位单亲妈妈的问题。儿子们要找学校就读，最好是寄宿学校，但是莫琪没有钱。于是里尔克又写信给莱因哈特请求经济支援。等到金钱问题解决了之后，里尔克希望莫琪能带着孩子们一起去巴黎，远离穆佐的范围。这位女画家则认为，恰好是穆佐这里的孤独环境，可以给她的创作提供灵感。

> “莫琪的问题！”里尔克哀叹。“我承认，面对她像一堵墙一样矗立在那里的生活困境，我也几乎没办法自己做出决定，因为我自己也不知道有什么可以减缓困境的办法。她要是没有来这边多好？”①

妮可则认为，里尔克犯了严重的错误，但她还是控制自己不要随意作出判断。她也有自己的烦恼，这也和她的疯狂热爱打猎的丈夫有关。莫琪不想和儿子们去巴黎，甚至开始认真考虑，把小儿子巴尔蒂送走，他可以去南妮那里跟着学习书本装订的手艺。里尔克发现自己的身份变成了介绍人，感觉非常不快。因为妮可也不是看孩子的保姆，虽然她也还在照顾里尔克，而且穆佐被购买下来就是为了满足里尔克的要求，提供给他一处安静孤独的住处，完成哀歌：

①1922年10月12日写给南妮·翁德利-伏尔卡特的信，《通信集》第二卷，第791页。

> “穆佐就像是一个专门为单独的个人生活定制的模具，两个人在里面就太多了”，里尔克给南妮的信中这样说，“独自一人的时候我无所不能，只有将我再次恢复到这个状态的时候，亲爱的，您才能够在我身上看到安宁与平静，前所未有。我也只能继续一个人……所有其他的一起都只能算是例外情况出现，相对于独自的时刻，独自的每一天来说——永远不要再处于这种一成不变的乏味中；这段时间毁掉了多少啊——那些不合理的部分，仅仅因为外表的相似而产生的共同点，使得合理的共同的时光越发稀少、不公、不安了。”[①]

妮可承认，她已经预见到即将到来的灾难了。但是这段关系竟然还没有改变。因为里尔克是一个行动上的矮子。他对克拉拉、露特和克里斯蒂娜的罪恶感让他无法痛下决断。他不想以后对莫琪和她的儿子们也心存愧疚。于是，他再一次委托妮可帮忙订购了给莫琪的生日礼物：巧克力，给这位女烟枪准备的一大包烟草储备，装在查顿-迪斯特-阿尼斯包装的古董铁皮盒子里的糖果、4条毛巾和3副洗澡手套，一瓶鲁斌香水和一个衣料购买目录册供她挑选。南妮却在担心别的事情。她的丈夫邀请打猎的伙伴从荷兰赶往迈尔霍芬，进入齐勒河谷——还包括女士项目！

莫琪终于搬出去了。后来她在1923年5月和1924年2月，分别又搬了两次家。里尔克则躲到疗养院，从舒耐克到拉格斯又到瓦尔蒙特。南妮终于说明了她的担忧：她怀疑莫琪想要将里尔克赶出穆佐，自己

① 赖内·马利亚·里尔克：1922年10月20日与南妮·翁德利-伏尔卡特的通信，引自《通信集》第二卷，第798页。

将那里作为长久居所，鸠占鹊巢。最终里尔克也意识到，他和他的资助人都被莫琪利用了："莫琪是那种贪得无厌的类型，如果她在一个窗口领到过一大笔钱，那她就会一直去那里排队领钱，哪怕工作人员告诉她，已经没有写给她的包裹了，她也不会放弃。"[①]然而里尔克的良知仍然在折磨他。他总觉得，莫琪是放弃了一切，想要和他还有她的孩子们一起组建新家庭的。但是弗里达·鲍姆加特加强了里尔克与莫琪分别独居的决心。于是莫琪走了，里尔克留下了。

里尔克找人修整礼拜堂

向圣安妮·德·穆佐（Anne de Mutzot）祈祷！

里尔克在穆佐也仍然坚持一个人过平安夜。在6点钟时，独自静坐冥想让里尔克感觉他与母亲紧密相连。在母子的背后还包括一个仍然在世的外祖母——圣人家庭的破碎版。按照安娜·泽尔布德里特（Anna Selbdritt）曾经在圣像学中描绘出一个圣人家庭模型图：上面包括外祖母安娜，她的女儿马利亚和幼儿耶稣。在穆佐上方不远处有一个破旧的礼拜堂室。那是为圣女安妮而建的。入口处有一个铁栅栏，里尔克得到了进入圣地的钥匙。自多年前开始就没有神职人员进入这个圣地，并在这里举行弥撒了。里尔克主动向这里的祭坛敬献鲜花和蜡烛，这代表对生者与死者的纪念。在他信仰的世界里时间与空间的概念早已消弭，但他不会忘记父亲的圣名纪念日，或任何一个基督教的伟大节日。除了圣诞日之外，他还格外热

① 赖内·马利亚·里尔克：1924年2月25日与南妮·翁德利–伏尔卡特的通信，引自《通信集》第二卷，第977页。

切地庆祝万灵节。他会在那一天的这个圣地点燃蜡烛，纪念那些过世的曾经的同伴。女作家伊丽莎白·冯·施密特-保利（Elisabeth von Schmidt-Pauli）曾经见证了里尔克在慕尼黑时期的这一习惯，她与里尔克一起献上蜡烛，用以纪念罗丹和保拉·贝克-莫德宗：

> 对，里尔克非常确信，人的灵魂可以穿越所有的生活空间，通过行为、思想与祈祷互相沟通。万圣节与万灵节表达了里尔克最深切的信仰。如果说平时从天堂的光辉到地府的阴暗——从地府的阴暗到天堂的光辉，所有人类的灵魂都被锁在链子上的话。那么万圣节与万灵节就是终于有了机会，上帝将这人类的锁链的终结握在手里，却让我们所有人都能够互相感受得到。[1]

圣诞节到了，里尔克用耶稣玫瑰装饰圣女安妮的礼拜堂，并确保蜡烛能够燃烧一整个平安夜。在所有的六点钟时刻中，1923年的这个圣诞夜，拥有不同寻常的地位。《杜伊诺哀歌》和《献给俄尔甫斯的十四行诗》都已经面世。里尔克将两本书的样本配上献给母亲的献词都送到索菲亚那里。索菲亚·里尔克1923年的圣诞节是在弗兰茨温泉疗养院度过的。在写给她的献词中里尔克说道：

> 我亲爱的好妈妈
>
> 这个多年的工作：1912年始于杜伊诺幸福的孤独之中，因为

①伊丽莎白·冯·施密特-保利：《赖内·马利亚·里尔克》，第170页。

战争中断，而现在，在多方共同造就的良好环境下，在穆佐那个偏僻清净的庇护之所，在被神赐福的1921—1922年，终于再次继续工作并完成全本。

勒内
致1923年圣诞①

与样书一起寄到的信件中他迂回地将诗歌的主题与他童年的回忆联系到了一起。里尔克谈到他童年时期对圣诞节充满期待的快乐，在哀歌中被他上升到对未来生活的愉快期待层面。他谈到跨越生与死的界限，以及对它们巨大的秘密转化的赞颂。

穆佐的玫瑰奇迹核心的主题在于对里尔克童年的救赎。里尔克将这归功于南妮·翁德利-伏尔卡特，并将这种感激之情在《献给妮可，1923年圣诞》中表达出来：

所有溪流的声音
洞穴中的每一滴水
虚弱地将所有的支流
再次敬献给上帝
风的每一次转向
都是对我的指点与威吓
每一次深层的发现
都让我再次成为孩童

---

①《里尔克与母亲的通信集》第二卷，第651页。

于是我感受着：我明白
哦，我明白，我领会了
名称的本质与转换
在内部的成熟之后
栖息着最初的种子
它会无尽地滋生繁殖
这是神的联结
词语上升为召唤
但是，它并未流逝
它在满足的热情中
歌唱，不受伤害①

妮可是哀歌的母亲。在圣诞节写信给母亲的时候，里尔克意识到了这一联系，因此他只做了四页的手抄本给妮可。她用忘我的爱始终坚定不移地支持他：

在我的生命中从未有人如此坚定不移地延续着那一喜悦的传统，并执行它，这将我培养，直到我站在圣诞节房间的房门，妮可，自我出生以来，从未有人像您一样，能够这样愉悦地了解并重视我的所有心愿——我别无他话——您很清楚地继续，让我幸福：而这也让我继续前行，跨越格拉纳丝帕与巴黎，跨越贝格城堡与您的小小一句话，在正确的时间向着前方，跨越伟大与渺小，与您结交为友：

①《南妮·翁德利-伏尔卡特的通信》，第947页。

继续前行，愉悦地，亲爱的，无尽的感激。[①]

感激之情，溢于言表，这一感激指向的是哀歌中的精神空间。哲学家汉斯·布鲁门贝尔格(Hans Blumenberg)曾经这样评价里尔克："他虽然并不是一个引诱女性的高手，却非常擅长表达谢意。他就是这样。"[②]为了庆祝自己的50岁生日，里尔克决定建立一个回忆之地，作为他的感激的标志。除了穆佐的安妮圣地还有什么对他的帮助更大呢？维修圣女安妮的礼拜堂对里尔克来说太过重要，以至于他一反常态，要求自己承担全部费用，甚至为此透支了他在岛屿出版社的个人稿费账户。

1925年12月4日，里尔克独自在塔楼中度过他的生日。来自四面八方的信件和祝贺卡片小山一样堆在他身边。玫瑰花圃被枞树枝小心包裹起来，安睡在零下16℃的室外。里尔克只读了几封信，随即走向深雪覆盖的大地。4天后的12月8日他与当地人一起庆祝圣母玛利亚的纯洁受孕，这一天也是里尔克受洗的日子，他写信给母亲，感谢她的生日祝福，并提到了穆佐的圣女安妮。在他将信送去邮局之前，他又"将信拿在手中，让它沐浴在教堂的钟声中，把钟声震动的微粒带进信纸里，传递给你。"[③]随后里尔克启程前往日内瓦湖畔的瓦尔蒙特诊所。在给母亲的信中他只字未提自己的健康问题。妮可则代替了亲生母亲的位置，了解里尔克精神与身体上的一切病痛。里尔克在1925年平安夜前3天写信给南妮，告诉她在主治医生特

---

①里尔克：1923年12月23日与南妮·翁德利-伏尔卡特的通信，引自《南妮·翁德利-伏尔卡特的通信》，第947页。

②汉斯·布鲁门伯格：1996年12月14/15日在新苏黎世报上刊登报道《里尔克接收来自宇宙的信号》。

③赖内·马利亚·里尔克：1925年12月8日与母亲的通信，引自《通信集》第二卷，第618页。

奥多尔·汉莫里（Theodor Haemmerli）那里的检查结果：

> 口腔内部一直折磨我、让我痛苦不堪的那个肿块比我想象中的还要大。但是医生反复向我保证，它并不会引发我担心的恐怖症状。看来这个肿块有一部分是因为我的牙病引起的，我原来指出的两处已经消退了，但是在别的地方又肿起来，虽然医生完全是无辜的，他也确实没有错，但是整个过程让人实在难堪又不耐烦的。现在折磨我的变成这些问题了，而且我觉得人类竟然想不出任何办法，缓解由此而产生的困扰，真是太遗憾了。[①]

可能修整礼拜堂不仅仅是表达对过去生活的感激，也是一种献祭，祈祷自己身体康复。里尔克自多年前就始终疾病缠身，病情症状无法抑制：稍感不适、疲倦乏力、体重减轻、淋巴结肿胀、斑疹、感染、口腔黏膜发炎、肠出血，以及他曾经向莎乐美抱怨过的阴茎持续勃起问题。病情诊断始终是开放的，因为里尔克是一个很严重的恐病患者，他总是疑心自己有各种病症，并且他的一生都承受着抑郁的适应性障碍，这也扰乱了他的胃部功能。这种心理问题并未让他寻死，而是引发了白血病，由造血与淋巴系统大量增加白血球而导致的疾病。

在冬季寒冷的月份，维修礼拜堂的工作不得不中断。现在春暖花开，里尔克给母亲写信报告施工的飞速进展，并请求她为此祈祷，支持他的工作。在复活节的时候就可以在这里做第一场弥撒啦：

---

①赖内·马利亚·里尔克：1925年12月21日与南妮·翁德利–福尔克特的通信，引自《通信集》第二卷，第1091、1092页。

“将你的祈祷发送到穆佐的圣安妮这里吧。”[①]1926年的复活节已经来临，但是建筑维修工作仍未结束。其间索菲亚·里尔克也送钱过来赞助施工。里尔克计划在5月15日，他母亲的圣名纪念日的时候，在穆佐的圣安妮礼拜堂举行第一次弥撒。但是这个日期再次错过。反正里尔克也很少亲临现场。1926年7月，他终于可以通知母亲，施工全部结束的好消息了。但是仍然有一些细节问题比如新的圣坛台布之类，全都要里尔克最后敲定。但他没有机会再次经历这一落成典礼了。

拉里·霍斯特曼

他说的是阿维拉的特蕾莎（Teresa von Avila）。

自从妮可第一次开车载他来到日内瓦湖畔之后，里尔克就成为瓦尔蒙特诊所47号房的长期病患。妮可与她的亲属莱因哈特共同负担起所有的治疗、护理、住宿、饮食的费用。哈默里（Haemmerli）医生带领的团队分别专攻消化系统疾病与神经衰弱问题。里尔克第一次前往蒙特勒诊所的时候心中充满不祥的预感。他梦到了一个事故，那确实发生在1924年6月23日回程的时候，妮可的汽车开出了马路，司机和副驾驶都没有受伤。1924/25年的圣诞节和新年之交，妮可和里尔克是一起在诊所度过的。妮可绘画，里尔克练习绘画并完成了一幅自画像。这些天里尔克非常放松，他开始准备出版母亲的诗歌集，在这一过程中青年时光的回忆再次复活。直到1925年圣诞

①赖内·马利亚·里尔克：1926年3月29日与母亲的通信，引自《通信集》第二卷，第629页。

节为止，里尔克在医院住了超过5个月。其间妮可经常来看望他，还曾经带他一起开车购物，里尔克也为圣安妮的礼拜堂买了两个木质灯架。

里尔克最赞赏瓦尔蒙特的一点，就是他们热心的工作人员营造出来的让人信赖的氛围。当然前提是他是一位著名的病人，还拥有更著名的资助人。医生和护理人员衡量他的价值时，更关注的是他们最后寄账单的对象，而不是写《哀歌》或者《十四行诗》的作者。里尔克和他的瑞典理疗师马蒂阿森（Matthiasson）谈论瑞典的风土人情，而一直很害怕照相的诗人竟然能和他的女看护露易丝·西莫尼（Loise Simonin）一起在诊所门口留下微笑的照片。

尽管瓦尔蒙特疗养院有一流的医疗团队和服务条件，里尔克仍然感觉非常孤独。尤其是在晚上吃完粥之后，里尔克感觉自己强烈需要一个拥有美丽灵魂的人，可以与他一起在阅读中安宁地结束一整天。里尔克已经在日内瓦湖畔的“魔山”[①]待了三个月，随后一个陌生的女性走入他的生命中。拉里·霍斯特曼从年纪上来说已经可以做里尔克的女儿了，她是犹太人出身，父亲是银行家兼历史学家保罗·冯·施瓦巴赫（Paul von Schwabach），与夫人一起开设的沙龙吸引来自全世界的客人。拉里的姐姐嫁给里尔克的一个熟人，银行家爱德华·冯·德尔·海特（Edward von der Heydt）。拉里自己则嫁给了年长她将近20岁的骑兵上尉，法学博士阿尔弗雷德·豪斯特曼（Alfred Horstmann），在外交部负责柏林的外交工作。

拉里的贵族家族曾经拥有无尽的财富，并对旧日的欧洲命运有掌控性影响，她可以毫不费力地阅读马塞尔·普鲁斯特（Marcel

①托马斯·曼的长篇小说《魔山》，这里借魔山指代疗养院。——译者注

Proust）或者詹姆斯·乔伊斯（James Joyce）的原文作品。她来瓦尔蒙特进行为期两个月的疗养，身边陪伴着她的是女仆和小狮子狗福力。她住在疗养院最好的房间，里面甚至有独立的开放式壁炉。1926年3月11日，里尔克花了几个小时的时间了解这位刚刚到达的女性的情况，并查阅了一下欧洲贵族谱系书《哥达》。第二天上午，31号房间的门被敲响，拉里收到了一支尚未开放的长茎红玫瑰，上面附有一张欢迎她来到瓦尔蒙特的祝福卡片。里尔克表现得礼节周全，就好像他是瓦尔蒙特的主人一样。因为送花给她的并不是里尔克本人，而是接受里尔克委托的主治医生。

拉里当然知道里尔克是谁。第二天里尔克又委托医生帮忙，将一本印有法国雕塑品的图册转送给拉里，上面还特别标注了里尔克最爱的作品。第三天晚上里尔克已经得到进入房间的邀请了。拉里本来身体非常健康，但是自从她生下第一个孩子之后，她的生活状况就彻底改变了。她需要一段时间的休息与疗养，治疗她的轻微适应性障碍。然后里尔克就来到她面前：瘦削的身材，丰满的下唇，略微突出的蓝眼睛。他很紧张，手里把玩着一个银质的十字架。拉里回忆道："他用他的修长的、瘦骨嶙峋、神经质的手摸着他的十字架，那个装饰他通常都藏在夹克后面；用一根怀表链子挂着，放在马甲外面紧挨着心脏的部位。"[①]拉里和里尔克的医生与朋友对他有同样的印象，"他的痛苦更像是神经方面的天性"[②]，谈话用德语和法语交替进行，里尔克在讲话过程中"非常缓慢地从他浩如烟海的词库中精心挑选合适的词语"[③]。

①拉里·霍斯特曼：《里尔克在瓦尔蒙特》，引自乌苏拉·福斯：《瓦尔蒙特的一次相遇》，第53页。
②同上，第52页。
③同上，第59页。

很快里尔克就开始和拉里在她的壁炉前一起用餐了。餐后里尔克会为她朗读或者没完没了地自言自语。拉里感觉自己被这个男人赋予太高的期待了。她沉默不语。里尔克继续说。他抱怨他的恐惧，必须用文字表述出来的恐惧，他的秘密的痛苦。拉里也有自己私密的问题。她与她的哥哥保罗保持着过于深入的关系。不知何时里尔克终于意识到貌似他一直在谈论自己的问题。于是在拉里到达疗养院后的第11天，里尔克通过医生之手送给她一封致歉信：

亲爱的仁慈的女士，

无论您如何宽容，都不能减轻我的歉意，昨天我在您那里以我的滔滔不绝的讲话，让您疲惫不堪。我曾经非常、非常严格地告诫过自己，但是……

但是与您相连的平面始终在向您倾斜（多好，一切最终都是数学问题），此外您是一个完美无缺的听众，最后，我发现，漫长的与世隔绝与孤独，虽然这一经历非常美妙并且大有裨益，但还是让我变成了一个饶舌鬼。[①]

拉里是一位年轻、非常有魅力的女士，她的目光非常具有挑衅性。画家奥古斯都·约翰（Augustus John）为她画了一幅站在石榴枝前的画像。[②]拉里穿着一条将她的好身材显露无疑的黑裙子，左肩裸露在外，她的一只手放在怀中，握着一只苹果。这个位置的苹果象

① 赖内·马利亚·里尔克：1926年3月22日与拉里·霍斯特曼的通信，引自乌苏拉·福斯：《瓦尔蒙特的一次相遇》，第15页。

② 同上，第57页。

征着禁果，她整体的姿态都表现出纯粹的激情。里尔克却已经到了精疲力竭的地步。作为一个诗人，他已经将所有要他说的话全都表达出来了。面对有教养的女性，里尔克乐于为他们朗诵诗歌，讲故事，而在拉里面前的，已经是一个年老衰弱，毫无希望可言的男人了。他用美丽的言辞追求她，但是二人都心知肚明，一切追求最终都将成空。

里尔克在温暖的火炉前与拉里讲述感情的断念，同样的话他早在诗歌中已经说尽了， 20年前他就已经找到为此刻而准备的话语了。一切发生的都只是重复。在巴黎诞生的那首诗歌《亚比该》，诗中描述了大卫王与苏内姆的亚比该二人孤独的夜晚。诗中说道：

有时，作为一个对女性精通的人，
他借由自己的眉毛认出
那不为所动、未被亲过的嘴唇
他看见：她的情感绿色的枝条
并未下垂到他的土地
他一阵寒战。他像狗一样倾听
他探寻自己，在自己最后的血里。[①]

像大卫王一样，里尔克也并没有“认清”他身边的这位年轻的女性。有时候他甚至因为太过虚弱，不得不放弃去她房间拜访的计划。这时他就会送给拉里一个小小的象牙雕像，作为他不出现在她身边的标志，因为那个象牙小人是他非常眷恋的爱物。一个基

①《里尔克作品全集》第一卷，第487页。

督像。里尔克的小册子《瓦尔蒙特的相遇》由乌苏拉·福斯（Ursula Voss）出版，她中肯地描述了里尔克在拒绝最后献身的同时，言语方面表现出的性欲：

> 里尔克非常清楚，他的诗歌能够给女性带来情欲的刺激，她们在阅读过程中因为对他的伟大的认同，并不会指责他的拒绝，更像是出于自愿地接受这一牺牲的立场，拉里也一样，她顺从地将自己带入到被爱的人的角色里。在他与女性真实的交往过程中，他从未散发出类似的影响气息，只有在他的颂歌和赞美诗中才能领会得到。①

因此拉里也很满意自己听众的身份。里尔克提到罗丹，他的西班牙之旅，因为他在拉里的书桌上发现一本西班牙语法书，这给他提供了谈话的关键词。西班牙对里尔克来说是一个伟大圣人的国度，同时也是一个伟大的爱者的家园。首要人物就是西班牙的国家圣徒与教会改革者，阿维拉的特蕾莎（Teresa von Avila）修女，她以卓越的创作潜力成为国家最重要的女诗人之一。里尔克观赏过著名的大理石雕像，由贝尼尼制作的《圣特蕾莎的沉迷》。雕像展示了特蕾莎在一种近似于情欲的意乱神迷状态下，全身心委身于上天的爱欲经历。在她面前站着一个天使，手中持有一支爱情之箭，用以刺穿圣女的心脏。这种与上帝的爱合为一体的心醉神迷的行为被称作穿透心脏。与里尔克一样，圣徒特蕾莎也进入了爱的体验空间。伟大的作品就此产生。这位神学家特蕾莎当然也非常清楚漫长的沉

---

①乌苏拉·福斯：《瓦尔蒙特的一次相遇》。第75页。

默、疾病与精神瘫痪的过程。拉里在提到里尔克时评价道：

“神圣的火花回避他，任何自我折磨也无法强求换来精神的力量，没有这一切他就彻底失落了，失落并且绝望。他提到阿维拉的圣女特蕾莎，她证明了上帝的恩赐，随后又被收回了恩赐。这很早以前就已经发生在里尔克身上了，但是过了一段时间之后，他感觉生命再一次涌入他的体内：在他体内突然涌出一股清泉，从内部涌出的无尽的幻象将他压倒。于是就有了《致俄尔甫斯的十四行诗》，以及他在一股创作的风暴中完成的《杜伊诺哀歌》。现在他迷失在愤怒之中，而他正在顽强地、无望地抗争着。”①在日内瓦湖畔疗养结束之后，拉里前往马焦雷湖畔的阿斯科纳小镇。里尔克本打算陪伴她，这样他的旅费也有保障，但是他的身体太虚弱，无法支撑旅行。另外计划好的在柏林再次见面也不能成行。阿尔弗雷德现在在布鲁塞尔和里斯本从事外交工作。在被社会主义“夺取政权”之后，1933年因为他与拉里的婚姻，而不能继续担任外交职务。如果他离婚的话，外交部长里宾特洛普（Ribbentrop）可以给他提供一个更高的职务，但是被拒绝了。战后拉里和阿尔弗雷德也曾经被苏联秘密警察跟踪过，1946年甚至被逮捕。阿尔弗雷德死于萨克森豪森集中营。拉里移民到巴西，她在那里写作了关于瓦尔蒙特疗养院相遇的回忆录。她在其中描述了诗人最后的话。里尔克承认，他承受的远超过言语可以表达：

我承受的远超过言语可以表达②

①拉里·霍斯特曼：《里尔克在瓦尔蒙特》，引自乌苏拉·福斯：《瓦尔蒙特的一次相遇》，第58页。

②拉里·霍斯特曼：《里尔克在瓦尔蒙特》，引自乌苏拉·福斯：《瓦尔蒙特的一次相遇》，第67页。关于她的丈夫的去世她在拉里·霍斯特曼的《没有理由流泪》中进行了陈述，第204、205、206页。

玛丽娜·茨维塔耶娃

我爱你并且想要和你睡觉……

在拉里还没有带着她的狗和侍女们启程之前，里尔克又遇到了另一个年轻姑娘。她在今天被看作俄国最重要的女诗人之一。当玛丽娜·伊万诺夫那·茨维塔耶娃（Marina Iwanowna Zwetajewa）走进里尔克的生命的时候，她想象不到里尔克究竟病得有多么严重。这位天才的音乐家、诗人、母亲当时在巴黎过着贫穷的流亡生活。她的父亲伊万·弗拉迪米洛维奇·茨维塔耶娃（Iwan Wladimirowitsch Zwetajewa）是塔里兹的乡村牧师之子，莫斯科的艺术史学家，普希金博物馆的创始人。他用意大利语阐述古代意大利奥斯肯人文明，以此获得博士学位。玛丽娜的母亲马利亚·埃里克桑德罗福娜·茨维塔耶娃（Maria Alexandrowna Zwetajewa）是一位天才钢琴家，在经历过青年时期与一个有妇之夫的不幸爱情之后，她嫁给了鳏夫茨维塔耶娃。尽管她比自己的丈夫年轻了20多岁，她还是比他更早离开人世。

玛丽娜的父母双方都能熟练掌握欧洲语言如德语、英语、法语甚至意大利语，口语和书面表达都不成问题。玛丽娜的语言天赋超过她的父母。[1]她在6岁时就能用德语和法语写诗。她的青少年时期在瑞士法语区和黑森林的寄宿学校度过。在她母亲去世之后她偶尔还会与父亲跨国通信联系。父亲命令14岁的孩子用俄语听写，而玛丽娜则可以直接将父亲的俄语信件翻译成法语或者德语。

---

①转述自安娜斯塔西亚·茨维塔耶娃：《与玛丽娜共同度过的童年时光》，第236页。

俄国女诗人玛丽娜·茨维塔耶娃与里尔克素未谋面。但是她给里尔克写了前所未有的热情洋溢的情书。

俄语名字“玛丽娜”意为“海洋少女”。在还是小孩子的时候，玛丽娜·茨维塔耶娃就狂热迷恋德国诗歌中的异界幽灵故事。富凯的《水妖》是她最爱的小说。玛丽娜·茨维塔耶娃，现在与安娜·阿赫玛托娃一起被称为20世纪俄国最重要的女诗人，是里尔克《祈祷书》的狂热读者。她试图通过波利斯·帕斯特纳克（Boris Pasternak）与里尔克进行私人联系。[①]当时她的俄国人身份使她无法得到瑞士的入境许可，因此她请求将见面地点定在邻国萨伏伊，但要里尔克自付额外费用。

玛丽娜继续敞开心扉，抒发她的感情。里尔克的灵魂对她来说就像一本打开的书，她的话语中穿插着对里尔克诗歌的引用，隐喻与暗示。她从未见过诗人，也没有亲自与他相会，但是她非常了解他。他们是彼此的灵魂伴侣，里尔克对她具有如此大的吸引力与移情影响，同时也解释了一个问题，为什么他们在诗歌的幻想世界之外永远没可能相爱。真实世界里，里尔克需要的是妮可那样的女人。

在对里尔克真实生活细节完全不了解的情况下，玛丽娜已经从他与母亲的关系上找到了他的诗歌创作的根源："您也是一个母亲的儿子。按照母系定位的男性内心非常丰富"[②]在他们的第一封信中玛丽娜就是用了亲密的"你"称呼对方：

> 我想从你这里得到什么，赖内？什么都不要。什么都要。你让我生命的每一刻都得以仰望你——如同仰望一座保护我的高山（你就是这样一个石头的守护神！）[③]

里尔克为茨维塔耶娃写十四行诗，还创作一首哀歌献给她：

①转述自科尔丁·恩波内科：《里尔克–茨维塔耶娃–帕斯特纳克》。

②玛丽娜·茨维塔耶娃：1926年5月9日与里尔克的通信，引自《赖内·马利亚·里尔克、玛丽娜·茨维塔耶娃、波利斯·帕斯特纳克的通信集》，第107页。

③同上，第108页。

1925，去世前一年，里尔克在瓦莱州的西耶尔。里尔克在他的“塔楼”（穆佐城堡）中完成《杜伊诺哀歌》并创作了《致俄尔普斯的十四行诗》。

送给马利亚·茨维塔耶娃

我们互相感受彼此。怎么做到的？用翅膀的振动，

远方本身让我们互相感受彼此。

一个诗人独自生活，有时有一个人

迎面走来，支撑他。

赖内·马利亚·里尔克[①]

里尔克翻译过很多欧洲不同语种的诗歌，这通常会让那些了解他的人，比如冯·图恩·塔克西丝侯爵夫人，非常惊讶。但他真正非常熟练掌握的外语是法语，他曾经也很擅长俄语，但还不足以帮助他完全理解玛丽娜的俄语诗歌，尽管玛丽娜已经为了更好地让他理解而将翻译说明都写在书页空白处了。里尔克也在他的十四行诗上面写了注释。《致俄尔甫斯的十四行诗》中，除了第一首写了注释之外，还在第14首诗歌上面标注了："致一只狗"[②]为什么？他猜到玛丽娜特别喜欢狗吗？玛丽娜读这首诗的时候想起了她在德国读寄宿学校的时光，当时她兴高采烈地照顾流浪狗：

赖内，最纯净的幸福，最最幸福的时刻，就是把额头与狗的额头贴在一起的时候。眼睛对着眼睛，而狗呢，它惊讶、诧异、受宠若惊（这事儿可不是每天都能发生的）、不满。然后我会用两只手捂住它的嘴——不然它会因为太感动而咬我的——

①赖内·马利亚·里尔克：1926年5月3日与玛丽娜·茨维塔耶娃的通信，引自《赖内·马利亚·里尔克、玛丽娜·茨维塔耶娃、波利斯·帕斯特纳克的通信集》，第118页。

②同上，第288页。

然后吻它。开始吻。

你曾经在你待过的地方养过狗吗？你在哪儿?瓦尔蒙特？这个地名也是一本强硬、冷酷、聪明的小说：拉克洛的《危险关系》中主角的名字，这本书在我们俄国——我不知道为什么，这本书超级有道德啊——和卡萨诺瓦（我的最爱）的回忆录一起被禁了。[①]

亲吻从来不是里尔克的强项。现在他感觉自己完全被这一性欲风暴折磨着，这其中包括了各种形式的爱情，从一只动物的温存的性行为到卡萨诺瓦式的诱惑一股脑都被使出来了。高潮则是马丽娜报告她夜晚阅读哀歌的情景：

关于你的书还想对你说什么呢？最后一段了。我的床像云朵一样软[②]。

玛丽娜谈到自己的孩子们，并打探里尔克的生活方式。她不能想象里尔克有孩子了。里尔克简短描述了自己失败的婚姻，并为他自己对女儿与外孙女的不管不顾辩解，他是为了生活在孤独中才这样的，这是必须要做的。但是在哀歌完成后他最爱的孤独也让他不堪忍受。他谈论自己在瓦尔蒙特的生活，但绝口不提自己口腔发炎的问题和他的虚弱疲倦。玛丽娜感觉，里尔克已经开始把她的来信当成负担了，于是她不打算继续纠缠下去。她要结束这段关系，却用了一种让人无法抗拒、极具诱惑力的说法，她将自己意愿的表达

① 玛丽娜·茨维塔耶娃：1926年5月12日与里尔克的通信，引自《赖内·马利亚·里尔克、玛丽娜·茨维塔耶娃、波利斯·帕斯特纳克的通信集》，第118页。

② 玛丽娜·茨维塔耶娃：1926年与克里斯提·西莫法特的通信，引自《赖内·马利亚·里尔克、玛丽娜·茨维塔耶娃、波利斯·帕斯特纳克的通信集》，第121页。

上升为对命运安排的服从：

好吧，赖内，过去了！我不会去你那儿。我不会想要了。[①]

里尔克对这一非正式的分手声明做出的应对，是写了一首献给玛丽娜的哀歌，这首哀歌让玛丽娜错误地以为，它会以《玛丽娜哀歌》的名字被加入到《杜伊诺哀歌》中去。在瓦尔蒙特疗养院居住超过五个月之后，里尔克回到了城堡。他在那里写完了献给马丽娜的哀歌，并随信附上五张穆佐的照片。现在他写完了诗歌，也可以给玛丽娜解释一下他之所以抗拒与人太近的理由。这是断念恐惧。玛丽娜却从里尔克献给她的哀歌中，感受到了对他的爱意的加强。于是她像是念魔咒一样向他发誓，无论他看向何方，都只能看到她：

在这封信之后你抚摸的第一条狗，就是我。注意，看看他的眼神是什么样子的[②]。

甚至连闭上眼睛的时候她都不会忘记他：

你是，我今天将会梦到的人，将会是今天被我梦到的人。[③]

她在睡觉的时候梦到里尔克，并且会在梦里和他一起睡觉：

---

① 玛丽娜·茨维塔耶娃：1926年7月3日与里尔克的通信，引自《赖内·马利亚·里尔克、玛丽娜·茨维塔耶娃、波利斯·帕斯特纳克的通信集》，第157页。

② 玛丽娜·茨维塔耶娃：1926年6月14日与里尔克的通信，引自《赖内·马利亚·里尔克、玛丽娜·茨维塔耶娃、波利斯·帕斯特纳克的通信集》，第176页。

③ 玛丽娜·茨维塔耶娃：1926年8月2日与里尔克的通信，引自《赖内·马利亚·里尔克、玛丽娜·茨维塔耶娃、波利斯·帕斯特纳克的通信集》，第231页。

我爱你，并且想和你睡觉……赖内，快到晚上了，我爱你。一列火车鸣笛，火车就是狼，狼就是俄国。不是火车——是整个俄国在向你鸣笛。赖内，别生我的气，不管你生不生我的气，今晚我都和你睡……你不需要回答——继续吻你。①

里尔克不再忍受穆佐孤独的环境，接受侯爵夫人的邀请前往拉格斯。玛利·冯·图恩·塔克西丝侯爵夫人介绍里尔克认识了玛利·迪米特里弗纳（米玛）·加加林娜（Marie Dimitriewna Gagárine）侯爵夫人。玛丽娜感觉自己受到了威胁："你总是在旅行。你从来不定居。现在你在和俄国人见面，但是却不是我。听着，你知道的：在赖内的世界里，只有我代表俄国。"②里尔克犹豫着怎样回答她。此外他还非常担心以后可能会见到她，并试图逃到一个想象的王国，远离玛丽娜的要求。在瓦尔蒙特的时候里尔克就想法搞到了萨伏伊的地图，并想要在上面寻找一个见面的地点。他曾经幻想过见面，他写道，而她早就开始在想象中与他见面了。但是这种诗意的神化并不让玛丽娜满意：

赖内，告诉我一切我想知道的——我不会要求太过分的。③

里尔克屈服了，沉默了。他在拉格斯又接到一份新邀请，前

① 玛丽娜·茨维塔耶娃：1926年8月2日与里尔克的通信，引自《赖内·马利亚·里尔克、玛丽娜·茨维塔耶娃、波利斯·帕斯特纳克的通信集》，第233、第234页。

② 同上。

③ 玛丽娜·茨维塔耶娃：1926年8月22日与里尔克的通信，引自《赖内·马利亚·里尔克、玛丽娜·茨维塔耶娃、波利斯·帕斯特纳克的通信集》，第237页。

往洛桑乌希，住进萨沃伊饭店，主人是理查德·魏宁格（Richaed Weininger）。他的哥哥奥托·魏宁格（Otto Weininger）是一位哲学家，在维也纳路德维希·凡·贝多芬（Ludwig van Beethoven）去世的房子里，以一种引起轰动的方式自杀了。里尔克在萨沃伊饭店结识了一位年轻的埃及美人尼梅特·伊洛衣·贝（Nimet Eloui Bey）。她的父亲曾经是苏丹侯赛因·帕沙（Hussein Pasche）的宫廷第一总管，她本人先是嫁给阿奇兹·伊洛衣·贝（Azis Eloui Bey），丈夫死后这位富有的寡妇又与尼古拉斯·迈实科斯基（Nicolas Meshchersky）侯爵结婚。里尔克认识她的时候，她的身份是马尔特那部小说的热情读者。她的名字尼梅特·伊洛衣·贝与穆佐的玫瑰事件和一则流言紧密联系在一起，即传闻里尔克是为了从秋天的花园中采一朵玫瑰送给她，而得了败血症死去的。这位极富魅力的女士在十月初，开车拜访穆佐的里尔克。里尔克想要用花园中最后的玫瑰装饰房间，但是在摘玫瑰的时候左手的一个手指被刺伤。在那之后不久右边拇指的指甲床也感染了，于是里尔克只能带着两只裹住的手招待客人。妮可很惊讶，但是错误地并未发现这个信号。因为她当时腰疼病发作，无法帮助里尔克。于是她雇佣了一个年轻的俄国姑娘伊芙葛妮佳·切尔诺维托娃（Jewgenija Tschernoswitowa），吉尼亚（Genia）是她的常用名，她一直陪伴里尔克在瓦尔蒙特疗养院度过其生命的最后一刻。

俄尔甫斯走进地府

玫瑰，哦，纯粹的矛盾。

1926年12月8日，里尔克给妮可写了最后一封信。他的世界已经变成痛苦的孤岛。他还有两个心愿：要一条柔软的羊毛围巾，用来护住肩膀，还要一套拉曼医生出售的纯棉长睡衣。他的最后一个愿望不需要说出口，因为妮可已经亲自过来陪伴他，并且在12月29日3点30分去世的时候守护在他身边。除了她之外里尔克不想见任何人，包括他的妻子克拉拉，尽管她特意从德国赶来。索菲亚·里尔克直到平安夜晚上的6点钟时刻，才知道她的孩子病情严重。自从他们母子之间的约定以来，她第一次没有收到儿子写给她的圣诞信，必然是他出了事。他最后一次写信给母亲是11月29日，当时还非常担心母亲的身体健康问题：

> 我现在除了把你托付给上帝的保佑与你自身的勇气和信念之外，也没有什么可以做的了！①

在里尔克去世一年之前，他曾经写下遗愿并委托妮可保存。由于穆佐塔楼中的幽灵伊莎贝拉·德·谢芙龙的存在，里尔克不愿意葬在穆佐附近打扰她，而是要求葬在教堂旁边的拉荣公墓。他要求去世前既不做临终圣事涂油礼，也不要神父到场：

“我允许中间人、谈判者、医生干涉我的身体上的痛苦已经够糟糕了，如果再让任何灵魂的中间人接触我的灵魂，那可真是伤害和羞辱。”②1927年1月2日葬礼举行。出席的人包括维尔纳·莱因哈特、安东·基彭贝格和卡塔琳娜·基彭贝格，露露·阿尔伯特-拉萨德以及瑞吉娜·乌曼。里尔克生前也有要求，要给他立一块旧的墓碑。上面雕凿出他的两条狗的家族纹章以及一句话：

---

①赖内·马利亚·里尔克：1926年1月29日与母亲的通信，引自《通信集》第二卷，第644页。

②《里尔克与南妮·翁德利-伏尔卡特通信集》第二卷，第1192页。

玫瑰，哦，纯粹的矛盾，欢乐，
在众目睽睽之下，前所未有的安眠。[①]

里尔克最终在自己的躯体上体会了玫瑰的矛盾性。当一切对立矛盾消弭无形的时候，剩下的中心是什么？它的奥秘隐藏在花朵之下。在闭合的眼皮后面隐藏着一个内在的世界。那里生活着梦境，玫瑰的奥秘却远在它之外。没有睡眠、没有梦境，不属于任何人，也不属于他自己。只剩下快乐与爱。

当玛丽娜得知里尔克的死讯后，给死去的诗人写了一封信。写信对她来说就像是祈祷，梦想得到一次对话的机会。里尔克对她来说并没有死。他复活了，转变为天使一样的更高的存在。玛丽娜对此深信不疑，并在处理完里尔克的死讯后，在1927年1月1日，写信给波利斯・帕斯特纳克，阐述她的这一想法。里尔克在最后的《瓦莱组诗》中开发了新的创作语言。现在他开始用新的天使的语言写诗了：

追求用法语表达象征着他对天使的渴望，对异世的渴望。他的诗集《果园》[②]就是他用天使的语言创作的。你看，他是天使，我绝对感觉到他就在我的右侧肩膀边上。波利斯，我很高兴，他从我这里听到的最后一个词是贝尔维尤[③]。因为那应该是他从上天向下看的时候说的第一个词。[④]

①《里尔克作品全集》第二卷，第185页。
②这是一本法文诗集，原名“Vergers”，意为果园。——译者注
③Bellevue,意为美丽的风景。——译者注
④玛丽娜・茨维塔耶娃：1927年1月1日与波利斯・帕斯特纳克的通信，引自《赖内・马利亚・里尔克、玛丽娜・茨维塔耶娃、波利斯・帕斯特纳克的通信集》，第246、247页。

她在一封写给里尔克的德语信中加入了这一认知，信中说道：

最亲爱的，我知道，你现在——赖内，现在我在哭——你现在不需要邮局就可以读我的信了，刚刚好。最亲爱的，在你死亡之后，不再有死亡，生命也毫无意义……

最亲爱的，请做一些我经常梦到你时你会做的事吧。

我们从未想过会在这里相聚，现在在这里怎么样呢？你先走一步，负责整理——不需要房间、屋子——最重要的是风景，让我开心。

我亲吻你的嘴唇？鬓角？额头？我更愿意吻你的嘴（因为你根本没有死去，就像一个真正活着的人。）

最亲爱的，用与众不同的方式爱我，比爱一切都要多。不要生我的气，——请你快点习惯我的一切吧，因为我始终如一。

还有什么？

太高了，可能？不算高，不算远——还不算，还很近，额头和肩膀。

我最亲爱的伟大的年轻人——你，赖内，写信给我！[①]

玛丽娜在里尔克在世的时候，曾经请求他给自己寄一本关于希腊神话的文化史书。这一要求由伊芙葛妮佳·切尔诺维托娃完成了。这位年轻的俄国女性在里尔克生命的最后两个月里，与他形影不离共同生活。每一天，每一个小时的相处都被她记录下来，并以

① 玛丽娜·茨维塔耶娃：1927年1月1日与波利斯·帕斯特纳克的通信，引自《赖内·马利亚·里尔克、玛丽娜·茨维塔耶娃、波利斯·帕斯特纳克的通信集》，第247、248页。

艾克曼的《歌德谈话录》为蓝本，整理成册。随后玛丽娜又开始跟伊芙葛妮佳谈论里尔克进入了更高一层的存在：

> 您想要一个关于诗歌的真相吗？每一句诗都是与“更高的力量”合作的结果，而当一个诗人成为它的秘书的时候，那么他可就象征着太多意义了。您有想过，这个词有多美吗：秘书（Sekretär）——秘密“Secret”？
>
> 您不要把这些当成俄国神话来看！这是关于这一尘世中的事情。就连上天的灵感，如果没有转换为尘世的诗歌表达的话，它也毫无意义。[①]

1927年2月8日，她梦到了里尔克。她好像待在一个巨大的厅堂中，飘浮着穿过许多黑衣服的人。整个大厅燃满蜡烛，亮如白昼。边上坐着一个男人，她看向他，他自我介绍说是赖内·马利亚·里尔克。在场的人们开始跳舞。玛丽娜拉着里尔克的手将他带到旁边的屋子。她在那里问他：“你怎么可能不理解我的诗呢？你的俄语都说得这么完美了？”“现在”[②]，里尔克回答。玛丽娜要回苏联了，她随身带着里尔克的信件。“二战”爆发期间，在她要撤离莫斯科之前，她将这些文件委托给一位女友保管。玛丽娜在1941年8月31日自杀[③]。

在里尔克的外祖母以99岁高龄去世之后，索菲亚离开布拉格，来到瓦莱州住过一段时间。她每天都会去圣女安妮礼拜堂，通过祈

---

① 赖内·马利亚·里尔克：1927年1月与伊芙葛妮佳·切尔诺维托娃的通信，具体日期不明。引自《赖内·马利亚·里尔克、玛丽娜·茨维塔耶娃、波利斯·帕斯特纳克的通信集》，第252页。

② 1927年2月9日与波利斯·帕斯特纳克的通信，引自《赖内·马利亚·里尔克、玛丽娜·茨维塔耶娃、波利斯·帕斯特纳克的通信集》，第258页。

③ 玛利佳·贝尔吉娜：《玛丽娜·茨维塔耶娃生命的最后几年》，第284、285、286页；伊蕾娜·费恩斯坦：《玛丽娜·茨维塔耶娃》，第349、350、351页。

祷感受自己与儿子的联系。过去的不安再次向她侵袭而来，她不得已搬回了慕尼黑。

> “您知道吗”，她写信给女作家兼沙龙组织者赫尔塔·科内希，“他不仅是一个伟大的人，还是一个好儿子。您看，他是怎样的：他并未为了自己的生日大肆铺张庆祝，而是把钱花在礼拜堂上。你想想看，那边的那些普通人都叫他‘那个虔诚的里尔克’”①

随后，索菲亚·里尔克又沉浸在儿子美妙的童年时光与二人的共同祈祷经历中：“我在我最爱的勒内身边……每日每夜，我的伤痛都无法愈合，以泪洗面：我向仁慈的上帝祈祷，表示我的顺从。”②她的一位精神导师是帕特·彼得·利珀特（Pater Peter Lippert），一位聪明体贴的作家，也非常了解里尔克的作品。里尔克在他的马尔特故事和诗歌中，将那个著名的儿子离家的故事加入了他的个人意图：儿子离开父母的家，是因为他无法承受他们的爱了。于是这个儿子离开家的故事对里尔克来说，就是一个不想被爱的人的故事。帕特·利珀特用如下言辞评价这一指向性：

> 只有在面对爱我们的人的时候，想要拥有自己自主的勇气才最艰难。赖内·马利亚·里尔克是多么完美地将这一爱的负担展现出来的啊！对，就是这个！如果一个人成为另一个人的牢笼，那一定是通过爱。爱是一个人给另一个人戴上的，最强

①赫尔塔·科内希：《回忆里尔克》，第78页。

②索菲亚·里尔克：1931年2月22日与赫尔塔·科内希的通信，引自赫尔塔·科内希：《回忆里尔克》，第97页。

大、最无坚不摧的枷锁；因此被爱的人心中通常会觉醒一种绝望的“恨。”[①]

索菲亚·里尔克是否从帕特的话中得到了安慰，我们已经无从知晓。在里尔克的《瓦莱组诗》[②]中，里尔克描述了那样的风景，葡萄园中间坐落着圣女安妮的礼拜堂，等待人们在那里祈祷。后来那里也成为庆祝母亲们的秘密的地方：“将母亲与伟大的母亲的帝国合为一体。”[③]

我们为这圣地带来
所有养活了我们的：面包、盐
美丽的葡萄……将母亲与这伟大的母亲的帝国合为一体。[④]

①彼得·利珀特：《来自恩加丁河谷》，第64页。
②是法语诗歌“Les Quatrains Valaisans”。
③原文引用的是法语“Et confondons la m è re avec l'immense r è gne maternel”。
④赖内·马利亚·里尔克：《瓦莱组诗》，第31页。

后 记

卡塔琳娜·基彭贝格

对这痛苦致以最深的敬意。

一个诗人在他的时代要获得成功需要很多因素共同作用，选择正确的出版社就是其中的条件之一。里尔克在签约岛屿出版社的同时，也给自己找到了一个女性出版家兼编辑，她体现出的人性的光辉与精神上的伟大在出版界直至今日仍无人能及。里尔克所有最重要的作品，全部在这家出版社出版发行。从《祈祷书》《旗手》到《马尔特·劳里斯·布里格手记》以及最后的《杜伊诺哀歌》。里尔克有一本书的印刷数量达到一百万册，这一伟大成就来源于:《旗手克里斯多夫·里尔克的爱与死之歌》，它在两次世界大战期间都吸引了无数的士兵读者。卡塔琳娜·基彭贝格甚至在《杜伊诺哀歌》中间的创作停滞期，仍然对里尔克大力支持，毫无保留。

卡塔琳娜·基彭贝格，里尔克口中的“岛屿女主人”[①]，后来成为里尔克的传记作家。她创作的《赖内·马利亚·里尔克》，以及她为后期诗歌《赖内·马利亚·里尔克的杜伊诺哀歌与致俄尔甫斯的十四行诗》做出的注释说明，至今仍然是了解诗人的生活与作品的最佳渠道。卡塔琳娜·基彭贝格的精神家园是保罗·格哈特的诗歌，尤其是那首夜歌《一切森林都已安歇》。她从这一精神家园出发，根据个人经历对里尔克的哀歌做出了独特的阐释：

> 因此大地所有领域都处于天使的宝座之下，在宗教自白诗歌中，超自然将让一切臣服于其下。[②]

基彭贝格夫妇在后来也始终坚持对里尔克的帮助，他们在莱比锡的岛屿出版社为里尔克提供了一个家乡一样的归处，并在超过20年的时间里，始终慷慨大方地满足里尔克在经济方面的无尽要求。里尔克一生中遇到无数杰出的女性，他在卡塔琳娜·基彭贝格身上找到了一个在各方面都与他灵魂相通的编辑。卡塔琳娜也经历了多个阶段的病痛折磨，这一痛苦让她对爱情有了神秘的定义：真正在爱的人就是真的在承受痛苦的人。爱就是痛苦，痛苦就是爱。在这一爱情的奥秘中，卡塔琳娜·基彭贝格与里尔克深深地联系到了一起。

与疾病的斗争史就像一条红线，贯穿了里尔克与他的编辑之间最后的通信。卡塔琳娜·基彭贝格1917年罹患脑膜炎，这一病症带

---

①赖内·马利亚·里尔克：1917年7月5日与卡塔琳娜·基彭贝格的通信，引自《里尔克与他的编辑的通信集》，第264页。

②卡塔琳娜·基彭贝格：《赖内·马利亚·里尔克的杜伊诺哀歌与致俄尔甫斯的十四行诗》，第101页。

来的痛苦在之后也反复发作。整整半年的时间她都在医院或者疗养院度过，经历了“真正痛苦的狂欢”[①]。1926年12月，她写给里尔克的最后一封信中，不仅仅表达了对病人的宽慰，也包括她对于痛苦的奥秘的自白：

我亲爱的朋友，

我知道，您现在非常痛苦，我想对您说的，并不是我的心因此在流血，因为这个您已经知道了，而是我对您的这种痛苦怀有最深的敬意。无论您在生活中遭遇了什么，您都从中赢得了最伟大的结果，并且您将继续这样伟大的相遇。我经常感觉，当我看起来像是彻底入神、最脆弱的时候，就是我在另一方面最强大的时候，这一点人们都意想不到。我在经历一个漫长的虚弱期之后变得强大、美丽，人们肯定会说这是一种幻觉。但是我知道，一切触摸不到的存在即使缺席也仍然在继续产生影响，从病痛的苦涩饮料中也会有最柔和的部分滴在最深的底部。愿望也拥有力量，它如何能够不像产生时那样再次降临呢？[②]

她希望这些思想的精华可以帮助里尔克更上一层楼，但是很遗憾，这封信再也不能放到里尔克的手里了。卡塔琳娜·基彭贝格毫不吝啬开销，她邀请了那个时代最尖端的专家团队赶到里尔克的病榻前。外科医生兼枢密大臣埃尔文·派尔（Erwin Payr）教授和细菌学

① 卡塔琳娜·基彭贝格：1922年末从新维特斯巴赫疗养院里给里尔克写的信，具体日期不明。引自《赖内·马利亚·里尔克与卡塔琳娜·基彭贝格通信集》，第478页。

② 卡塔琳娜·基彭贝格：1926年12月27日与里尔克的通信，引自《赖内·马利亚·里尔克与卡塔琳娜·基彭贝格通信集》，第617页。

家理查德·法伊福（Richard Pfeiffer）教授也都无法救治里尔克。就在卡塔琳娜·基彭贝格给里尔克写最后一封信的时刻，里尔克与理查德·法伊福教授告别，并请他转达一句话给莱比锡的女友："请向卡塔琳娜·基彭贝格转达我的问候。她是一位高贵的女性。"①

在拉荣的天主教堂结束追思弥撒之后，卡塔琳娜·基彭贝格随即出席了里尔克的安葬，地点就在教堂的墙边。这一教区牧师都没有得到的荣誉给了卡塔琳娜·基彭贝格。1月的天空阴云密布，之后发生的变化，用气象学家冷静的语言来说就是多云转晴。但是卡塔琳娜·基彭贝格看到了真相，她看到一个女性突然显现。对卡塔琳娜和她的诗人来说，世界充满了对爱的人与痛苦的人的秘密征兆与暗示。在她的里尔克传记中，她提到了一个关于打开的坟墓的幻象：钟声敲响，"云开雾散，看起来像是有一个巨大的天使光芒四射地出现，一阵无法言喻的动荡，摇摆从上而下，从下而上。"②

痛苦的编辑的目光也指向高处——这并不是1947年才开始的。在1943年12月4日的里尔克生日那天，莱比锡的出版社被炮火毁为一片废墟尘土。1945年2月，轰炸再次将出版人在里希特大街的住宅炸毁。当时已经病重的卡塔琳娜·基彭贝格逃向西方，余生都在马尔堡的医院度过。她在过世之前，还在病床上完成了对老友的伟大天使之歌进行的注释。这本温柔的蓝色的书《赖内·马利亚·里尔克的杜伊诺哀歌》，主要针对当时德国的现状进行分析。在她亲眼目睹了废墟一般的德国城市，燃烧的图书馆和无数的死亡之后，她将里尔克的天使与1945年德国可怕的现实进行鲜明对照。一个废墟中的

① 卡塔琳娜·基彭贝格：1926年12月27日与里尔克的通信，引自《赖内·马利亚·里尔克与卡塔琳娜·基彭贝格通信集》，第616页。

② 卡塔琳娜·基彭贝格：《赖内·马利亚·里尔克》，第388页。

世界。“里尔克这个有着最深的宗教本性的人”[①]会对这个时代说什么？里尔克宣告的是他对精神的不可见的世界的信仰，对人类灵魂坚不可摧的内在世界的信仰。“诗人自幼年时期就开始对超自然现象有所了解了”[②]。经历过可见世界背后的不可见世界之后，卡塔琳娜·基彭贝格看到了革新的最佳时机：

> 出于内心的需要与追求，灵魂们在自身神性的力量的帮助下，将已经明显不复存在的世界，在内心重新构建。在不久之前尚且模糊不清的愿望，现在看起来像是一个宏伟的使命，是灵魂需要经历的最后一重考验。
>
> 因为它们被以最恐怖的方式夺去了帮助。那些图画与预兆，它们的虔诚的童年，大教堂，小教堂，礼拜堂，祈祷室，它们曾经在这些地方从过去的梦中赢得形象，那些从它们的信仰和最爱的祈祷中说出的虔诚的话语，已经大半沉默并归为尘土。[③]

1947年6月12日，过世的里尔克主编被葬在马尔堡弗里德豪夫的奥克斯豪瑟大街旧址。著名的新教福音神学家鲁道夫·卜特曼（Rudolf Bultmann）在她墓前演讲时，引用了里尔克的哀歌和卡塔琳娜·基彭贝格最爱的那首夜歌：《一切森林都已安歇》，这些诗歌在她生前与死后都给了她极大的宽慰，因为它们引导她将目光投向了另一种真实：

---

①卡塔琳娜·基彭贝格：《赖内·马利亚·里尔克的杜伊诺哀歌与致俄尔甫斯的十四行诗》，第87页。

②同上，第102页。

③同上，第83页。

从双翼伸展开来
哦耶稣，我的喜悦，
带上你的傻孩子一起走吧
撒旦要将我吞噬
让天使为我歌唱：
这个孩子不会受伤害。[1]

---

①鲁道夫·卜特曼：《怀念卡塔琳娜·基彭贝格》，第5页。

附 录

参考书目

信件与作品（按照文中的出现顺序排列）

Briefe und Tagebücher aus der Frühzeit 1899 bis 1902, Leipzig 1931

Briefe an seinen Verleger 1906—1926, hrsg. Ruth Sieber-Rilke/Carl Sieber, Leipzig 1941.

Lettres française à Merline 1919—1922, Paris 1950.

Rainer Maria Rilke/Marie von Thurn und Taxis: Briefwechsel, Band I/II, Zürich 1951.

Correspondance 1920—1926, hrsg. von Dieter Bassermann, Zütich 1954.

Rainer Maria Rilke/Katharina Kippenberg: Briefwechsel, Frankfurt a.M. 1954.

Rainer Maria Rilke/Briefwechsel mit Benvenuta, Bechtle Verlag 1954.

Briefe an Sidonie Nádherny von Borutin, hrsg. von Bernhard

Blume, Frankfurt a.M. 1973.

Die Briefe an Gräfin Sizzo 1921—1926, hrsg. von Ingeborg Schnack, Frankfurt a.M. 1977.

Briefe an Nanny Wunderly-Volkart, Band I/II, hrsg. im Auftrag der Schweizerischen Landesbibliothek und unter Mitarbeit von Niklaus Bigler besorgt durch Rätus Luck, Frankfurt am Main 1977.

Sämtliche Werke, Band I-VI hrsg. vom Rilke-Archiv in verbindung mit Ruth Sieber-Rilke, besorgt durch Ernst Zinn, Frankfurt am Main 1897.

Briefwechsel mit Regina Ullmann und Ellen Delp, hrsg. von Walter Simon, Frankfurt a.M. 1897.

Rainer Maria Rilke/Marina Zwetajewa/Boris Pasternak: Briefwechsel, hrsg. von Jewgenij Pasternak et al. Frankfurt a.M. 1988(2. Auflage).

Briefwechsel mit den Brüdern Reinhart 1919-1926, hrsg. von Rätus Luck. Unter Mitwirkung von Hugo Sarbach, Frankfurt a.M. 1988.

Rainer Maria Rilke/Lou Andereas-Salomé: Briefwechsel, hrsg.v Ernst Pfeiffer, Frankfurt a.M. 1989.

Briefe Band I/II, hrsg. von Horst Nalewski, Frankfurt a.M. 1991.

Briefe und Tagebücher aus der Frühzeit, hrsg. von Horst Nalewski, Frankfurt a.M. 1991.

Briefwechsel mit Ellen Key. Mit Briefen von und an Clara Rilke-Westhoff, hrsg. von Theodore Fiedler, Frankfurt a.M. und Leipzig 1994.

Das Florenyer Tagebuch, Frankfurt a.M. und Leipzig 1994.

Brief an Schweizer Freunde, hrsg. von Rätus Luck, Frankfurt a.M.

und Leipzig 1995.

Gedichte 1895-1910. Herausgegeben von Manfred Engel und Ulrich Fülleborn, Frankfurt a.M. 1996(=Werke. Kommentierte Ausgabe in vier Bänden. Band I).

Briefwechsel mit Magda von Hattingberg (Benvenuta), hrsg. von Ingeborg Schnack und Renate Scharffenberg, Frankfurt a.M. und Leipzig 2000.

Les Quatrains Valaisans/ Die WalliserGedichte. Zweisprachige Ausgabe. Ins Deutsche übertragen von Yvonne Goetzfried, Cadolzburg 2002.

Sieh dir die Liebenden an Briefe an Valerie von David Rhonfeld, hrsg. von Renate Scharffenberg und August Stahl, Frankfurt a.M. 2003.

Briefwechsel mit einer jungen Frau(Lisa Heise), Frankfurt a.M. und Leipzig, 2003.

Briefe an die Mutter 1896—1926, Band I/II, hrsg. von Hella Sieber-Rilke, Frankfurt a.M. 2009.

Briefe an Hertha Koenig 1914—1921, hrsg. von Theo Neteler, Pendragon Verlag Bielefeld 2009.

Briefe von Gut Böckel 24. Juli-2. Oktober 1917, hrsg. von Theo Neteler, Pendragon Verlag Bielefeld.

回忆录（按照字母排序）

Lou Albert-Lasard: Wege mit Rilke, Frilke, Fankfurt a.M. 1952.

Lou Andreas-Salomé: Rainer Maria Rilke, 1. Aufl. Leipzig 1928, Neuaufl. Frankfurt a.M. 1988.

Hans Carossa:Führung und Geleit. Ein Lebensbericht(=Insel TB 1465), Leipzig 1939.

Interview mit Claire Goll. In: Abendzeitung(München)vom 31. Juli 1973.

Magda von HattingbergÖ Rilke und Benvenuta. Ein Buch des Dankes, Wien 1947(2. Auflage).

Lally Horstmann: Kein Grund für Tränen. Aufzeichnungen aus dem Untergang. Berlin 1943—1946, mit einer Einführung von Harold Nicolson, hrsg. von Ursula Voß, Berlin 1995.

Rainer Maria Rilke/Lally Horstmann: Eine Begegnung in Val Mont, hrsg. Von Ursula Voß, Frankfurt a.M. 1996.

专题论著（按照字母排序）

Lou Andreas-Salomé: Im Kampf um Gott, München 2007.

Lou Andreas-Salomé: Die Erotik, Norderstedt 2008.

Lou Andreas-Salomé: Russland mit Rainer. Tagebuch der Reise mit Rainer Maria Rilke im Jahre 1900, hrsg. von Stéphanie Michaud in Verbindung mit Dorothee Pfeiffer, Marbach 1999.

Gertrud Bäumer: Gestalt und Wandel. Frauenbildnisse, Berlin 1939.

Sibylle Becker-Grüll: Vokabeln der Not. Kunst als Selbstrettung bei Rainer Maria Rilke, Bonn 1978.

Marija Belkina: Die letzten Jahre der Marina Zwetajewa, Frankfurt a.M. 1991.

Otto Betz: Morgenrötliche Grate aller Erschaffung. Rilkes Engel. In: Internationale katholische Zeitschrift Communio 4 (1997), S. 368-381.

Hans Blumenberg: Rilke empfängt Signale aus dem Weltall. In: NZZ vom 14./15. Dezember 1996.

Rudolf Bultmann: Katharina Kippenberg zum Gedächtnis. Sonderdruck 1947.

Günter Busch/Liselotte von Reinken(Hrsg.): Paula Modersohn-Becker in Briefen und Tagebüchern, Frankfurt a.M. 1979.

Gunnar Decker: Rilkes Frauen oder Die Erfindung der Liebe, Berlin 2006.

Kerstin Decker: Lou Andreas-Salomé. Der Bittersüße Funke Ich, Berlin 2010.

Curdin Ebneter(Hrsg.): Rilke - Tsveta ïeva – Paternak. Amitiés russes/Russische Freundschaften. Sierre und Siders 2006.

Manfred Engel: Rainer Maria Rilkes Duineser Elegien und die moderne Lyrik, Stuttgart 1986.

Elaine Feinstein: Marina Zwetajewa. Eine Biographie, Frankfurt a.M. 1990.

Ralph Freedman: Rainer Maria Rilke. Band I/II, Frankfurt am Main 2001.

Romano Guardini: Rilkes Deutung des Daseins, München 1953.

Vera Hauschild(Hrsg.): Rilkes heute. Der Ort des Dichters in der Moderne, Frankfurt a.M. 1997.

Hans Egon Holthusen: Rilke, Hamburg 1958.

Ilsedore B. Jonas: Rilke und die Duse, Frankfurt a.M. und Leipzi 1993.

Kaiserin Elisabeth: Das poetische Tagebuch, hrsg. von Brigitte

Hamann, Wien 2008.

Sandra Kluwe: Krisis und Kairos. Eine Analyse der Werkgeschichte Rainer Maria Rilkes, Berlin 2003.

Stefan Koldehoff: Die Kunst des Studienrats. Er fälschte Werke von Lou Albert-Lasard. In : FAZ vom 21. November 2013.

Brigitte Kronauer: Vorwort zu Lou Andreas-Salomé: Russland mit Rilke. Tagebuch der Reise mit Rainer Maria Rilke im Jahre 1900, hrsg. von Stéphanie Michaud in Verbindung mit Dorothee Pfeiffer, Marbach 1999.

Wolfgang Leppmann: Rilke. Leben &Werk, Zürich 1983.

Peter Lippert: Aus dem Engadin. Briefe zum Frohmachen, München 1929.

Gunter Martens/Annemarie Post-Matens: Rainer Maria Rilke, Reinbek bei Hamburg 2008.

Phia Rilke: Gedanken für den Tag, hrsg. von Hella Sieber-Rilke, Frankfurt a.M. 2002.

Rilke: Leben, Werk und Zeit in Texten und Bildern, hrsg. von Horst Nalewski, Frankfurt am Main und Leipzig 1992.

Perdita Räsch: Die Hermeneutik des Boten. Der Engel als Denkfigur bei Paul Klee und Rainer Maria Rilke, München 2009.

Marina Sauer: Die Bildhauerin Clara Rilke-Westhoff 1878—1954. Leben und Werk, Bremen 1986.

Marina Sauer: Clara-Rilke-Westhoff. Biografie, Berlin 1990.

Stefan Schank: Rilke in der Schweiz, Freiburg i. Br. 2000.

Ingeborg Schnack: Rainer Maria Rilke. Chronik seines Lebens und seines Werks. Band I/II, Frankfurt am M. 1990.

Gunna Wendt: Clara und Paula. Das Leben von Clara Rilke-Westhoff und Paula Modersohn-Becker, München 2007.

Gunna Wendt: Lou Andreas-Salomé und Rilke – eine amourfou, Berlin 2010.

Uwe Wolff: Breit aus die Flügel beide. Von den Engeln des Lebens, Freiburg 1993.

Maurice Zermatten: Rilkes letzte Lebensjahre, Fribourg O.J.

Anastassja Zwetajewa: Kindheit mit Marina, München 1977.

人物索引目录（按照原文目录顺序排列）

图片来源证明

艺术历史档案馆（akg-images），柏林：插图6, 7, 8, 9, 13, 15, 16, 17, 18, 19, 20, 21, 22

德国文学档案馆，马尔巴赫：插图11

德国新闻社旗下图片联盟有限公司（dpa picture-Alliance），法兰克福：插图5

岛屿出版社，柏林：插图1

潘德拉贡出版社，比勒菲尔德：插图12

里尔克档案馆，盖恩斯巴赫：插图3

瑞士国家图书馆，伯尔尼：插图10

乌尔斯坦图片，柏林：插图2, 4, 12, 11

查尔斯·翁德利，迈伦/瑞士：插图14